WIZARD

デイリートレード入門

デイトレードをあきらめた人の敗者復活戦

ジョン・D・マークマン[著]

長尾慎太郎[監修] 井田京子[訳]

The New Day Trader Advantage by Jon D. Markman

Copyright © 2008 by Jon D. Markman. All rights reserved.

Japanese translation rights arranged with McGraw-Hill Companies, Inc.
through Japan UNI Agency,Inc.,Tokyo.

【免責事項】
この本で示してある方法や技術、指標が利益を生む、あるいは損失につながることはないと仮定してはなりません。過去の結果は必ずしも将来の結果を示すものではありません。この本の実例は、教育的な目的でのみ用いられるものであり、この本に書かれた手法・戦略による売買を勧めるものではありません。

監修者まえがき

　本書は、ジョン・D・マークマンが株式トレーダーにとって最も適した最新の手法を著した"The New Day Trader Advantage"の邦訳である。タイトルに「デイトレーダー」という文字が含まれてはいるものの、実際にはもっと長期の観点からの投資に適した銘柄を手際よく抽出するための考え方や技術を解説した書籍である。

　さて、競争原理が働く分野一般に言えることだが、外的な環境が変わったり、あるいは革新的な技術が開発されて、エッジのある手法が新規に発見されたりすると、それを人に先んじて採用した人には先行者メリットがあり、彼らは容易に利益を手にすることになる。今から10年ほど前から数年前くらいまでの「デイトレード」はまさにそんな状態であった。それまでだれにも見向きもされなかった短い時間枠のトレードが手数料の低下と通信インフラの整備のおかげで可能になったせいで、いまから考えるとほとんど根拠の薄弱な手法であっても、嘘のように儲かった時期があったのである。

　しかし、どんなものにも終わりがあるように、これらの手法も人口に膾炙してしまえばその有効性を失う。かつて非常に輝いていたデイトレードも、現在ではかなり落ち着いたものになったようだ。今後もデイトレードそのものが消滅することはないであろうが、以前のようにその収益性において他を圧倒するだけのエッジが簡単に得られるということはないであろう。

　だがデイトレードの衰退は、一方でこれまであまり日の目を見なかった手法、そこに存在してはいたが、比較的地味であったがために取り上げられることのほとんどなかった手法に光が当たるきっかけとなった。本書はそれらの代表的な手法のいくつかを取り上げ丁寧に解説することで、デイトレードしかやったことのないトレーダーにも別の

世界に対する目を見開かせることに成功している。

　順番に見ていこう。季節性を用いたトレードと旬なテーマに沿った銘柄選択に関しては、これらが従来から多く用いられている手法であり、その効果に関してはあまり異論がないであろう。そして、分割、併合、スピンオフの銘柄を対象とした考察も面白い。本書の記述はこういった銘柄群に特化した投資手法を日本の株式市場でも行ってみる価値があると思わせる内容だ。そして、もっとも目を引くのがマルチファクターモデルを使った銘柄選択ツールである。著者によると、これは何年もの間、一貫して優れたパフォーマンスを示してきた実績のあるモデルであり、読者が米国株投資をしているのであれば、そのまま使ってもよいだろうし、日本株の投資家であれば、昨今の情報ツールを用いれば自作することも容易であると思われる。いずれにせよ、本書はこれまで多かった「デイトレード本」とは一線を画す面白い内容に仕上がっていると言える。

　最後に、本書の出版に当たって次の方々に感謝の意を表したい。井田京子氏には丁寧で分かりやすい翻訳を実現していただいた。阿部達郎氏にはいつもながら迅速で正確な編集を行っていただいた。また、本書をはじめとして、優れた相場書が翻訳され日本で出版され続けている背景には、パンローリング社の社長である後藤康徳氏の熱意がある。本書はデイトレーダーのみならず、株式市場における投資家一般にとって、新たな視点を提供してくれるきっかけになる。本書が読者の成功の一助になることを願うものである。

2008年9月

長尾慎太郎

	目次
監修者まえがき	1
謝辞	7

はじめに　　　　　　　　　　　　　　　　　　9

日曜日	12
月曜日	13
火曜日	14
水曜日	14
木曜日	15
金曜日	15

第1章　日曜日　　　　　　　　　　　　　　　17

サイクルを探す	21
新しい上昇トレンドの始まり	29
底をピンポイントで当てる	44
トレンドに反する値動き	49
メジャートレンド	51
譲れない一線	55

CONTENTS

第2章　月曜日　　　　　　　　　　　　　　　59

レラティブストレングスとスイングトレード　　　59
パターン認識によって銘柄を選ぶ　　　　　　　100

第3章　火曜日　　　　　　　　　　　　　　105

歴史的なエッジ　　　　　　　　　　　　　　105

第4章　水曜日　　　　　　　　　　　　　　149

スピンオフ、株式分割、破産株、IPO　　　　149
スピンオフ　　　　　　　　　　　　　　　　150
株式併合　　　　　　　　　　　　　　　　　167
倒産企業　　　　　　　　　　　　　　　　　176
IPO　　　　　　　　　　　　　　　　　　　187
IPOを探し、観察する　　　　　　　　　　　192

第5章　木曜日　　　　　　　　　　　　　　197

モデルのふるまい　　　　　　　　　　　　　197
コアセレクト──継続性の王者　　　　　　　238

第6章　金曜日　　　　　　　　　　　　　**241**

　Nパワーと生態系　　　　　　　　　　　**241**

結論　　　　　　　　　　　　　　　　　**295**

付録A　ダウ・ジョーンズのセクターと業種別指数　**301**
付録B　上場投資信託　　　　　　　　　　**307**

謝辞

　本の制作は、編集者、リサーチャー、良き相談相手、亡霊、悪魔、友人、家族などみんなの貢献によって完成する共同作業だ。本書に関しても、数人の人たちに多大な恩義を受けている。

　まず最初に、妻と子供たち。この夏は週末の原稿執筆で、14歳以下の野球の試合や、12歳以下のサッカーの試合をいくつも見逃してしまった。素晴らしい子供たち、ジョーとジェーン、そして文句も言わずに時間を作ってくれただけでなく、ひらめきと、愛と友情も与えてくれる妻のエレンに感謝したい。

　リサーチャーのアンソニー・ミハイダリとアダム・ハーシュも大いに貢献してくれた。ビジネス・ライフサイクル・コンサルタントのミハイダリは、優れた企業が納入業者や顧客と協力して繁栄していくことに関して深い理解があり、それが第6章の執筆に特に役立った。また、天性のトレーダーであるハーシュは第4章を書くに当たって多大な貢献をしてくれた。企業のスピンアウト（分離独立）、株式併合、IPO（新規株式公開）など、情報の非効率性が横行するマーケットの異変に関しては彼に聞くしかない。

　筆者の仕事の相談にのってくれている人たちにも非常に感謝している。彼らは何週間にもわたって、電話やインスタントメッセージや電子メールで直々にこの仕事を教えてくれた。トロント市のテリー・ベッドフォード、ニュージャージー州のエド・ダン、フィラデルフィア市のリチャード・ローズといったマスタートレーダーやリサーチャーの親切かつ忍耐強い指導がなければ、筆者は今でも森で迷う赤ん坊のようなものだろう。また、自分の直感を信じ、頼ることを思い出させてくれたビクター・ニーダーホッファーにもお礼を言いたい。ほかにも、エネルギー業界について説明してくれたパロ・アルトのデビッド・

アンダーソンと、経済という世界を教えてくれたラクシュマン・アシュサンにも感謝している。

　編集者と出版社は、筆者が執筆者兼アナリストとして成長する助けとなってくれただけでなく、筆者と読者を結びつけてくれた。ACPフィリップスのダニエル・ハートとマイク・ベルとシャノン・ミラーとクリス・マレット、MSNマネーのクリス・オスターとリチャード・ジェンキンス、ザストリート・ドット・コムのジョージ・モリアーティとデーブ・モロー、そしてマクグローヒルのジーン・グラッサーにも大いなる感謝を捧げたい。

はじめに

　グローバル経済の発展によって世界的に経済格差が広がるなかで、4年間の停滞から株価のボラティリティが上昇し始め、世界の株式市場は新しい時代を迎えた。地上や海から次々と新しい富が発掘され、それが世界中で増え続ける中流階級の消費者のためのエネルギーや電気、乗り物、住宅などに変換されていく。そして、投資家はいつも自信がないまま、余計なリスクをとってきた。

　この平坦ではないが大幅な成長が見込める新時代は、株をトレードする投資家に過去4年間のどの時期よりも大きい緊張感を強いている。実は、このように激しいボラティリティに対してはまったく新しいルールや作戦が必要なのだ。

　これまでトレンドとその反転を見極めるカンと経験で素早く売買を繰り返し、毎分ごとに利益を上げていたトレーダーたちは新しい環境の下で、利益と精神力が手数料と感情に急速に吸い取られていくのに気づいた。彼らは変わる必要があり、実際に変わった。用心深いベテランも熱心な初心者も、ペースを落としてマーケットのいわば中距離ランナーになったのだ。短い時間枠でのトレードで利益を上げてきたトレーダーも、猛烈なウイップソウによる損失を避けるために、今では数日から数週間、ときには数カ月も保有するようになっている。

　ボラティリティの上昇は、デイトレーダーの仕事を再定義したとも言える。激しく変動する20のポジションを建て、米国東部標準時間の午後4時までにすべて手仕舞う代わりに、今日のアクティブ投資家は毎日少量のポジションを仕掛けたあと、かなりの利益を上げるまで、いつまでも保有するようになったからだ。

　つまり、新時代のデイトレーダーは「デイリートレーダー」と呼ぶほうが適しているし、切り替えたあとのほうがそれまでよりもずっと

健全で幸せになった。世界中のプロと頭をつき合わせて１セントや５セント単位の戦いを続ける代わりに、この新しいデイトレーダーは25セントや１ドルの利益を積み上げていく。そして、このほうがストレスもずっと少ないのだ。

この生まれ変わった新種のアクティブトレーダーは、マーケットで手早く金持ちになるなどほとんど不可能だということに気づいた。しかし、保有期間を延ばし、鋭い反射神経の代わりに、巧妙さと忍耐と計画を持てば、多少ゆっくりのテンポにはなるが儲けられることも分かった。CNBCの司会者で元ヘッジファンドマネジャーのジム・クレイマーは多くの人にとって守護聖人で女神で応援団となっている。しかし、成功して自分自身に自信を持てるようになったトレーダーには教祖など必要ないことに気づく。大量の情報を安く入手できる現代では、自らが自らの教祖になるのも、そう難しいことではないのだ。

自信を持つことが素晴らしいということは間違いない。長続きするし、エネルギーを得られるし、満足感もある。毎日30分の調べものをする時間と、もう少し儲けたいという気持ちがあれば、だれでも成功するアクティブトレーダーの仲間入りができる。そして、ここまで読み進めてきたのなら、読者にもそれはできる。

もしこれまでのトレード対象が投資信託やインデックスファンドばかりだったのなら、本書をぜひ読んでほしい。それは、市場を上回るパフォーマンスを上げることなどとうていできないと思っている大衆から抜け出す方法を教えるのが本書だからだ。筆者は長年、ベストセラーとなっている筆者のニュースレターやコラムなどで、現実的なアクティブ投資としてそのときどきの最高のセクターの最強の銘柄が何らかの理由で下落したときに買い、パフォーマンスが最低のセクターの最悪の銘柄が上昇したらすぐに空売りするよう勧めてきた。また、悲観的なエコノミストや政策立案者や金融番組の司会者や一匹狼のトレーダーなどがよく言っているような、「個人投資家はインデックス

ファンドなどのパッシブ投資に徹してみんなと同じ平凡なリターンを上げていればよい」などという意見に屈しないよう呼びかけてきた。それよりも、自分の今後の資金繰りをコントロールし、パッシブ運用の大衆を追い越して人生の高速道路に乗り換えるリターンを積極的に探すことで、目標を達成してほしいからだ。高速道路に乗れば、子供の大学の学費を楽に支払うことができ、引退生活は素晴らしいものになり、平均以上の豪華な休暇を過ごし、プロスポーツを見るときは最前列の席に座り、旅行をするときはファーストクラス、そして、もしかしたらこれまでとはまったく違う仕事に就けるかもしれない。つまり、これはわれわれの資本主義制度を活用して、読者やその家族をみんなよりも先に進めてくれる道と言える。

　本書では、ゴールを達成するための１ダース以上の新しくて明確なアイデアを紹介していく。これらはすべて実績あるテクニックだが、高度な金融工学の知識がなくても利用できる。そして何よりも大事なことは、すべてのテクニックがさまざまな投資環境下で機能することが分かっていることだ。

　本書は定期的に発生するたくさんのチャンスに体系的に対処できるように、内容を曜日ごとにまとめてある。プログラム的なアプローチでないと、トレードリサーチがあちらこちらの理論を寄せ集めただけの、リズムも理由もない構成になってしまう。本書は、１日（１章）ごとにひとつの理論に集中して取り組むようになっている。それぞれの理論について、規律を順守して成功したプロや上級のアマチュアトレーダーの一連の動作をぜひ体験してほしい。

　成功するために必要となる規律や一連の動作やひたむきな集中力の象徴として、新時代のデイトレーダーを猛禽類（肉食で性質の荒々しい鳥）に例えて考えると分かりやすい。タカは並外れた視力と知力、そして研ぎ澄まされた直感を使って狙った獲物を手に入れる。タカは成長するために毎日体重の10～20％の食べ物を必要としているが、こ

れはデイトレーダーが毎日資本の10～20％のリスクをとっているのに似ている。

　そして何よりも重要なのは、タカが計画と計算と急襲から成る動物界でも卓越した美しい動作で使命を果たすということだ。タカたちは願ったり、祈ったり、期待したり、幸運を待ったり、外部のエキスパートに頼ったり、天候に不満を言ったりしない。ただ、彼らが食うか食われるかに見えるとしたら、それは少し違う。タカの成功率は100％ではないし、彼らもそれを期待していない。攻撃に失敗しても次のチャンスがあることを知っているからだ。タカたちはふくれ面をしたり、文句を言ったり、不運をのろったり、あきらめたりしないで、再び高く空に上って攻撃を試みる。タカの回復力と決断力は、マーケットで何年間にもわたって安定した利益を上げていきたいアクティブトレーダーにとって、完璧な模範となる。

　しかし、どうすればタカのように毎週、毎日、毎時間、計画を立てて実行していくことができるのだろうか。本書では、筆者自身が成功したデイリートレードの手法を紹介していく。ぜひともこれを自分のスキルや時間や感情や信条に合わせて修正してほしい。一連の作業は日曜日の午後から始め、金曜日の午後まで続ける。そして土曜日は休み、自分がいかに恵まれているかを考えながら、努力の末に得た利益を数えるとよいだろう。

日曜日

●**タイミング**　マーケットでアクティブ投資家として下す最も重要な判断は、中期トレンドの方向だろう。もしこの３～６カ月の方向を正しく見極めることができれば、ポジションを買い持ちにすべきか、それとも空売りにすべきかが分かる。なかには両方ともうまくできると言うトレーダーもいるが、そのようなことをする価値はないこ

とが多い。マーケット全体が上昇していれば、空売りはたいてい負けになるからだ。本書では、筆者と2人のエキスパートが中期トレンドの方向とその寿命の見極め方やトレンド内の短期の揺れを利用してポジションを軽減したり倍にしたりするために、「売られ過ぎ」「買われ過ぎ」の見分け方を紹介していく。

- **サイクル**　20週サイクル、40週サイクルなど、株式市場で機能している最も重要なサイクルについて説明する。これらのサイクルの実例を定量的に紹介するとともに、それらをアクティブ投資家が利用する方法も説明する。

- **数カ月に及ぶモメンタム**　株価と10カ月単純移動平均線の関係を観察することがわれわれのツールボックスの最も単純で最も効果的な武器になる理由を説明する。長期の下降トレンドから抜け出し、回復して高値を目指す株はいずれ10カ月移動平均線を上抜く。この転換期は通常ゆっくりと始まり、のちに加速していく。このような銘柄を探し出し、空売りしたり、中期で買い持ちしたりする方法も説明していく。

月曜日

- **セクターレラティブストレングス**　株価の動きの最低60％はセクターによるという周知の洞察について、新しい利用方法を学んでいく。ここではまず「http://www.Stockcharts.com/」（ストックチャート）のホームページでセクターレラティブストレングスチャートを描く方法を学べば、その週の人気セクターが分かる。ここで強調したいのは長い間の不人気から抜け出した時期こそ、そのセクターを買う最適な時期だということで、これは2004年のエネルギーセクター、2006年秋の放送、2006年末の自動車部品メーカーなどのように突然起こることが多い。予期しないトレンドにみんなが気づく前に

素早く飛び乗った投資家は大きな儲けを上げたが、人気はそのあとすぐに衰えた。
- **スイングトレード** 本書全体を通して、さまざまな種類の「スイングトレード」の手法を使いながら長期の変化を短期に利用する方法を説明していく。この章では、探すべき5つの最も単純で最適なチャートパターンとそれを使って売買を実行する方法を紹介する。このなかにはダブルボトム、ブルフラッグとベアフラッグ、無効なヘッド・アンド・ショルダーズなどが含まれている。

火曜日

- **決算発表、出来事、季節性** 株をトレードするのは、勝率が明らかに有利なときだけにする。これが可能なのは、自分よりもはるかに長い経験を持つ1万人のプロよりもうまくチャートを読めるからではなく、過去にマーケットの方向を正しく予想した実績がある出来事や決算発表や特定の日付などがあるからだ。ここでは「http://www.Markethistory.com/」(マーケットヒストリー) というウエブサイトを購読し、これを素晴らしい資料として活用することで、明らかに有利なときだけトレードする方法を紹介する。例えば、ある会社が1月に決算発表を行う時点で株価が200日移動平均線を上回っていたら、その銘柄は次の18日間で平均6.3％上昇する可能性があるというケースがそれに当たる。

水曜日

- **スピンオフ(分離独立)** 親会社から独立した企業はアクティブトレーダーに大きなチャンスをもたらす。これらの企業は極端に嫌われたり誤解されたりしているため、トレーダーが大いに利用できる

株価情報の非対称状態が数週間、あるいは数カ月間以上続くからだ。このような銘柄を探し、トレードする方法を紹介していく。
- **IPO（新規公開株）** これもマーケットで非常に誤解されている分野と言える。IPOの情報を入手し、観察し、最初の週や月や年にトレードする方法を紹介する。
- **破産株** 破産を宣言した企業はたちまちウォール街ののけ者になる。大衆はこれらの企業を失敗とみなし、避けようとするが、実際には破産裁判所が負債やそのほかの債務を削ぎ取って素晴らしい状態にしてくれることも多い。かつて破産した企業がIPOをして新たに株式を公開しても、前に火傷を負った個人投資家はたいてい無視するが、経験豊富な機関投資家は熱心に買い集める。この現象について解説し、みんなに嫌われている分野で大きな利益を上げる方法を紹介する。

木曜日

- **ストックスカウター** 2001年に筆者が考案し、開発に参加した「MSN Money」（MSNマネー）の銘柄ランキングシステム、「StockScouter」（ストックスカウター）はサービス開始以来、マーケットで圧倒的な勝利を収め、大成功した。このシステムを長期投資に活用する方法は拙著『スイングトレーディング（Swing Trading）』にすでに書いた。本書ではこのシステムを1～6カ月程度のトレードに活用する方法を紹介していく。

金曜日

- **Nパワー** 株式市場で作用している最も強力で最も理解されていない力のひとつに「Nパワー」、つまり「新しい（new）力」（ニュー

パワー)がある。新しい経営陣、新しい製品、新しい流通方法、新高値などはすべてマーケットで観察可能なので、アクティブ投資家ならこれらをモニターして活用することができる。ここでは例を挙げながら、力と目的をもって転換期を迎えている企業の株を買う方法を紹介していく。投資家の多くは変化がプラスの影響を与えることに懐疑的だが、ファンダメンタル分析やテクニカル分析のカギとなる要素を観察することでその考えを打ち破る方法を学んでいく。金曜日は1週間に学んだことや変化したことを思い返し、ニュースのなかで何が本当に新しいことだったのかを考えながら、自分の洞察に基づいて計画を立てるための理想的な時間だ。

●**企業の生態系**　マーケットにおける評価が長期的な変化を迎えている業界の企業には、別の隠された力が作用している。これはセクターだけでなく、製品サイクルでもよく起こる。今日の企業生態系のなかで、はるか遠くに位置する関連会社の株価が高騰した好例として、商業用旅客機のケースがある。2006年に、ボーイングが次の20年で次世代型旅客機「ボーイング787ドリームライナー」を製造すると宣言すると、チタン生産者、アルミ精錬業者、コックピットメーカー、鍛造アルミ部品メーカー、着陸装置メーカーなどの株価が急騰した。この章では企業の生態系(地域、国内、グローバルにかかわらず)を認識する方法だけでなく、短期的に最大の価値がどこで生まれるのかを見極める方法も学んでいく。

これらのアイデアを楽しむとともに、実際に使ってもらえればうれしい。筆者の希望は短期に作用している力に関する読者の理解をまったく新しいレベルに引き上げ、金銭的な目標を達成するための障害を減らすことにある。さあ、さっそく始めよう。

第1章

Sunday

日曜日

待っているだけでは何事も間に合わない。
——エルモア・ハバード

　投資業界で、マーケットタイマー関連の仕事や助言ほど学者たちに嫌われているものはない。大学教授も投資信託の幹部もプロの金融関係者も、「マーケットタイミングについては死ぬほど研究したが、マーケットのメジャーな上昇や下落を毎回正しく予想し続けられる人はいない」と断言する。

　そうなると、唯一信頼できるタイミング戦略は長期保有だという論が正しいことになる。この考えは「重要なのはタイミングではなく、マーケットにいる時間だ」というマーケティングスローガンにも凝縮されている。

　もちろんこれはまったくのナンセンスで、投資信託や金融関係者が投資家や顧客の資金を一カ所に集中投資させ、どんなにパフォーマンスが悪くてもほかには移させないために言っているだけだ。この単純だが誤解を招く概念を使って、投資業界はマンハッタンやボストンに摩天楼を築き、幹部たちは海辺に豪邸を建てた。

　しかし、なぜそれが間違いだと分かるのだろう。それについてはあとで詳しく説明する。今のところは20世紀初めのジェシー・リバモアから現代のウォーレン・バフェットに至るまで、前世紀のほぼすべての偉大なトレーダーや投資家がみんな何らかのタイプのマーケットタイマーだったということだけを覚えておいてほしい。

1920年代を舞台とした素晴らしい小説『欲望と幻想の市場──伝説の投機王リバモア』(東洋経済新報社)の主人公リバモアは、若いころ1906年のサンフランシスコ大地震の情報を元に空売りと買いで大儲けをした(もちろん最後にはすべて失ったが、それはまた別の話だ)。厭世的なコメントで知られるバフェットは何も買うものがないと言いながら、一方では絶妙なタイミングで鉄道や天然ガスパイプラインや住宅ローン会社に出資している。

　要するに、安きを買い高きを売るという発想だけでも一種のタイミングと言える。業界のトップタイマーのひとりはリスクをとれる資金があるときに買って、単純にお金が必要なときに売るだけでも、一種のタイミングを用いたことになると指摘している。もう亡くなったが、優れたセールスマンで話がうまかった筆者の父はこの話でよく笑いをとっていた。新規顧客との昼食の席で「コメディーの秘訣は」と聞いておいて、相手が答える前に「タイミング」と言ってしまうのだ(アメリカの定番ジョーク)。この教えが正しい証拠に、ここで笑いが起こる。そして、自然界の偉大な略奪者であるタカも忘れてはいけない。タカは獲物に向かってランダムに急降下しているのだろうか。絶対にそうではない。彼らは状況が整ったところにチャンスが訪れるのを忍耐強く待って、獲物に飛びかかる。もし彼らが見事に夕食のタイミングを計れなければ、絶滅種となるはずだ。

　成功を目指してマーケットでタイミングを見極めようとするデイリートレーダーの多くには、タカが決行するかどうかを判断する絶妙な洞察力が残念ながら欠けている。そこで、われわれはもっと人工的な手法に頼らなければならない。ただ、いつも成功するためには、直感的にうまくいきそうな方法や隣の席のトレーダーに聞いたヒントなどではなく、時の試練に耐えてきたタイミングの手法を使う必要がある。

　長年にわたってさまざまな手法を研究してきた筆者は、タイミングに関して一番大事なことは全体像(大局観や大勢観)をつかむことだ

という結論に達した。つまり、大まかに言えばブル相場では買い、ベア相場では中立か空売りをすればよい。そして、それぞれのケースでリターンを大幅に増やすため、トレンドに逆行する押しや戻りで増し玉すればよい。これがあきれるほど単純に聞こえることは分かっているが、比較的初心者ならこのアプローチの素晴らしい効果に驚くだろう。

　長期間継続している激しいブル相場で空売りすれば、たいていは負け戦になる。勢いが弱ってこれから下落しそうな指数やセクターや銘柄を見つけても、買い手が現れて支持線ができる。そして、ウォール街の墓場は、天井の見極めが早すぎ、流れに逆らおうとした人たちであふれている。

　このことに関しては、伝説のヘッジファンドマネジャーと呼ばれるマイケル・スタインハルトがインタビューで話したことが印象に残っている。1991年の大型ブル相場のさなかに、スタインハルトは自分の調査結果に基づいてネットワーク機器メーカーのシスコ・システム（OSCO）を空売りし、そのポジションを２年間保有した。しかし、買い戻したときの損失は２億5000万ドルにふくれ上がっていたのだという。あの偉大なスタインハルトでさえ、歴史的なハイテクによるブル相場で空売りして、１回のトレードでこれだけの損失を出していたのだ。

　同様に、ベア相場では一定のセクターや時価総額の銘柄をまとめて買うことも可能だが、流れに逆らっていくのは大変だ。ただ、2000〜2002年のベア相場では例外的にエネルギー、小型株、地方銀行、不動産投資信託などの分野で優れたチャンスがあった。しかし、これらのケースでさえ、利益はさほど大きくなかったうえ、幾度となくウイップソウにだまされた。

　それでは、トレンドが確定したらじっとしていればよいのだろうか。そんなことはない。マーケットではトレンドに逆行する大きな押しや

戻りを探して効果的にトレードすることで、大きな利益が手に入ることもあるからだ。ブル相場の最中に、一時的に激しく下落したときは現金をかき集め、目いっぱい借り入れて買わなければならない。同様に、ベア相場の途中にも、ときどきだが短期で激しく戻ることがあり、そのときは何としてでも大きく空売りする必要がある。

　実際、アクティブトレーダーがタイミングで成功するために最も重要な要素は、①メジャートレンドがいつ始まっていつ終わるのか、②それはどのくらいの期間継続するのか、③本当の反転と短期のジグザグの区別をどう理解すればいいのか——なのかもしれない。マーケットはほとんどの期間がブル相場でも、メディアや専門家はいつもベア相場が迫っていると言って、一般投資家を脅かそうとする。そこで、行き詰まったように見えてもブル相場はギア全開だということを確認するための方法や、ハッチを締めてベアに備えるべきときを判断する方法が必要になる。

　株で大儲けをしたいなら、メジャーな上昇トレンド、つまりブル相場の始まり近くで大きく買うか、メジャーな下降トレンドの始まり近くで中立か空売りすべきだろう。どちらのケースもぴったりのタイミングである必要はないが、早すぎるよりは多少遅めのほうがよい。

　これだけだと簡単に聞こえるが、それをどうすれば本当に実行できるのだろうか。

　ありがたいことに、何年にも及ぶ膨大なデータの蓄積がメジャーな上昇トレンドや下降トレンドの始まりをピンポイントで見極める助けになってくれる。ここではそれを学んでいく。日曜日には、マーケットがそのとき上昇トレンドにあるのか、それとも下降トレンドにあるのかを判断し、その週に適切なポジションを取るために気持ちを集中させることに使ってほしい。また、もしその週にトレンドに逆行する動きがあれば、そのときは何を実行すべきかも考えておいてほしい。

　しかし、この本ではデイトレードについて述べようとしているのに、

なぜメジャーな上昇トレンドや下降トレンドを規定しようとしているのだろうか。それはすべて集中するということにかかわっている。

筆者が約5年間勤務したマイクロソフトのプログラムマネジャーたちは開発チームを無関係な話題からシャットアウトして、本当に重要なことだけに集中させることで製品開発を促進するのがうまかった。彼らはこのことを「ノンゴール」を認識する過程と呼んでいた。われわれが目指す新しいスタイルのデイトレードにおいては、ノンゴールを2週間未満の短期的な投資期間とする。われわれはわき目もふらずレーザービームのように、1～6カ月のマーケットだけに集中していく。

まずは、中期的なサイクルの始まりと終わりを予測するという神秘的な手法から始めよう。そのあと、これらのサイクルの転換点からメジャーな新トレンドの開始時期を判断し、最後にトレード可能なトレンドに反する値動きについて学んでいく。

サイクルを探す

中期のマーケットタイミングを研究しているアナリストは、①マーケットの隠れたサイクルを理解し、予想しようとするタイプ、②すでに始まった、あるいは始まりつつあるサイクルについて統計的な証拠を探すことに専念するタイプ——という2つのグループに分けられる。ただ、現実的には2つのグループの中間辺りを筆者は勧める。つまり、先の見通しからサイクルの始まりを予想すべきだが、本当に始まったという確証を得るまでは行動すべきではない。

この項目を案内してくれるのは中期的なマーケットタイミングにおける2人のマスターであるトム・マクレランとポール・デズモンドだ。プロ中のプロである2人は、この難しくて重要な仕事を果たすための独自の手法を持っている。まずはマクレランから始める。

自然のリズム

　マーケットのサイクルを研究しているマクレランのようなアナリストは、自分の仕事がカレンダーを見ながらどの月が暖かくてどの月が寒いかを「予想」する程度の、あまり変わった仕事ではないと思っている。もしわれわれがまだ季節の周期性を理解していない原始社会に生きていて、真冬に「6カ月後は暖かくなる」と予想すれば天才だと思われるだろう。サイクルの専門家は、株と商品の世界は数学と自然、そして肉眼では見えない生物学的パターンに支えられていると思っている。

　もしサイクルの存在を信じなくても、ほかの多くの人たちがそれを信じているということは認識しておかなければならない。また、その見方が強く、それに基づいて大きな売買が行われていれば、それは自己達成的予言にもなり得る。つまり、市場が動くのはそれを人々が期待しているから、というジョージ・ソロスの「反射理論」が機能していることになる。もしスマートマネーと言われる機関投資家がみんなタイミングを使った理論や戦略が機能すると信じていれば、たとえそれが学術研究や常識ではまったく理屈に合わなくてもその有効性は保たれる。

　大手ヘッジファンドの多くはサイクルを考慮して年間計画を立てている。有効性を検証したさまざまな理論に基づき、起こる可能性がある出来事を教えてくれるからだ。ただ、エリオット波動、ギャン理論、季節性、大統領選挙サイクル、月齢、20年サイクル、40カ月サイクルなどを単独で使うのではなく、機能しそうなさまざまなサイクルを集めて、同じ結果が出るかどうかを見ていく。そして、結果が重なる「バランスポイント」については、さらに調べを進めていく。バランスポイントが特定されると、リサーチマネジャーはカレンダーをめくり、国内外の、大手やそれ以外のメディアや業界紙を調べ、サイクル

が示唆する下降スイングや上昇スイングや、最も重要なサイクルの転換期のきっかけとなっているニュースを知ろうとする。彼らは、何が転換点につながるのかが正確に分からなくてもサイクルを信頼しているが、裏付けになる情報が見つかれば、さらに安心できる。

　つまり、サイクルは機能する。ただし、投資にかかわる主要な出来事が起こるかもしれないことをトレーダーに知らせてはくれるが、理由まで教えてくれることはめったにない。なかにはどうしても理由を知りたい人もいて、読者もそのひとりかもしれない。ただ非常に成功しているサイクルトレーダーでも、理由を特定しないままサイクルのパターンを信頼して従っているということは知っておいてほしい。

　ワシントン州レークウッドでマクレランマーケットレポートというニュースレターを発行しているマクレランは素晴らしい長期実績を誇るサイクルトレーダーのひとりで、単純にサイクルを予想するタイプとどうしても理由を知りたいタイプの両方にまたがる立場をとっている。彼はさまざまなサイクルに対する展望を発表し、それが機能する理由を助言している。

　元エンジニアで陸軍ではヘリコプター操縦士だったマクレランは、家系からしてこの仕事に極めて適している。彼の両親は1960年代にマクレランオシレーターを考案し、このツールは今日でもマーケットの広がりを研究するために広く使われている。それ以来、マクレラン親子はマーケットサイクルを測定するための手法を100種類近く開発している。

　マクレランに何度か話を聞くなかで、彼はマーケットに重要なファンダメンタルズはたった2つしかないと教えてくれた。1つは、今、マーケットにはどれだけのお金があるのか、もう1つは、投資家がどれほど熱心に投資しようとしているのか、ということだ。サイクルとは苦労して稼いだ資金を金融資産に投じる何百万人という人々の断続的な欲望を描き出すもので、これには隠れた動物的・心理的リズムが

かかわっているのかもしれない。

マクレランはタイミングが重視される理由を、トレーダーが実際にコントロールできる数少ない要素のひとつだからではないかと見ている。売買価格はマーケットが決めるが、それを買う時期はトレーダーが決める。一方しかコントロールできないのなら、それを上達させようと思うのは自然なことだろう。

彼のマーケットタイミングのアプローチはサイクルを研究すれば起こるべきことが分かるが、仕掛けるのは期待した出来事が実際に起こってからにするというものだ。

ここで、ある大きなサイクルを見ていこう。これは1年間にわたるサイクルで、これからの投資活動期間の25%において機能してくれるだろう。

大統領選挙サイクルの3年目

アメリカ大統領選挙サイクルは、マーケットで最も有名なメジャーサイクルのひとつだろう。詳細についてはすでに多くの本が出ているので、それらを参考にしてほしい。ここでは、4年間の大統領任期には1年ごとに過去100年間続いてきた特定の傾向があるということと、いくつかの重要な例外があるということだけ覚えておいてほしい。

ただ、これらのサイクルの多くは時間の経過とともに効果が弱っていくため、頻繁に起こって重要なタイミングの手がかりになるものはあまりない。

大統領任期の1年目にマーケットが弱含むパターンは、何十年間も機能してきた。これは大統領が投資家を脅かすような経済運営によって新政権のスタートに活を入れようとするためで、税法が変わったり、新たな受給資格制度が開始されたり、通信などに関する長年の基準が変更されたりする。「改革」の名の下、有権者にアピールするための

これらの変化も、企業利益への最終的な影響が不明なため、投資家にとっては不安材料でしかない。

　この1年目に弱含むパターンは20世紀初期にほぼ毎回観察されており、最近ではブッシュ大統領（息子のほう）の2期目の1年目がそうだった。ただ、これも十分頼れるほどは機能していない。例えば、クリントン大統領の1年目は、1993年が＋7.1％、1997年は＋30％と大きくプラスになった。ちなみに、2期務めた大統領の2期目の最初の2年間は、1期目の最初の2年間ほどの混乱はない場合が多い。これは2期目の場合、前任者がどれほどの失敗を犯したかアピールする必要がないため、投資家をイラ立たせる改革をさほど多く導入する必要がないからだ。同様に、大統領任期の2年目と4年目の傾向も、一定ではない。

　ただ、大統領選挙サイクルの3年目に株式市場がプラスになることに関しては、申し分のない記録を誇っている。20世紀には二度の例外を除き、3年目のマーケットは年初よりも高く引けた。例外は一度目が1931年で、この年はダストボウル（連続して起こった砂嵐）、世界恐慌、保護貿易政策法案のスムート・ホーリー関税法、ワイマール共和政の崩壊、ナチスの台頭などがあった。また、二度目は1939年で、このときはナチスがポーランド侵攻し、その後第二次世界大戦につながった。ダウ平均は、1931年には55％、1939年にも6％下落している（1987年、レーガン政権2期目の3年目は、8月にS&P500が38％上昇したあと10月に大暴落が起こったが、最終的には1.5％の上昇で終わった）。

　つまり、将来がよほど深刻で異常な状態にならないかぎり、大統領任期の3年目は買いで良いことになる。直近の3期を見ても、1995年、1999年、2003年のナスダック100の上昇率は、それぞれ46％、102％、43％という素晴らしい結果だった。

　つまり、これはこれからの投資生活の4分の1を占める大統領任期

の3年目は、幸運かつ特別な期間になるということを意味している。そして、これらの年の毎週日曜日にメジャートレンドを調べるときは、たとえベア派が台頭しそうな兆しがあっても、ブル相場が進行している可能性がずっと高いことを考慮して、確認作業を進めてほしい。

40週サイクルと20週サイクル

　それでは3年目以外はどうなのだろう。少し難しくなるが、道はある。
　簡単に言えば、アメリカの株式市場の40週サイクルと20週サイクルに注目することで、来るべき危険やチャンスを探し出すことができ、多くの一般投資家よりも優位に立つことができる。
　40週サイクルは、1960年代にアナリストのJ・M・ハーストが発見して研究を進めたが、現在ではマクレランがこの理論提唱者のリーダー的存在になっている。このサイクルがなぜ存在し、どう機能するかについて正確には分かっていないため、たいていうまくいく方法として、観察していくことしかできない。マーケットの謎のひとつと言ってもよいだろう。しかし、もし疑うなら、このサイクルが繰り返すのは、それが機関投資家のコンセンサスだからという考え方もある。その答えでもまだ不十分なら、実際には人間の懐胎期間と同じ38〜39週サイクル（「40週サイクル」ほど言いやすくない）だということではどうだろう。もしかしたら、何らかの自然のハーモニーが機能しているのかもしれない。
　いずれにせよサイクルの使い方を説明しておこう。とても簡単だ。どの時点においても、直近の主要な安値を探し、そこから270〜280日後の日付を調べておけば、将来その近辺で次の主要な安値が来ると予想できる。もう少し細かく知りたければ、その中間付近、つまり130〜140日後に、ある程度重要な安値か、少なくとも重要な小休止があるだろう。さらに言えば、天井を打つのは底を打つ約28日前になる場

図1.1　S&P500大型株指数（週足）

合が多い。

　ここから分かるとおり、40週サイクルは大統領選挙サイクルのように100年後のカレンダーにも書き込めるタイプのサイクルではない。ただ、多少ずれたり動いたりすることはあっても、次の4～9カ月に期待すべきことを感覚的に教えてくれる。

　2004年から2007年半ばの実際の例をいくつか見ていこう（**図1.1**参照）。このS&P500チャートの最初の重要な安値は2004年8月6日の1063だが、当然ながらこの時点では、これが重要な安値なのかどうかは分からない。しかし、10月に振り返ってみれば、これがかなりの安値だったことが分かる。そこで、この安値から日数を数え始める。

　これはエクセルを使って簡単に計算できる。ひとつのセルに「2004/8/6」と入力し、別のセルに「＝」（等号）を入力してから最初の日付のセル（「2004/8/6」のセル）をクリックして、その後に「＋

270」と入力すると、エクセルが270日後は2005年5月3日だと計算してくれる。そこで、カレンダーに丸を付けておいて、そのころ周期的な安値が付くのを待てばよい。恐らくぴったりとその日になることはないだろうが、その日の2～3週間前後にそうなることは期待できる。

　実際のケースでは、次の安値はS&P500が1141を付けた2005年4月15日で、予定よりも約2週間早かったが許容範囲だろう。予想していたことなので、準備は整っていたはずだ。結局、期待していた5月3日のS&P500は1161で引け、この期間の最後の安値は5月13日の1146だった。3つの終値の差は1.75％以内とわずかなことから、予想が必ずしも正確でなくてもよいことが分かる。この時期、40週サイクルを見ていなかったトレーダーは混乱しただろうが、安値を予想していた人たちは本格的に買い始めることができた。このとき、S&P500は2003年のブル相場以来、支持線となっていた70週移動平均線まで下げたことにも注目してほしい。

　少し進めて2005年末のケースも見てみよう。この時点では、10月13日のS&P500の終値の1176が重要な安値だったことが分かっているため、エクセルにこの日付を入れて270～280日先を調べると、2006年7月10日から20日だと分かる。実際のマーケットは2006年5月初めから下がり始め、6月に本格的に崩壊し始めたが、最終的な安値は7月半ばと予想されている。結局、7月10日と20日の安値はそれぞれ1267と1249で、7月の本当の安値は18日の1236、この夏の最安値は6月13日の1223だった。ただ、これらの安値の差はすべて2.9％以内にあり、7月20日に安値を付けるという予想は役に立ったと言える。6月13日は結局、この年の最安値になった。

　この年の9月や10月になると、6月13日の安値がその夏の重要な安値だということが明らかになっていたため、次の40週間の枠を調べることにする。エクセルによれば、270～280日後は2007年3月10日～20日と分かる。今回は、S&P500が1460を付けたあと2月末に下がり始

め、3月10日が1398、20日が1410となった。この時期最も安く引けたのは3月5日の1374で、日中の最安値は3月14日の1363だった。今回も安値の差は1.75％で、40週サイクルの予想はおおむね当たっていたことになる。また、次の40週安値は8月3日（3月14日＋280日）で、この予想もかなり近かった。この日のS&P500の終値は1433で、その夏の最終的な安値は、それから2週間後の8月15日に付けた1406でその差は1.9％だった（高値と予想した7月6日も、実際には1週間早かっただけで、その差はわずか25ポイント、率にすれば1.7％だった）。ちなみに、2007年末の40週安値は11月30日から12月10日、天井は11月2日と予想されていた。

　それぞれのケースにおいて、20週サイクルと40週サイクルの予想日に近いところで高値と安値を付けていることが分かる。ただ、予想とぴったり一致するわけではないので、実際に大きな行動を起こすのは安値が形成されつつあることを確認してからにしてほしい。これは天気予報で明日が雪だと聞くようなもので、スキーに行く用意を始める前に、せめて空が曇り始めているかどうかを見てほしい。

　マクレランは、40週サイクルが6〜8年ごとに新しい日程に移行してわれわれを困らせると警告している。これは人がときどきドキッとするのに似ているのかもしれない。この過程で、研究者の関心をそらすように、サイクルが半年から1年間まったく消えてしまったりすることもある。マクレランは、このまったく消えてしまう現象の「フェーズシフト」が2005〜2006年に起こり、それ以降も40週サイクルは新しい日程で運行していると考えている。もしそうなら、次のフェーズシフトは2012〜2014年になる。カレンダーに書き込んでおこう。

新しい上昇トレンドの始まり

　新しい上昇トレンドが始まるらしいことが分かったら、次はそれが

本当に起こるのかどうかを判断する方法が必要になる。堅調なトレンドがスタートしたことを確認するための明確な概念がなければ、マーケットの日々のジグザグに惑わされてしまうかもしれない。

過去75年における100以上のメジャーな上昇トレンドの始まりを見直して、特徴別に分類してみると、明らかなパターンがいくつか見つかる。それまでの下降トレンドのなかの戻りとは違う「上昇トレンドの署名」とか「統計的な指紋」とでも呼ぶべきパターンだ。

株価が上方に大きく動き始めるとき、何が起こるのだろう。爆発、花火、サイレン、そして、刺激だ。

ここで、トレンドの全行程はゴムまりのように放物線のアーチを描くことを思い出してほしい。ただ、最初はこのアーチの始まりの部分だけに集中していく。ボールは、上を目指して動き始めるときのスピードが最も速い。

大きな上昇トレンドの初期の動きの力強さを示す好例が、2003年3月半ばからの3カ月半だろう（**図1.2**参照）。このとき、ナスダック100は950から1300へと電撃的に急騰した。わずか15週間で36％の上昇は、まさにブリッツクリーク（ドイツの電撃戦）並みだ。そのあと短期の調整で1200まで下げたため、マーケット参加者の多くはマーケットがベアに戻ったと思ったが、結局それが彼らを2000～2002年に苦しめることになった。恐怖が頂点に達すると、さらに別の緩やかな上昇があり、ハイテク銘柄の多いこの指数を1450まで押し上げた。

メジャーな上昇トレンドの最初の上げは信じられないほど強いため、二度目の上げと比べればすぐに分かる。**図1.2**が示すように、ナスダック100は20日移動平均線（20日MA）の「エンベロープ」の上限を素早く超えてそのまま推移し、その後も1～2日程度下限まで下げることはあってもそれを下回ることはなかった。

図1.2　ナスダック100指数

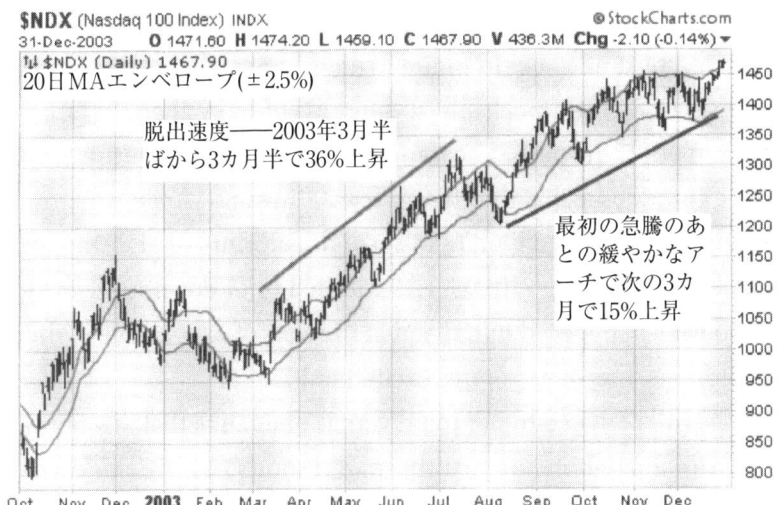

マクレランオシレーター——加速度測定器

　上昇トレンドの始まりで最も重要なのは、その信じられないほどの上昇エネルギーだ。物理学者が脱出速度と呼ぶこの現象は、重力を振り切って軌道を離れるために必要な最小速度で表される。重要な上昇トレンドの始まりを示すこのような過剰エネルギーを測定する方法のひとつに、マクレランオシレーターがある。

　マクレランオシレーターは、いわば加速度測定器のようなものと言える。物体（この場合はニューヨーク証券取引所［NYSE］の騰落ライン）がどれくらいの速度で重力を離れ、それまでの状態から抜け出しているのかを、騰落ラインの加速度の数値で教えてくれる。

　理由は簡単で、むしろ優雅と言ってもよい。大まかに言えば、新しいトレンドが本当に始まるときには、すべての種類の株（大型株、小

型株、各セクター)がそろって上昇するだけの力が必要となる。つまり、騰落ラインがフル回転していることが望ましい。豊富な資金があって、価値のない銘柄でさえ上がれば、メジャーな上昇トレンドの始まりに見合う良い状態と言えるのだ。

マクレランオシレーターの数値は、NYSEの値上がりした銘柄数から値下がりした銘柄数を引いた数を求め、その19日平滑移動平均線(19日EMA)から39日平滑移動平均線(39日EMA)を引いて算出する。短期のEMAが長期のEMAよりもずっと速く上昇していれば、マクレランオシレーターも「限度を超えた」状態を目指して急速かつ安定的に上昇し、+150〜+200でピークに達する。これは、マーケットが脱出速度に達したサインで、そのポイントを過ぎるとマーケットは動き出すだけでなく、それまでの軌道から離れてそのまま上昇していくことができる。もしこの時点でマクレランオシレーターが低下したとしても(いずれそうなる)、マーケットはすでに走り始めている。

しかし、それはいつ起こるのだろう。だんだん話が見えてきた。われわれアクティブトレーダーはさまざまな状態で素晴らしい成果を上げることができるが、本当に探しているセットアップはこれなのだ。

このような状態は、激しく売られ過ぎになったすぐあとに生じることが多い。2つの状態は同じカードの表と裏の関係にあり、昼のあとに夜が来るように続いて起こる。このセットアップの典型的なケースが、2006年夏と2007年春に起こっている。どちらのケースも、マーケットは数カ月前までそれぞれのペースであまり変動することなくゆっくり上昇していたが、突然それが止まった。通常、このようなときは投資家が自信をなくすような何らかのニュース(内容は何でもよい)があるものだ。ただ、それによって必ずしも売り手がマーケットの中心になる必要はなく、買い手がストライキ状態になるだけでもよい。

最初の短い下げのあと、投資家たちは体勢を立て直したように見えたが、次のパニックによってマーケットは急落した。投資家たちはパ

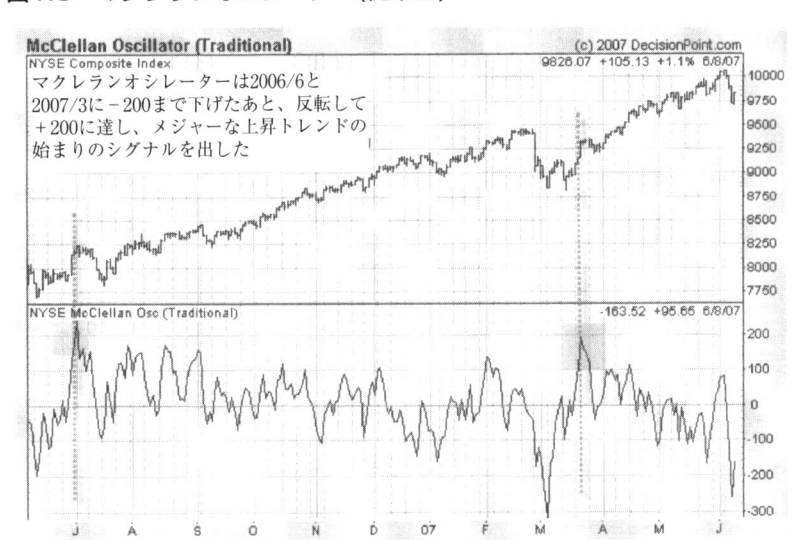

図1.3　マクレランオシレーター(従来型)

```
McClellan Oscillator (Traditional)           (c) 2007 DecisionPoint.com
NYSE Composite Index                          9826.07 +105.13 +1.1% 6/8/07
マクレランオシレーターは2006/6と
2007/3に-200まで下げたあと、反転して
+200に達し、メジャーな上昇トレンドの
始まりのシグナルを出した

NYSE McClellan Osc (Traditional)              -163.52 +95.65 6/8/07
```

ニック発作に見舞われ、先週までの損失に急にイラ立ち、保有していた株を、セクターもサイズも関係なく、手当たり次第に売り始めた。

　幅広く指数が落ち込むことで、こうなることはいずれ分かる。しかし、忍耐力のあるデイトレーダーなら、40週安値というベルが鳴るのを待ってから逆張りで買う。このベルを聞くためには、いくつか方法がある。

　そのうちのひとつは、マクレランオシレーターが-200以下になることだ。こうなったときは貯蓄を取り崩して買うか、証拠金取引をするか、オプションを買うか、特定の指数に連動して利益が2倍になるETF（上場投資信託）を買うべきだろう（例えばナスダック100の2倍のリターンが得られるプロシェアズ・ウルトラQQQQ、コードQLDなど）。

　図1.3は、2007年5月にマーケットが弱含み始め、6月半ばに大き

く落ち込んだところから始まっている。このときデイリートレーダーはサインとなるベル、つまりマクレランオシレーターが－200に下がるのをじっと待っていた。ベルが鳴った時点で、マーケットがさらに下落することは十分あり得るが、パニックが底に達したか、それに非常に近いことも分かっている。マーケットでは、売ろうとしていた人たちがすべて売り終わり、真空地帯ができている。そして、このパニックに対して冷静さを保てる人たち（読者もそのひとりであってほしい）が買うことで、その真空を埋めていく。

　図を見ると分かるように、同じことが2007年春にも起こっている。アメリカ市場の下落は２月末に中国の株式市場の急落による突然の衝撃から始まり、３月初めまで40週安値に近づいていった。図からも分かるように、大きく買うのはマクレランオシレーターが－200まで下げたときにすべきだろう。今回は結局、オシレーターが－300まで下げたが、それはかまわない。メジャーな40週サイクルの安値が期待できる時期なら、－250を下回った時点でレバレッジをかけたポジションを自信を持って増し玉していけばよい。

　どちらのケースも、その少しあとでマーケットは反転し、大きな利益への道が開けた。これらのケースは売りによってできた真空地帯が安値買い旋風を引き起こして買いが過熱したため、素早い儲けをはるかに超える利益チャンスとなった。貪欲な機関投資家があらゆるサイズやセクターの大部分の銘柄を急速に買ったため、騰落ラインとマクレランオシレーターは＋150を超えて＋200まで急上昇した。そして、この水準に達すればベルが鳴る。マーケットは脱出速度に達し、さらなる高みへと進み始めた。

　マクレランオシレーターは、たいていのプロ用トレーディングプログラム——例えば、トレードステーション——に組み込まれている。もしこのようなプログラムを持っていない場合は、「http://www.Decisionpoint.com/」（デシジョンポイント）というサイトのチャー

トからも入手できる。このサイトは有料だが、その価値はある。マクレランオシレーターはこのサイトの「indicators」（指標）というセクションのなかにあり、6カ月と3年の2種類が掲載されている。また、最新データだけなら、マクレラン・ファイナンシャル・パブリーケーションのサイト（http://www.mcoscillator.com/Data.html）にも載っている。詳細は、この会社が毎月2回発行している優れたレポートの『マクレランマーケットレポート』（年間購読料195ドル）と、毎日発行される『デイリーエディション』（同600ドル）に掲載されている。

　ただ、底の形が先の2つの例のどちらとも似ていない場合がときどきある。実は底には、先に見たような株価が落ち込んでできるタイプと、株価が上昇してできるタイプの2つがある。つまり、マーケットの横ばいがしばらく続いたあとで新しいブル相場が始まることもあるということだ。ただ、いずれにしても指示は同じで、マクレランオシレーターが－150～－200になったら買い始め、あとは反転して＋150～＋200の水準に達するまで、資金の3分の1から5分の1程度を上限に、自信を持って買い増していけばよい。

　それでは、この時点でブル相場は終わったのだろうか。それはまったく違う。マクレランオシレーターで＋175～＋200の水準は、最初の衝撃波でしかないことを思い出してほしい。通常は、そのあと一度休止期間がある。プロバスケットボールの試合で、第1クォーターのあと2分間の休憩があるようなものだ。オシレーターがここまで高くなるということは、資金がものすごいスピードでマーケットになだれ込んでいるということなので、さらなる上昇が約束されている。そのあとの数日間（または数週間、数カ月間）にオシレーターが再び＋150～＋200レベルを付けることはなく、むしろ高値が切り下がっていくことになるだろう。これはトラブルのサインとなるダイバージェンスではないので、問題はない。ここは単に、マーケットがそれまでの安値圏から抜け出して、もっと上のレベルに進み始めたため、買いサイ

ドだけに集中すべきだということを示している。

　一方、-150～-300を付けたあと、+150～+200まで上昇することなく4週間が過ぎたら、底はまだ終わっていない可能性がある。このロケットは脱出速度に達しなくて、地球に戻ってきてしまったということだ。こうなったときは底は形成されていても、まだ望んでいたほど堅固にはなっていない理由を探すか、防御的になるべき時期だということに気づくか、前の安値を試して高値方向に新たに脱出するときを待つべきだろう。

騰落ラインが示すマーケットの免疫

　安心して上昇トレンドが継続していくと思えるためには、ほかに何を確認すればよいのだろう。ここで再び長年、流動性の基準として使われてきた騰落ラインに目を向けてみよう。われわれを案内してくれるマクレランとデズモンドも、NYSE騰落ラインが高い値を示しているときは、次の3カ月間にたとえ10％以上の調整があったとしても、マーケットには「免疫がある」と考えている。つまり、もし大統領選挙サイクルの3年目に騰落ラインがピーク近くに達しているときでも、マーケットが失速して3～9.5％下落すれば、至るところで新しいベア相場の到来だという声が上がるだろうが、ここは冷静さを保ち、単なる調整だと安心していることができる。調整が起こっていても騰落ラインが高ければ、1987年のような大暴落や1990年と2000年から始まったベア相場のような状況に陥る可能性は低い。

　反対に流動性が低いときは、特定のクラスの銘柄（例えば大型株、エネルギー株など）だけに株式市場の資金が集中しているのかもしれない。上昇トレンドにかかわる銘柄数が減っていけば、NYSEの騰落ラインは下降していく。

　ただ、幅広く平均値が下がり始めるかなり前から、騰落ラインが低

迷する場合もある。例えば、大型ハイテク株ばかりに資金が集中した1998年の初めにも、騰落ラインは天井を付けた。このときは小型株や中型株、あるいはエネルギー生産者や素材産業はまったく人気がなく、とにかく大型株だった。しかし、1999年末にダウ平均が天井を付けたり、2000年初めにナスダックが天井を付けたとき、騰落ラインはすでに長期の下降トレンドに入っていた。つまり、騰落ラインの下落は流動性に問題があることを示す実質的な黄色信号と言える。騰落ラインの下落と株価上昇の組み合わせは、収入が減ったのに、クレジットカードで以前と同じ生活を続けている人のようなものだ。大量のカードを使って体裁は整えても、いずれ支払いの時期は来る。マーケットは2000～2002年に数回の厳しいベア相場という形で、このツケを支払った。

センチメントの低下

それでは、上昇トレンドが始まるときのセンチメントはどうなのだろうか。こちらのほうがずっと難しいが、注目すべき要素は悲観論の広がりだ。直感に反するように聞こえるかもしれないが、もう少し我慢して聞いてほしい。こう言うと、新聞の見出しや同僚との会話のなかに悲観的なサインがないかを探そうとしてしまうかもしれないが、これについてはもっと説得力のある定量的な方法がある。

全米個人投資家協会（AAII）がブル派とベア派がどのくらいの割合かを調べるために行っている調査がある。通常、ブルとベアの比率が極端にブルに傾くと、マーケットは調整に入る。特に顕著だった例は1999年末で、最近では2007年2月半ばがそうだった。また反対に、**図1.4**の矢印で示したとおり、ベアのセンチメントが50％以上になると株を買うべき時期と言える。このチャートは、デシジョンポイントの「Market Indicators/Sentiment」（マーケット指標・センチメント）

図1.4　AAII投資家のセンチメント（S&P500大型株指数の週足）

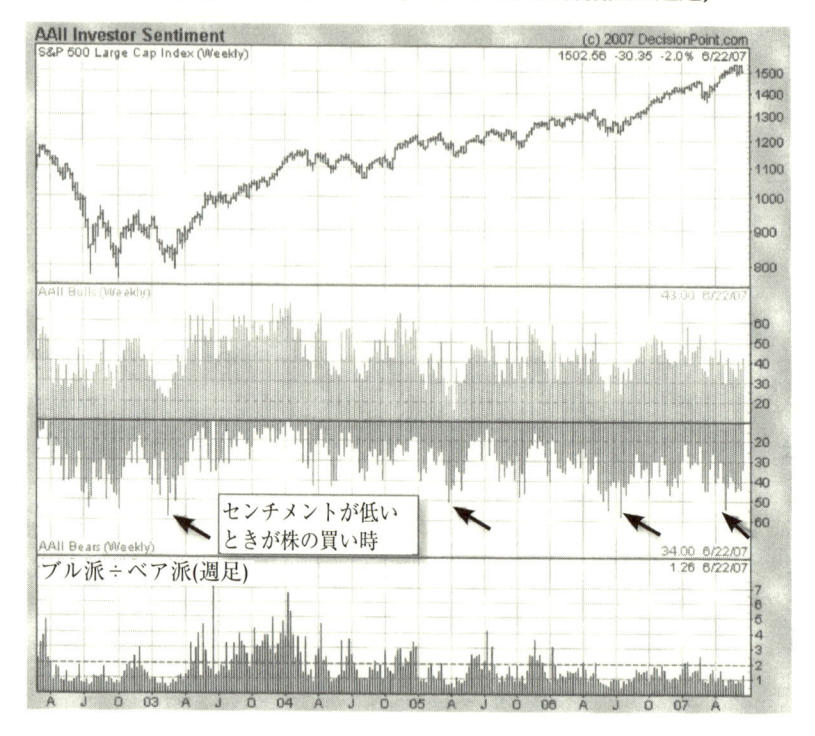

セクションに掲載されている。

　AAIIほど有名ではないが、それだけ利用価値が高いかもしれないセンチメントの定量的指標として、投資家以外も含めた一般大衆のムードがある。みんながこのうえなく幸せなときは株にとって良くないが、逆に不機嫌なときは株にとって素晴らしい時期となる。みんなが経済は好調だと思えば、それ以上は良くならないが、みんなが経済はひどい状態だと思えば、それ以上悪くなる余地がなくてマーケットは底を打つ。そして、この時期はみんな資金を手元に置いているため、ベアからブルに転換すると、それが上昇を後押しすることになる。

違いを見るために、アメリカ人の全般的なムードを反映するギャラップ調査を見てみよう。ギャラップは「現在のアメリカには全般的に満足か、それとも不満足か」という質問に対する回答を、同社のウエブサイト（http://www.gallup.com/poll/1669/General-Mood-Country.aspx）に掲載している。ここで、満足と不満足の割合を見ればよい。

アメリカ人のムードをS&P500のチャートに書き入れてみると、みんなが最も悲観的なときが最高の買い時だということが、驚くほど規則的に表れる。これは逆も同様で、消費者が最高に楽観的になっているときは、マーケットから離れたり、空売りをすべきことが分かる。**図1.5**は、1978年以降の回答を割合（年平均）で示したもので、**図1.6**は2005～2007年のデータを抜き出してある。

ここで注目したいのは、満足している人と満足していない人の割合だ。過去10年間で楽観的な人が急増したのは2000年1月7日の週で、これはマーケットが2年間のベア相場に突入する直前だった。ギャラップ調査によれば、一般大衆の69％が経済情勢は良くなっていると考える一方で、28％は悪くなっていると答えていた。ダウ平均はそのすぐあとの1月14日に天井を付けたが、次にこの水準に上がるまでには7年近くもかかっている。

不思議なことに、アメリカ人の全般的なムードは、ベア相場がすでに始まっていた2000年の大部分もプラスを維持していた。このムードは2001年に入っても5月と9月11日の同時多発テロ直後に一時的に下がった以外は継続し、結局2002年半ばまで続いた。そして、この間ずっとマーケットは下降トレンドから抜け出せずにいた。どうやら幸せなアメリカ人がひどいマーケットを生み出すらしい。

次は、アメリカがイラクに侵攻する直前の2003年3月と比べてみよう。3月3～5日のアンケートでは、満足と不満足の差が8年ぶりの低い値となる−25を付けた。そして案の定、この10年で株を買う最高のタイミングになった。それ以降は、ほとんど毎月のように不愉快な

図1.5

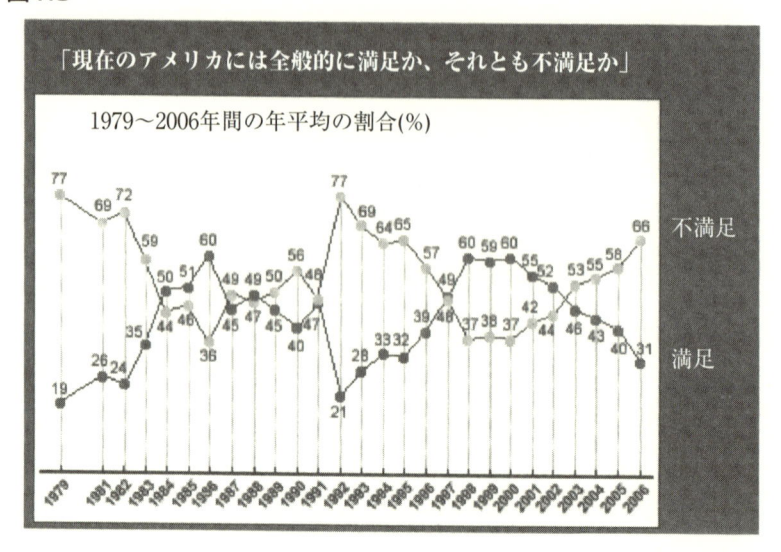

「現在のアメリカには全般的に満足か、それとも不満足か」

1979～2006年間の年平均の割合(%)

図1.6

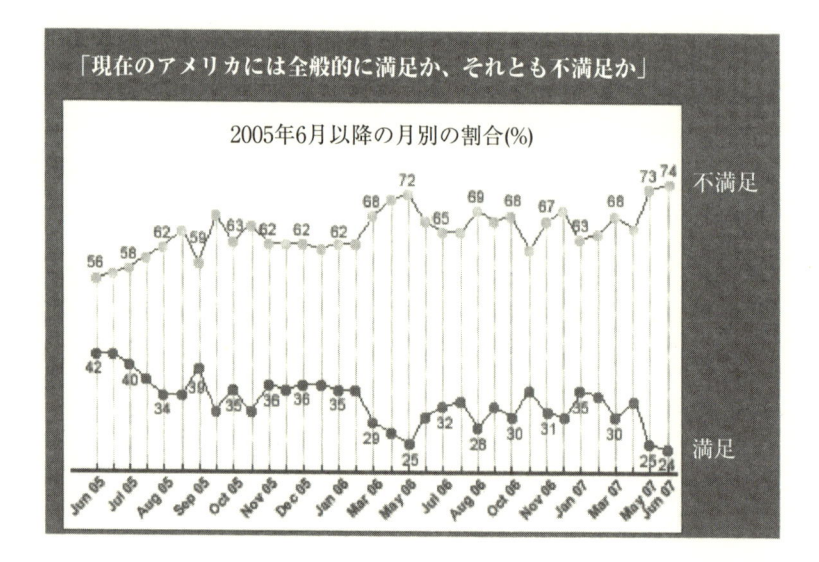

「現在のアメリカには全般的に満足か、それとも不満足か」

2005年6月以降の月別の割合(%)

図1.7

不機嫌な市民が上昇傾向のマーケットを生み出す				
ギャラップ調査　アメリカ人の全般的なムード				
日付	満足	不満足	差	マーケットの主な出来事
2007/06	24	74	-50	
2007/05	25	73	-48	ダウ平均13628ドル
2007/04	33	65	-32	
2007/03	30	68	-38	
2007/02	34	64	-30	
2007/01	35	63	-28	
2006/12	30	69	-39	
2006/11	31	67	-36	
2006/10	35	61	-26	ダウ平均新高値12081ドル
2006/09	30	68	-38	
2006/08	32	67	-35	
2006/07	28	69	-41	
2006/06	33	65	-32	ダウ平均11150ドル
2006/05	32	65	-33	
2006/04	30	67	-37	
2006/03	25	72	-47	
2006/02	27	71	-44	
2006/01	29	68	-39	ダウ平均10865ドル

ムードが続き、2005年10〜11月、2006年5〜6月と12月、2007年5〜6月のマーケットの底の辺りで突出した値に達した。これらの時期はすべて、新規の資金をマーケットに投入する好機だった。ムードの差を調べたければ、先に紹介したギャラップ調査のサイトの「ゼネラル・ムード・オブ・アメリカ」という画面を開き、表をエクセルにコピーすればよい。ただ、この表は各週の満足と不満足の割合しか表示していないので、新しく列を追加して差（不満足－満足）を計算するよう設定しておくとよい。**図1.7**に例を挙げておく。

タイミングの悪い手法――予想収益成長率

ここでマーケットタイミングについて少し書いておきたい。タイミングの手法のひとつに、収益成長率の予想に基づいて判断する方法があるが、これは表面的には理にかなっているように見えても、実はまったく機能しない。理由は、収益成長率と株式市場は完全にずれているからだ。

もちろんこれが常識に反しているのは分かっているが、もう少し我慢して聞いてほしい。ネッド・デービス・リサーチでは収益と株価のずれの理由として、幅広くマーケットの株価を動かしているのが過去も現在も収益ではないからだと説明している。

フロリダ州南部で投資と経済の調査会社を経営するネッド・デービスはこの逆張り的理論の急先鋒だ。デービスは2005年に発表して物議をかもしたレポートのなかで、1958年以降、S&P500企業の収益成長率が6％を上回った年は、株価の上昇率がわずか3.9％（年間平均）だったと記している。一方、収益成長率が6％以下のときは（こちらのほうがずっと長い）、株のリターンは8.1％（年間平均）になった。

伝統主義者は大騒ぎしないで、収益成長率の結果ではなく予想に注目しろと言うかもしれない。しかし調べてみると、株価への期待が高いほど結果は悪くなることが分かる。

そこで常識のなかに、来年の予想収益が25％以上増加するという理由で株を勧めるアナリストはまったく間違っているかもしれない、と付け加えておいてほしい。デービスの調査では、株式市場のリターンにおける本当のスイートスポットは企業の翌年の収益が12.5％以下で、マーケット全体の期待も限られている場合だとしている。2006年は確かにそのとおりだった。全体的に見て、NYSEの上位銘柄の予想収益成長率は20％以下だった。

しかし、なぜそうなるのだろう。これは通常考えられているのとは

違い、マーケットは12カ月後のファンダメンタルズをディスカウントしないからだと推測できる。そうではなく、良いニュースや楽観傾向がマーケットを牽引し、傍観者が新たな買い手となってマーケット参加者が増えるが、いずれ新たな買い手はいなくなる。そして、楽観主義が頂点に達すると、買い手はもう残っていないため、マーケットは下がり始める。反対に、悪いニュースで投資家が将来について神経質になっているときはいずれ買い手に転じるたくさんの傍観者がいるため、大幅に上昇する余地がある。

　ただ、将来のマーケットの方向性を知るための、もう少し良い経済的な手がかりはある。まずは消費者価格のインフレだろう。ネッド・デービスの調査によると、1958年以降インフレ率が3.5％を超えた年（全体の49％）には、株式市場のリターンが平均以下の3.9％になるが、インフレ率が3.5％未満の年は年間リターンが9.8％に上っている。

　結局、低いインフレ率や低い収益予想や幅広い経済的な悲観主義が株式市場の強力なリターンのカギとなる。経済と収益成長率に対する予想がピークに達すると、マーケットに流入するキャッシュフローもピークに達し、その後は下に向かうしかない。反対に、成長予想が低いと、マーケットへのキャッシュフローも底をつき、あとは上昇するしかない。2007年前半も確かにそうなった。全体的なムードがますます悪くなるなかで、GDP（国内総生産）がそれまでの３％を大きく割って１％未満になると、S&P500企業の収益成長率も２桁から１桁半ばに下がり、第３四半期にはマイナスまで落ち込んだ。この間ずっと懐疑派やベア派は活気づいていたが、マーケットはダウ平均もS&P500も10月半ばに新高値を付け、騰落ラインも高値を更新し続けた。なぜこうなるのだろう。

底をピンポイントで当てる

　センチメントや脱出速度や流動性を理解するために、日曜日に検証する素晴らしいツールのいくつかが分かったところで、ポール・デズモンドの専門分野を見ていくことにしよう。デズモンドが経営するローリーズはアメリカ最古のプロのためのテクニカル分析会社で、75年という長きにわたって機関投資家がメジャートレンドに乗る手伝いをしてきた。彼はローリーズが発行するローリーズレポートの熱意あふれる責任者でもある。

　デズモンドと彼のチームはベア相場の底とブル相場の天井に関する統計的特徴を識別するため、膨大な作業を行ってきた。また、最も利益が大きい中期トレンドを見極めるための研究も、大いに投資家の役に立っている。そして最後に彼らの分析は、トレンドに反する急激な動きが一時的なものなのか、それとも本当の反転なのかの違いを理解する助けにもなっている。デズモンドは、株式市場の歴史が長期のブル相場と短期のベア相場の鎖のようなもので、それぞれに寿命があり、歴史的平均値がその境界線になっていると考えている。

　彼はブル相場の始まりについて、人間の生後2〜3カ月のようなものだと言う。生まれて間もない赤ん坊の体重は驚くべき速さで増えていく。マクレランの脱出速度に到達する話を覚えているだろうか。それと同じことだ。赤ん坊の体重は2〜3カ月で2倍になり、力も急に強くなる。そして、ティーンエージャーから若者に成長する間、すべての機能が向上していく。しかし、28歳になると体内の機能が劇的に低下し始める。そして、それ以降は背も伸びないし、力も強くならず、運動選手なら垂直跳躍の高さが最高に達する。この年齢は大部分のプロスポーツ選手にとっても、普通の人にとっても、肉体的なピークとなる。仮にそこから低下しなくても、中年にかけてそれ以上大きく向上する可能性はあまりない。そして40歳近くになると、人間の体には

根本的な変化が起こる。額が後退し、ウエストに肉がつき、白髪が生え始め、記憶力と聴力が低下し、体力もそれ以降ずっと低下していくのだ。地球上のすべての人の変化をチャートにすれば、多少の例外はあっても、ほぼ同じパターンになってこの法則が正しいことが分かるだろう。

　株式市場も、これにかなり近い。まず、素晴らしい買い時だと信じる人たちの爆発的な熱意から始まり、それが高じてマーケットは買われ過ぎの状態になり、その状態が数週間から数カ月間続く。みんなが資金を投入するため、出来高も増える。しかし、ある時点で、最も熱狂的な参加者がすべての資金を投入してしまうと、動きが鈍くなる。動きのある銘柄数が減り始め、選択的なマーケットになることによって騰落ラインも下がり始める。そうなると、疲労のサインが目立ってくる。

　ブル相場も成熟すると、騰落ラインが衰え始め、多くの銘柄が人気を失っていく。こうなったら、ポートフォリオの分散を抑えて、リスクエクスポージャーを減らすのが理にかなっている。マーケットの天井の特徴に共通する要素のひとつは選択性が増すことで、上昇にかかわる銘柄数が減ってマーケットの構造はもろくなっていく。天井ではほんの一握りの人気銘柄が主要な指数を押し上げているが、それ以外の銘柄はすでに下げに転じている。

　デズモンドの視点で見たマーケットの寿命の全体像が分かったところで、次は何がベア相場の死亡とブル相場の誕生を特徴づけるのかを見ていこう。

売りのクライマックス

　デズモンドのチームが紹介した主な洞察は単純な統計的方式で、これがあればベア相場の最後の段階を示す真の「売りのクライマックス」

を見極めることができる。

　彼は売りのクライマックスを、投資家が最後に降伏して株を投げる状態と定義している。投資家は大切な銘柄ばかりではなく、それ以外のポジションもどんどん手放していく。こうなると、価値を認識して売るのではなく、単純に株を手放したいという気持ちだけで売っていくのだとデズモンドは言う。そして、売りたい人がすべて売り終わると、当然ながらこれ以上株価を下げる人がいなくなり、真空地帯が生まれる。これこそが、株価が大きくディスカウントになって、突然、割安の銘柄に気づいた人たちが次のブル相場の始まりを刺激する魔法の瞬間と言える。

　何十年もの間、売りのクライマックスという概念は主に出来高全般や下落した銘柄数、安値を更新した銘柄数などに限定された逸話的観測だと考えられていた。しかし、デズモンドの研究は売りのクライマックスが実際には物理的な現象というよりも、むしろ心理的な現象であることを示している。これは動きよりも強さにかかわることなのだ。

下落日のメリット

　過去にマーケットの最終的な底の特徴となる強さの水準を定義するため、デズモンドのチームは1933年以降のデータを研究し、ほぼすべてのケースで最低でも1日、通常は2～3日間のパニック売りがあることを発見した。パニック売りとは、下落した銘柄の出来高が上昇した銘柄と下落した銘柄の両方を足し合わせた出来高の90％以上に達し、下落した銘柄の総ポイントも上昇した銘柄と下落した銘柄の両方を足し合わせたポイント数の90％以上になることを言う。出来高やポイント数は毎日ウォール・ストリート・ジャーナル紙に掲載されているので、パニック売りかどうかは自分でも計算できるが、それがいやなら年間700ドルで（個人的にこれは安いと思う）ローリーズのNYSEリ

サーチサービスの抜粋版を購読すれば算出結果が載っている(これには、毎日掲載される中期のマーケットトレンドにかかわるレポートや、毎週金曜日に掲載される素晴らしいウイークリーレポートも含まれている。後者はテクニカルな状況をまとめたもので、筆者は自分の資金を運用する手助けとして、これ以上のサービスはないと思っている)。

デズモンドはこのようなパニック取引を「90％下落日」と呼んでいるが、重要なのは、これがマーケットのメジャーな下落の大底だけで起こるのではないということだ。この90％下落日はメジャーな下降トレンド全体で見られ、その最後が大底になる。

実際、ローリーズの調査でも、90％下落日はそのあとパニック買いが起こって上昇した銘柄の出来高が上昇した銘柄と下落した銘柄の両方を足し合わせた出来高の90％以上になり、上昇した銘柄の総ポイントが上昇した銘柄と下落した銘柄の両方を足し合わせたポイント数の90％以上を占めるまで続くことを示している。90％下落日の連続パンチのあと90％上昇日が続けば、売りのクライマックスが終わって新しいブル相場が始まる絶対的なサインとなる。

機関投資家の顧客だけに配布され、一般向けには出版されていない受賞歴のある論文のなかでデズモンドは、90％下落日と上昇日に関して次のような観測を行っている。これらの現象はたとえ極度のブル相場の最中でもときどき起こり、そこから生まれる極端な恐怖や高揚感が、ほかの状況と同様、さらなる判断ミスにつながる可能性があるため、少なくともこのことを知っておいてほしい。

●孤立して１日だけ起こる90％下落日はそれだけでは長期トレンドとの関連性はない。このようなことは短期的な調整の最後に起こることがよくある。ただ、たった１日のことでも投資家がパニックに陥ることがあるため、さらなる90％下落日が続くかもしれないという重要な警告として見る必要がある。

- マーケットが高値を付けたあとの90％下落日は、大部分が短期的な調整に関連しているが、過去には注目すべき例外がいくつかあった。
- 2回以上の90％下落日を含むマーケットの下落はさらなる90％下落日を引き起こす可能性があり、それぞれの間隔は長いときは30日程度になることもある。つまり、投資家はこのような下落を「乗り越えられる」と簡単に思わないほうがよい。90％下落日のすぐあとには目立った高出来高での「戻り」で3～4日上昇することがよくある。しかし、もしマーケットが10カ月移動平均線を下回って下落しているなかに複数の90％下落日があるときは、長期投資家はあわてて買ってはいけない。
- 売りのクライマックスが完了したシグナルとなる90％上昇日は最後の90％下落日から12日以内に起こることが多い。
- 1日のみの90％上昇日の代わりに、連続した80％上昇日が売りのクライマックスの完成シグナルになることもまれにある。ただ、連続した80％上昇日が売りのクライマックスによる反転以外で起こることはほとんどない。
- 連続した90％上昇日（めったに起こらない）は重要な中長期の上昇トレンドの始まり近くに多く観察されている。
- 単体の90％上昇日（その前に90％下落日がない）に、長期的な意味はない。このうち約半分のケースではさらなる上昇が続き、残りの半分はいったん「激しく上昇したあと」であとは下落していく。
- 発表などがきっかけで起こった1日だけの90％上昇日は信頼できない。

　少し長めのリストになってしまったが、ベア相場が終わったのか、あるいはブル相場のなかでの大きな下落が買いチャンスであって新しいベア相場の始まりではないのか、などといったことを判断する役には立つはずだ。

簡単に言えば、90％下落日は下降トレンドのなかで起こり、もっと悪いことが起こる前兆となるが、それはまだ売りのクライマックスではない。しかし、2日以上90％下落日が続いたあと90％上昇日があれば大きな上昇が始まる前兆なので、それまでの作戦をやめて買い始めるべきだろう。マーケットが明らかにブル相場のムードに浸っているときに、一見恐ろしい90％下落日が起こったら、そのときは買い始めてほしい。このような現象はたとえその時点で学者やメディアが新しいベア相場の到来だと主張したとしても、実際には調整の終わりを知らせる場合が多いからだ。

トレンドに反する値動き

　極端なベア相場は4〜6年に一度程度しか発生しないため、ベア相場とブル相場の間の転換点はめったにない。そこで、トレンドに反する値動きでのトレードチャンスについて少し考えてみたい。

　ブル相場の最中にトレンドに反する下落がある理由は、行動経済学者の研究によって解明されている。なかでも最も洞察にあふれた論文のひとつが1993年にシュロモ・ベナルチとリチャード・セイラーという2人の大学教授によって書かれた「目先の損失に対する嫌悪感と株式プレミアムの謎」だろう。このなかに、投資家の心理は2.5対1の割合で、利益よりも損失に対して敏感だと書いてある。つまり、投資家は損失の痛みを、利益の喜びの2.5倍の大きさで感じるということで、損失に対する苦悩が深刻になると、個人投資家や多くのプロまでもが一般大衆に混じって売り始める。独立系のベテランアナリストで、底を正確に予想して投資家をトレンドに反する値動きから救うことに関して輝かしい実績を誇るロバート・ドラックはこのことに関して皮肉なユーモアで応じている。彼はベナルチとセイラーの論文について「この現象に学者風に名前を付ければ、『みんなくねくねした動きが

怖い』になる」と言っている。

10％解決法

　幸運なことに、ローリーズの分析セットにはブル相場の最中のトレンドに反する下落でも、トレードして利益を上げるための統計的シグナルがある。10日移動平均線よりも高く推移しているNYSE銘柄の割合を観察しておけば、パニック行動の短期的なピークを知る目安になるのだ。ローリーズによれば、上昇トレンドの途中にもかかわらず、10日移動平均線を上回る銘柄の割合が10％を下回れば、これはパニック状態なのでしっかり買えというサインだという。ちなみに、この状況は90％下落日と同時に起こることも多いため、注意がそれないようにしてほしい。

　最近では、2007年2月27日にマーケットの下落が始まった少しあとに、10日移動平均線を下回る割合が同月のピークだった84.6％から3月5日には3.96％まで下がり、激しく売られ過ぎの状態を示している（図1.8参照）。同じ時期に40週安値も予想されているはずなので、10日移動平均線を超える銘柄数が減ったことは株を買えと注意を促している。同じような極端に売られ過ぎの状態は2007年の8月と11月の底近くでも起きている。

　ローリーズによると、1990年以来10日移動平均線を下回った銘柄の割合が10％を下回ったケースは20回ある。そして、そのうちの78％では、次の2週間で株価が平均2.98％上昇した。また94％のケースで、次の3カ月間に株価が平均8.9％上昇し、そのうちの94％のケースでは次の12カ月で株価は平均20.1％上昇している。

　2007年3月5日のケースでは、ダウ平均が次の3カ月で13％上昇し、ブル相場の最中にトレンドに反する逆張りトレードが見事な結果を上げることを示している。ちなみに、この下落で最も好成績を上げた素

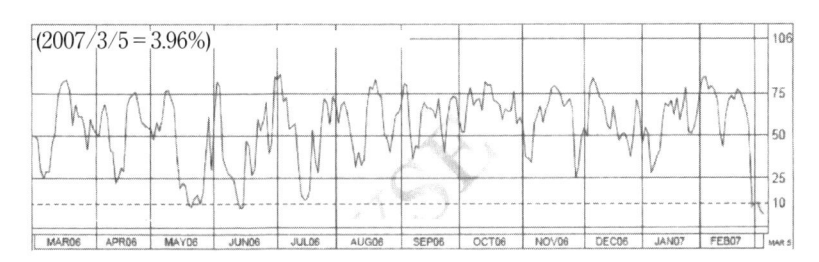

図1.8　10日移動平均線を上回る銘柄の割合

材セクターのETF（ティッカーコードは「XLB」）は、そのあとの上昇でも平均以上のパフォーマンスを上げた。XLBは３月５日までの１年間で５％上昇し、マーケットの－３％を大きく上回ったうえ、そのあとの３カ月間も15％上昇している。しかし、同じ下落時にパフォーマンスが悪かった住宅建築セクターのETF（ティッカーコードは「XHB」）は、その次の３カ月も１％という最低水準の利益にとどまった。同様に、S&P500は８月15日の極端な売られ過ぎを記録したあと、２カ月間で11％上昇した。これは今後も何度も出てくるパターンなので、マーケットが極端な苦悩状態にあるときは十分注意し、よく考えてチャンスを生かしてほしい。

メジャートレンド

いよいよ最高の瞬間が近づいてきた。日曜日の最も大事な仕事は、メジャートレンドが上昇か下降かを判断することで、それと同時に何が起こればその判断を変えるのかも考えておかなければならない。運が良ければ250週以上連続して同じ結論に達するかもしれないが、それでもデイトレーダーとしては毎回考え、判断していかなければなら

ない。

　大きなトレンドはどのようにしてできるのだろう。われわれ株式投資家は競売市場に参加しているようなもので、要するに買い手は売り手と競い合っている。マーケットの価値が上がるためには、買い手が何とかして売り手に在庫（株式）を引き渡させる方法を見つけなければならない。買い手は価格をつり上げる提案を行い、売り手は最終的に株式を売り渡すことに合意する。ブル相場の始まりに、あれほどの強さという特徴があるのはそのためだ。売り手は懇願されて自分の株式を引き渡し、買い手はそうさせるために価格を上げて熱心に入札していく。

　この限られた数の株式に対する戦いがマーケットの中核を成している。強気のトレンドは売り手の売る気以上に、買い手の買えるかどうかの心配が大きいという前提で始まる。そして、それが正しいとなると、次は買い手がどれだけ資金を持っているかが問題になる。彼らの資金源がどこで、そのうしろにあと何人の買い手が控えているのかということだ。

　この感情的かつ金銭的状態は出来高のトレンドで確認できる。もし株価が上がっていても出来高が少なければ怪しいが、出来高が増加していれば熱意が強くて幅広くなっていっているサインと考えることができる。

　株価と出来高の変化以外はすべて二次的なことで、騰落レシオやセクターのレラティブストレングスの数値、バリュー株とグロース株の違いなどは株価と出来高の統計に比べたらささいなことでしかない。

　ローリーズでは、この２つのベクトルを「買い圧力」と「売り圧力」という２つの測定値で表している。同社の買い圧力指数は、NYSEの上昇ポイントの合計と上昇した銘柄の出来高を組み合わせて算出している。反対に、売り圧力指数のほうは、下落したポイント数の合計と下落した銘柄の出来高を組み合わせている。

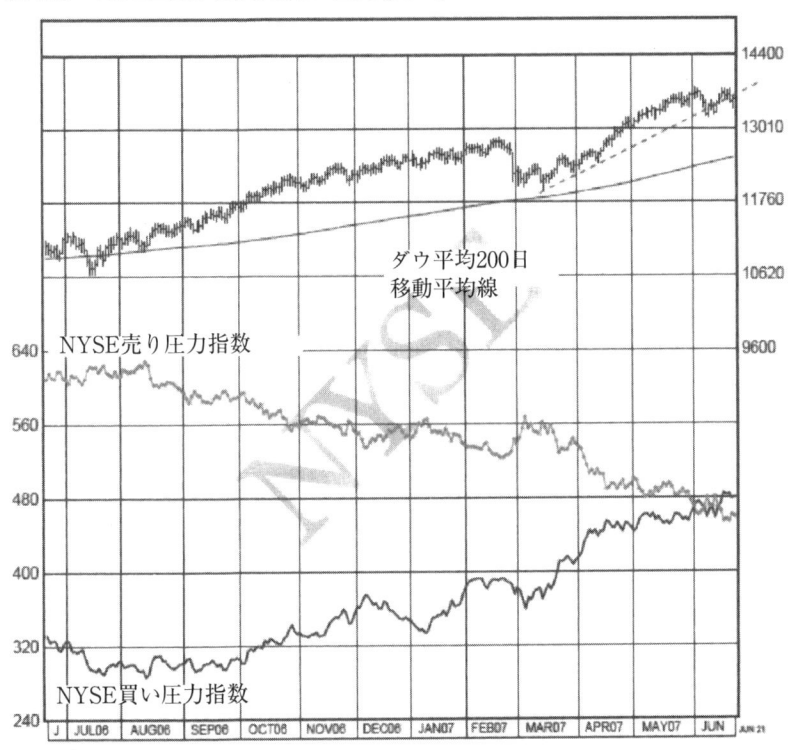

図1.9　NYSE買い圧力対売り圧力（日足）

　大学で最初に使う経済学の教科書には、需要と供給の法則が説明されている。しかし、もし教科書の第２章が株式市場の需要と供給について書いてあるのなら、需要の出来高と供給の出来高に注目する必要がある。これは当たり前のように聞こえるかもしれないが、実はそうではない。アナリストの多くはトレンドを理解する一環として、全体の出来高だけを見ているが、トレンドを基本的に理解するためには、売り手と買い手のそれぞれの燃料を理解することがカギとなる。

　もしまだよく分からなければ、別の説明をしよう。仮にある朝、目の前にウォール・ストリート・ジャーナル紙を広げて、買い圧力と売

り圧力の差を判断したいとする。このためにはまず値上がりした銘柄の上昇したポイントを合計し、それにこれらの銘柄の出来高を合計する。これがマーケットの買い圧力の合計になる。次に、下落した銘柄についても同じ計算をする。下落したポイントとその出来高を足せば、売り圧力の合計値が分かる。

これらのデータは証券取引所がAP通信社に提供し、そこからウォール・ストリート・ジャーナル紙などに配信して発表に至る。ただ、ローリーズだけがこのデータを統合し、移動平均線でならしてチャートで表示している（図1.9参照）。これを見れば、買い圧力が上昇して売り圧力が下降しているときは、たとえ指数が停滞したり飛び跳ねたりしていても、ブル相場は成熟期を迎えていることが分かる。そして、買い圧力指数が売り圧力指数を上回れば、マーケットは買い手の支配下にあり、急激な押し目はすべて買いのチャンスだと結論付けることができる。このときはマーケットを恐れずに買ってほしい。

おかしなことに、ブル相場が中年にさしかかり、売買の勢いが少し衰えてくると、知ったかぶりの記者や学者がトレンドの終わりを叫び始める。しかし、これらの発言は10回中9回が感情論や逸話、もしくは恐怖から出たもので、マーケットの力を統計的に深く理解したうえで出した見解ではない。人の肉体的なピークは28歳かもしれないが、そのあとにも長い人生が待っている。実際、55歳を過ぎても、80歳代に入っても、活力があふれている人は大勢いる。同様に、「年をとった」ブル相場も発作を起こしたり叫んだりすることはあるかもしれないが、もし買い圧力と騰落ラインが上昇していて、売り圧力が下降していれば、そのまま転倒して死亡することはない。

ローリーズの研究によれば、天井が近いと思ったときに確認すべき最も重要なサインは、それがヘッジファンドの破綻やエネルギー価格の高騰のように短命なかげろうのようなものではなく、騰落ラインの遅れや売り圧力の上昇や買い圧力の低下といった投資家の選択による

ものかどうかだという。ただし、あわてて行動を起こさないよう注意してほしい。騰落ラインのピークが確認できたからといって、株価がすぐに下がるわけではない。これは４〜６カ月後に天井を付けるかもしれないというだけで、確認すべきシグナルは、30日移動平均線を上回る銘柄数や52週高値を付ける銘柄数が明らかに減り続けているとか、出来高が減っているなど、ほかにもたくさんある。

　ただ、それでもまだ、少なくとも一時的に、間違っていることもある。2006年半ばには、選択性は上がり、騰落ラインは下がり、買い圧力は衰え、売り圧力は上昇と、すべての要素がブル相場に対抗しているように見えていた。７月になるとS&P500も200日移動平均線を短期間下回るなど、2003年から始まったブル相場にさよならを言う時期を示唆するサインがたくさんあった。

　これを日曜日に調べていれば、かなり心配になるかもしれない。しかし、もう分かっていると思うが、この時期はそろそろ40週安値が予想されているため、ダマシに対するアンテナは張ってあるはずだ。そして当然ながら、投資家はFRB（連邦準備制度理事会）が18カ月に及んだ利上げ政策を８月に打ち切ろうとしていることをかぎつけた。このことと、それまで高騰していた原油価格が下げに転じたことが相まって投資家の考えが変わり、株に対する熱意は再び高まっていった。彼らの欲求は急速に広がり、マクレランオシレーターは急騰、ブル相場は次の段階に突入した。**図1.3**で見たとおり、NYSEは７月末に脱出速度に達し、少し足踏みしてから７カ月後の翌年２月末まで一気に上昇していった。

譲れない一線

　これらのデータの真偽を確認するときに、筆者の譲れない一線が、株価か指数の10カ月単純移動平均線だ。株価や指数が10カ月移動平均

図1.10　S&P500大型株指数(月足)

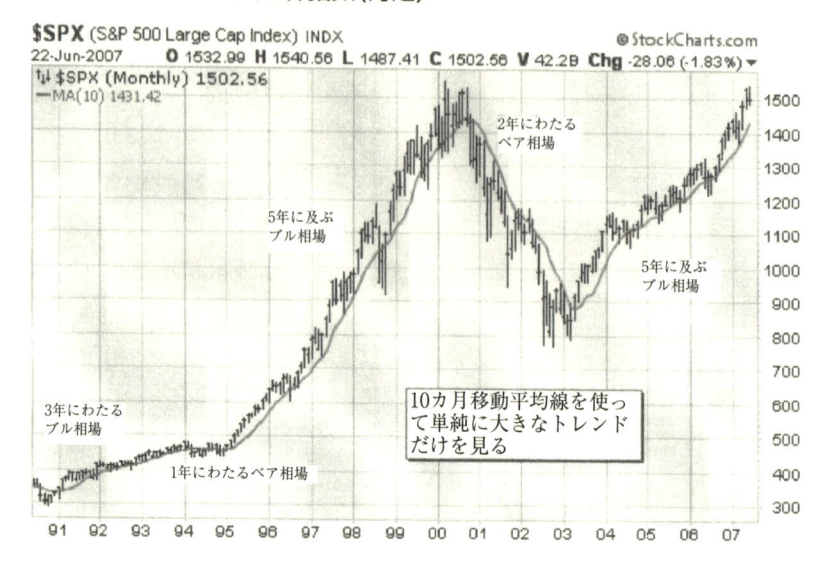

線を１カ月間下回れば心配するが、それが２〜３カ月続けばいよいよ終わりになる。

　図1.10が示すとおり、10カ月移動平均線は1990〜1994年と1995〜2000年のブル相場の間、ずっと株価を下回っていた。この間唯一の例外である1998年の株価の一時的な落ち込みは、ヘッジファンドのロング・ターム・キャピタル・マネジメントの破綻とクリントン大統領の弾劾危機によるものだった。そして３カ月間、この最後の一線を割り込んだあとも、S&P500は1100で再びこの10カ月移動平均線を超え、2000年半ばの1400までそれを維持した。10カ月移動平均線で見れば、2000年半ばから2003年はマーケットを離れるか、空売りすべきときだった。実はこの同時期に、90％下落日の売りのクライマックスと、２つの90％上昇日の買いパニック、そしてマクレランオシレーターの200を超える上昇が重なっている。

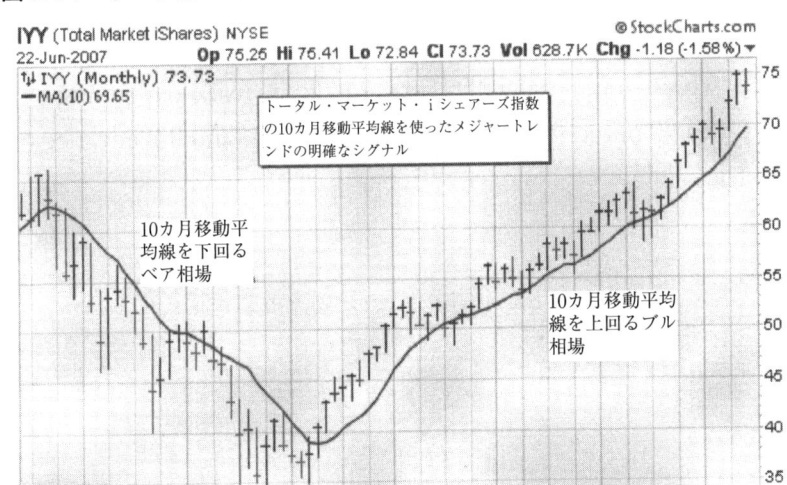

図1.11　トータル・マーケット・ⅰシェアーズ(月足)

(チャート内注記)
- トータル・マーケット・ⅰシェアーズ指数の10カ月移動平均線を使ったメジャートレンドの明確なシグナル
- 10カ月移動平均線を下回るベア相場
- 10カ月移動平均線を上回るブル相場

　これを拡大したのが**図1.11**で、ダウ平均の大型株、中型株、小型株すべてを組み込んだⅰシェアーズ・ダウ・ジョーンズ・トータル・マーケット・インデックス（IYY）の動きを示している。2000〜2002年のベア相場の間、毎週日曜日にこのチャートを調べていれば、30カ月のうち29カ月は大部分の銘柄を手放すか空売りしていたと思う。しかし、2003年3月から少なくとも2007年6月までなら50カ月中49カ月は買い持ちにしたはずだ。これはなかなか抵抗し難い指針であり、結局、日曜日の勉強として筆者が一番見てほしいところでもある。

第2章

Monday

月曜日

レラティブストレングスとスイングトレード

　時代には、それぞれ多くの人が強く共感する文化的な特徴がある。例えば、20世紀には「狂騒の20年代」「スイングの60年代」「自己中心主義の70年代」などがあった。

　投資家にとっても、時代はそのときどきで人気セクターや時価総額のグループなどとともに、10年単位で記憶されていく。1960年代は「一度（買いの）判断するだけ」であとは永遠にバイ・アンド・ホールドのポジションになるという大型グロース株の「ニフティ50」（ニフティフィフティ）が有名で、このなかにはアメリカン・エキスプレス、ブリストル・マイヤーズ、エイボン、コカ・コーラ、IBMなどが含まれていた。1970年代は中東紛争のさなかのエネルギー価格高騰で、石油やガス関連の銘柄が大成功した。そして1990年代はパソコンやその後のインターネットの爆発的な普及を受け、デル、マイクロソフト、インテル、EMC、オラクル、サン・マイクロシステムズなど大型ハイテク株が投資家の注目を集めた。

　それぞれの時代と、そのなかの何年間かにおいて、投資家は「その」銘柄を買えば、何週間も、何カ月も利益を上げることができたし、

押し目は常に買い増すチャンスだった。株価が上昇した理由はアメリカや世界のビジネス環境の変化が特大の収益成長を生み出したことだけでなく、投資家が株価がずっと上がり続けると信じていたことある。第1章で述べたとおり、うまくいく株やセクターやマーケットには、必ずと言っていいほど確固たるファンダメンタルズ的理由があり、そのうえに重なったセンチメントの層が興奮と熱意と欲望のさざなみを追加する。永遠の変化をとらえているという喜びによって、投資家は一種の幸福な陶酔感に浸り、特定のグループの企業の株価をつり上げていく。そして、この行動は株価のさらなる上昇によって促進される。

個別銘柄の上昇は、その最低60％がセクターの成功や人気によるものだということが学術的研究によって確認されている。また、個別銘柄のパフォーマンスは、それが属する時価総額のグループやグロース株とバリュー株といった評価のグループの成功に影響を受けることも分かっている。

毎週月曜日には、1時間ほどかけてセクターや時価総額や評価グループなどを調べてほしい。もちろん学問としてではなく、戦術家としてだ。その時点で調子の良いセクターや時価総額や評価による一群を見分ける方法と、そのなかで、次の何日間、何週間かに最も利益を上げる個別銘柄の探し方はこれから紹介する。

生死の境目

先に進む前に、それぞれの分類の正確な内容と、その存在理由を説明しておきたい。

惑星が自転しながら太陽の周りを回り、太陽自体も銀河系のなかを回っているように、株も5つの軸を中心として回っていることを認識しておく必要がある。われわれの仕事はいわば実践的な天文学者のように、それぞれの重力を判定していくことだ。5つの軸を紹介しよう。

●**セクター** 多くの投資家は世界中の企業を、基幹産業、資本財、耐久消費財、非耐久消費財、消費者サービス、エネルギー、金融、ヘルスケア、公共事業、テクノロジー、運輸という11のセクターに分類して考えている。これらのセクターは経済サイクルのなかで、たいていは節目の時期と重なりながら、人気のある時期と人気のない時期のサイクルを繰り返していく。

●**業種** 各セクターはそれ自体が好調なときでも、そのなかの細かい業種がそれぞれ人気のサイクルを繰り返している。各セクターのなかにある業種の一部を紹介しよう。

　基幹産業　アルミ、化学、金、鉄
　資本財　農機具、航空機、工業用機械
　耐久消費財　自動車、自動車部品、住宅、家具・インテリア
　非耐久消費財　洗浄剤、タバコ、飲料、食品
　消費者サービス　小売り、広告代理業、新聞、ホテル、外食
　エネルギー　石油・ガス・石炭の探索、精製・販売
　金融　銀行、保険、証券、不動産信託、クレジット
　ヘルスケア　製薬、医療機器、バイオテクノロジー、医療保障制度、病院
　公共事業　有線および無線電話会社、電力・ガス販売会社
　テクノロジー　半導体、ソフトウエア、パソコン、プリンター、ネットワークなどの関連機器メーカー
　運輸　鉄道、航空会社、トラック運送会社、航空貨物輸送会社

●**サイズ** 時価総額による分類。時価総額は現在の株価と発行済み株式数を掛けて算出する。分類の仕方としては大きいほうから超大型株（1000億ドル超）、大型株（100億〜1000億ドル）、中型株（20億〜100億ドル）、小型株（2億5000万〜20億ドル）、超小型株（2億5000万ドル未満）などがある。

●**バリュエーション・スタイル** 企業が全般的に安いのか、それとも

高いのかを理解するために、「グロース株」と「バリュー株」という2つのグループに大きく分類する投資家もいる。この2つの違いは明確ではないが、各グループはさらにPER（株価÷収益）、PSR（株価÷売上高）、PBR（株価÷純資産額）に細分化され、比率の高い半分が「グロース株」、低い半分が「バリュー株」と呼ばれている。
- **地域** 企業はたとえ完全な多国籍企業であっても、創業した国で分類できる。地域のおおまかな分類としてはアメリカ、ヨーロッパ、日本、日本以外のアジア、南米などがあるが、それ以外にもいわゆる西側以外のヨーロッパ、アジア、南米や広義の「新興市場」などがある。

多くの投資家は、それぞれの分野が世界的な経済サイクルのさまざまなポイントで特に良いパフォーマンスを上げると信じている。さまざまなセクターの人気の変化を示すモデルで最も有名なのは、スタンダード・アンド・プアーズに所属するアナリストのサム・ストーバルが作成したものだろう。彼はセクターごとに違う力の変化によって、投資家は変化を予想すべきだと主張している。

- ストーバルの経済循環モデルによれば、投資家は本格的な不況やマーケットの底では消費者の回復期待、工業生産の底上げ、循環株（たとえば耐久消費財）、工業株、ハイテク株などの買いによる金利低下などが期待できる。
- 回復期の初期は消費者の期待が高まり、工業生産が増加し、工業、素材、運輸、エネルギーなどの銘柄の買いによる金利の底入れが期待できる。
- 完全な回復期に入ると、消費者の期待が低下し、工業生産は横ばい、非耐久消費財（別名「ホッチキス」）、消費者サービス、ヘルスケアなどの銘柄の買いによる金利上昇などが期待できる。

●不況に向けて景気が悪化している時期は消費者の期待が急激に低下し、工業生産は減少し、公共株の買いによって金利の上昇が期待できる。

　この理論は、長期間にわたって巨額のポジションを管理するマネーマネジャーが過去から将来にかけた構想を立てるときには優れた基本設計となってくれるが、デイリートレーダーには範囲も期間も大きすぎて実践的とは言えない。われわれにとっては、今何が起こっているのかと、ほんの数百メートル先がどうなっているのかが分かれば、ほぼ事足りてしまう。

　ほんの6年前には平均以上のパフォーマンスを上げているのがどのセクターで、どの時価総額のグループで、どの地域かということが簡単には分からなかった。ところが、ETF（上場投資信託）の出現によって、5つの軸を中心としたパフォーマンスが分かるだけでなく、それをトレードすることまで可能になった。この新しくて素晴らしい金融商品を選び、利益を上げる簡単な方法をこれから紹介していくが、これを知れば今ほどデイリートレーダーが有利な時代はないということが分かるだろう。

　前述のとおり、現在では、特定のセクターや業種や時価総額のグループや評価グループや地域（あるいはその組み合わせ）のどれかが常にマーケットを上回るパフォーマンスを上げている。そこで、もしマーケット以上のパフォーマンスを上げたければ、どのグループが現在マーケットを上回っているか、もしくは長期的な低迷を抜け出して好パフォーマンスに転じつつあるかを理解する必要があることは言うまでもない。

　それを判断するためには、これらのグループとマーケットのベンチマークとの関係を研究する必要がある。本書では、S&P500指数を使って話を進めていくことにする（ベンチマークとしては不完全な指数

だが、大部分の人が使っているから）。S&P500との比較は株価チャートではなく、市販のトレーディングプログラムやインターネットを利用して作成したレラティブストレングスのチャートで判断していく。

ここでは効率的で安いホームページを使った方法を紹介しよう。

セクター指数

もう気づいたかもしれないが、どの銘柄がどのグループ（セクター、時価総額など）に属するかについて、一致した見解があるわけではない。分類は科学的なものではなく、プラムは果物で、セロリは野菜だというような単純なことではない。そしてその結果、投資情報会社は世界中の数千銘柄を、それぞれ独自のブランド指数として分類している。例えば、セクター指数はS&P、ライデックス、バンガード、ラッセル・インベストメント・グループなど多くの会社がそれぞれ設定している。ここではその先駆けとも言えるダウ・ジョーンズの指数を使って話を進めていく。

ダウ平均を構築し、管理している編集者やエコノミストはセクターを先に紹介したのと似た内容で分類しているが、例外が２つある。ひとつは耐久消費財と非耐久消費財をまとめて消費財としていることで、もうひとつはエネルギーセクターの代わりに石油・ガスだけを単独のセクターとし、石炭などそれ以外のエネルギー資源は基本素材に含めていることだ。ただ、どんな分け方でも本書の説明上の問題はない。

図2.1は、2001年７月から2007年７月にかけたダウ・ジョーンズ・USオイル・アンド・ガス指数（$DJUSEN）の動きを表している。もし同じチャートにスパイダース（SPDR）のS&Pエネルギーセレクトセクター（XLE）を重ねたら、ほとんど一致するだろう。オイル・アンド・ガス指数は石油・ガス業界の銘柄をすべて組み合わせた指数で、このなかには精製会社、掘削会社、サービス会社、販売会社、パ

図2.1　ダウUSオイル&ガス指数

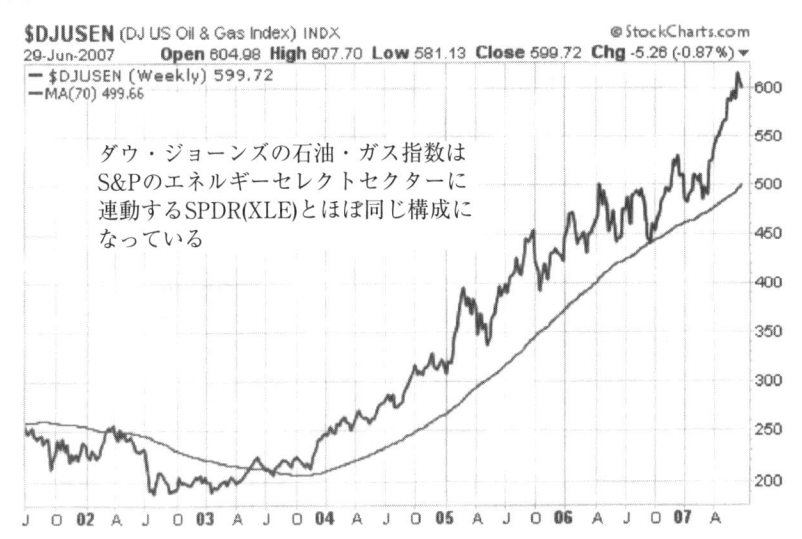

ダウ・ジョーンズの石油・ガス指数はS&Pのエネルギーセレクトセクターに連動するSPDR(XLE)とほぼ同じ構成になっている

イプライン管理会社なども含まれている。

　もしかしたらこのチャートを見ながら、この５年間のエネルギー関連ニュースを思い出し、マーケット全体に対する石油・ガスセクターのレラティブストレングスを想像できるかもしれない。しかし、有能なデイリートレーダーになりたければ、正確な知識を得るためにプロットすることのほうがずっと価値がある。

　そのためにはまず、$DJUSENとS&P500の比較チャートを作成しなければならない。このようなチャートはトレードステーションなどといった値段の高いトレーディングソフトでも作成できるが、シアトルに本拠地がある http://www.Stockcharts.com/ （ストックチャート）なら月額20ドルで高度なチャートツールと、分析に必要なデータが手に入る。このサイトはあらゆるレベルの投資家にとってお得なサイトだと思う。

作業は簡単だ。サイトのホームページにセクターシンボル（コード）を入れる代わりに$DJUSEN:$SPXと入力してエンターキーを押せばよい。これで、ダウ石油・ガス指数とS&P500の比率を示すチャートが作成される。この種のチャートが上昇していれば、それは最初に入力したほうの指数が次に入力した指数よりも速く上昇していることを意味している。また、チャートが下降していれば、2つ目の指数のほうが1つ目よりもより上昇しているということは言うまでもない。ただ、この種のチャートの場合、2つの指数が下落していても、2つ目の下落のほうがより急激であれば、チャート自体は上昇していく。図2.2の$DJUSEN:$SPXレラティブストレングス（RS）チャートを見ると、2002年から2007年半ばにかけて、一時期を除くとエネルギー銘柄のパフォーマンスがS&P500のパフォーマンスをはるかに上回っていたことが分かる。また、2002年には両方の指数が下がっているが、下げ幅はエネルギー銘柄のほうがS&P500よりも小さかったため、レラティブストレングスのグラフは上昇している。一方、2003年にはS&P500のパフォーマンスがエネルギー銘柄をはるかに上回ったため、レラティブストレングスのグラフは下降している。そして、2004～2007年は2つのグループの差が広がっていった。エネルギー銘柄はこの時期200％も上昇したのに対して、S&P500の上昇は75％にとどまったからだ。この長い期間に、デイリートレーダーとしてどちらをトレードすべきかは明らかだろう。言い換えれば、この3年間はS&P500でも十分利益は上がったが、本当に大きな利益を得るためには$DJUSENに代表されるエネルギー銘柄をトレードすべきだったことになる。

　ただ、この種のチャートには売買のシグナルは示されていないため、次はそれを表示させていこう。どんな複雑なシグナルでもいいのだが、ここでは単純に移動平均線（MA）の交差を使ったシグナルを紹介する。最初は13週と34週の移動平均線の交差で、ストックチャートで図

第2章　月曜日

図2.2　ダウUSオイル＆ガス指数÷S&P500

2002年にS&P500は急落し、エネルギー銘柄も下落したが、その下落が緩やかだったため、エネルギー銘柄のレラティブストレングスラインは上昇した

2004～2007年はS&P500も強含んでいたがエネルギー銘柄はそれ以上に強力だったため、レラティブストレングスラインは上昇した

大きく下落

S&P500は50％の上昇

緩い下落

エネルギー銘柄は100％の上昇

2.3のように設定すれば作成できる。好きなチャートのページを開き、「Chart Attributes」（チャートの属性）のなかの「Periods」（時間枠）を「Weekly」（週足）、「Years」（年数）を5（年）に設定する。次に「Overlays」（オーバーレイ）のなかの「Simple Moveing Average」（単

図2.3

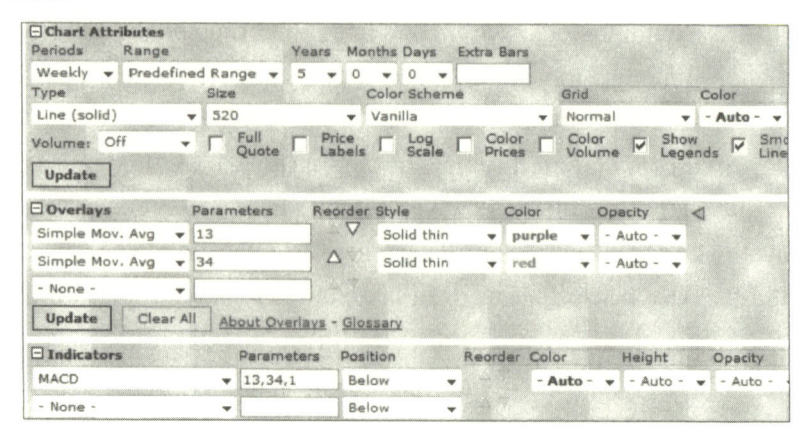

純移動平均線）を13と34に設定する。色は一方を紫、もう一方を赤などと、好きな色に設定すればよい。そして、「Indicators」（指標）にはMACDのパラメーターとして「13、34、1」と入力する。

　設定が終わったら、「Update」（更新）ボタンをクリックすると、エネルギーセクターとS&P500のレラティブストレングスの13週と34週移動平均線が表示される。この２つの線は、指数や株やレラティブストレングス比率の中期的な方向を判断するとき、とても役に立つ。

　13週移動平均線が34週移動平均線を超えてそのままさらに上方に傾斜していけば、その銘柄や指数やレラティブストレングス比率はしっかりかつ明らかに強含みながら上昇し続けていることを示している。そして、交差したところが買いシグナルとなる。このポイントは「ここに注目。中期のモメンタムが変わったぞ」と呼びかけている。もちろん、矛盾したシグナルが出ることもあるが、交差した瞬間は金と同じくらい価値があるシグナルと考えてよいだろう。また、チャート上のMACDもさらなる情報を提供してくれる。この場合、MACDがゼ

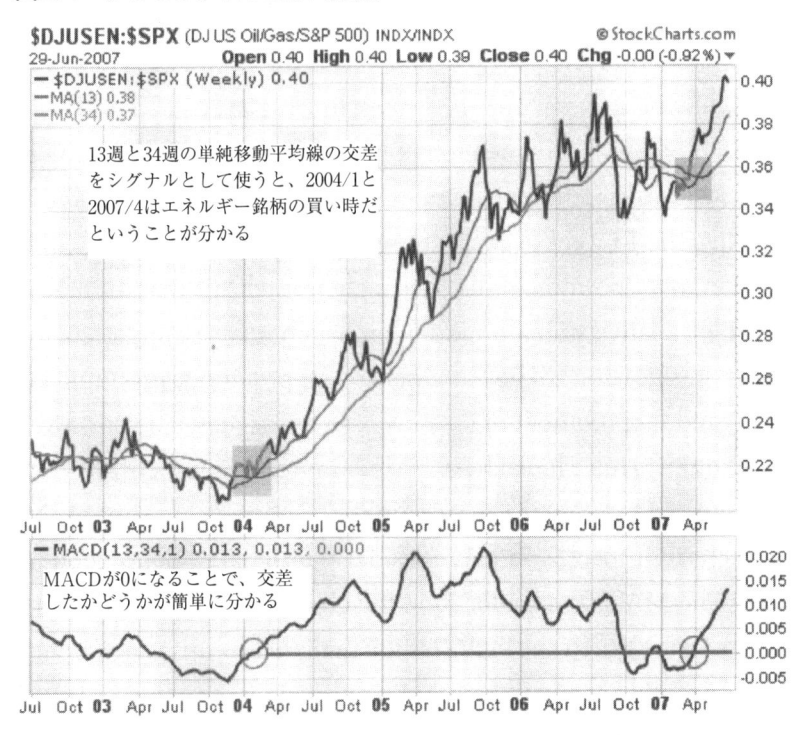

図2.4　ダウUSオイル&ガス指数÷S&P500

13週と34週の単純移動平均線の交差をシグナルとして使うと、2004/1と2007/4はエネルギー銘柄の買い時だということが分かる

MACDが0になることで、交差したかどうかが簡単に分かる

ロの線に接することで、移動平均線の交差が確認できる。MACDは、移動平均線が上昇し始める少し前から上方に転じて変化が近いことを「警告」してくれるなど、変化に対して2つの移動平均線よりも敏感に反応する。

　この展開は**図2.4**で見ることができる。これは**図2.2**と同じエネルギーセクターとS&P500の指数のレラティブストレングスに、2つの移動平均線とMACDを加えたものだ。下のグラフを見ると、MACDが2003年末に上昇に転じたあと、2004年1月に0の線を超えたとき、

上のグラフでは13週と34週の移動平均線が交差している(網がけ部分)。

　もちろん、これが起こっている瞬間に、エネルギーセクターのレラティブストレングスがそのあと２年間に及ぶ継続的な上昇トレンドを形成していくことは分かっていなかった。これらのチャートはもしかしたら不明瞭で、混乱を来すかもしれないが、筆者はこれらの交差を今では高く評価している。特に、エネルギーのように過去に大きなトレンドとなったセクターについては、ぜひ利用してほしい。

　チャートから分かるとおり、エネルギーセクターとS&P500のレラティブストレングスは、2006年10月に13週移動平均線が34週移動平均線を下抜いて、MACDが０を下回るまで、とどまることなく上昇した。そして、この２つのシグナルの間に、エネルギーセクターは約80％上昇した。ちなみに、2006年秋にマーケット全体に対してレラティブストレングスが弱含んでいたのはエネルギーセクターだけだった。ただ、**図2.1**からも分かるとおり、エネルギーの力強さはそれでもまだ残っていて、2006年10月に70週移動平均線にほんの少し触っただけで、長期の上昇トレンドをブレイクすることはなかった。レラティブストレングスの交差には常に注目しておいてほしい。そうすれば、マーケットを下回るセクターから上回るセクターに乗り換えることもできる。そして、役立つ情報はこれだけではない。

セクターに対する見方を広げる

　セクターのレラティブストレングス指標を作成する方法が分かったので、次はすべてのセクターや業種の見通しを表示してみよう。この非常に便利なリストを作成する簡単な方法があればいいのだが、残念ながらないため、ここはストックチャートを使って自分で作らなければならない。このとき必要となるダウ・ジョーンズのセクターのリストは**付録A**に掲載してある。

図2.5

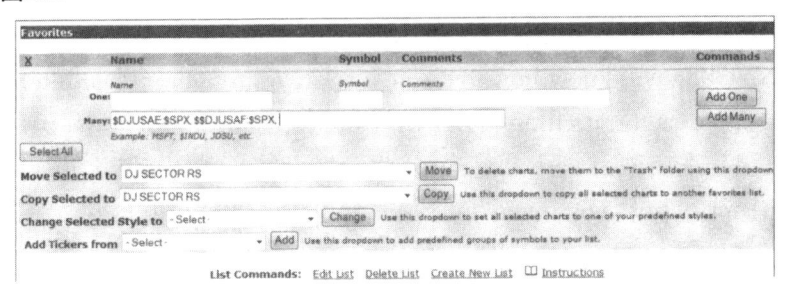

次のステップは時間がかかるが、一度作業すれば投資を続けるかぎりずっとその恩恵を受けることができるので、頑張ってほしい。ここでは次の方法でセクターのレラティブストレングスチャートをストックチャートの「Favorite Charts」（お気に入りチャート）に作り変えていく。まずはストックチャートのホームページを開き、画面左の「Sharpcharts」（シャープチャート）をクリックし、開いた画面左の「Your Favorite Charts」（お気に入りチャート）、次の画面中央の「Create New List」（新規リスト作成）と進んでいく。そこで、ダイアログボックスの指示に従ってファイルネーム（例えば、「DJ Sector RS」）と入力する。

すると、**図2.5**のような画面が表示される（ただし、「Many」の項目は何も表示されていない）。ここには**付録A**のダウ指数のシンボルと「:$SPX」を続けて入力し、2つ以上入力する場合はコンマ（,）とスペースで区切る。**図2.5**には例として2つの指数を入力してある。3つのリストに分けて入力して「DJ Sector RS 1」「DJ Sector RS 2」「DJ Sector RS 3」などと名前を付けてもよい。

シンボルの入力が終わったら、「Add Many」（複数入力）をクリックすると作業の半分は終わる。次は13週と34週のチャートを設定

図2.6

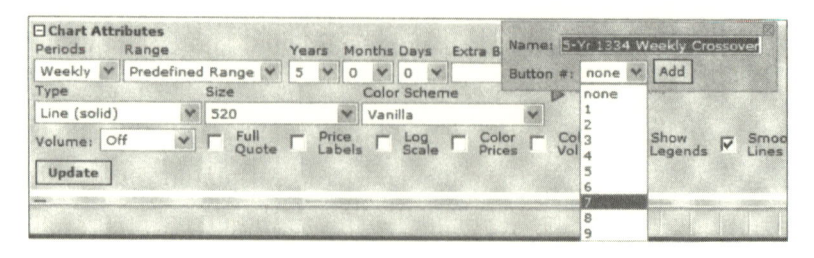

する。そこで、まずは指示に従って図2.4のチャートを作成する。次に、「ChartStyles」のダイアログボックスの隣にある「Add New」（新規作成）をクリックして名前を付け（例えば「5-Yr 1334 Weekly Crossover」）、図2.6で開いている「Button #」（ボタンの番号）を選んだあと「Add」（追加）をクリックする。ストックチャートでは画面左側のメニュー（グレーのボタン）を使って、この設定を好きなチャートに適用できるし、ほかのスタイルがよければ「ChartStyles」のドロップダウンメニューから選べばよい。

　また、このチャートスタイルをひとつのチャートだけではなく、チェックしたいレラティブストレングスチャートすべてに適用することもできる。そのためには、先にサイト上部のメニューのなかの「Chartlist」（チャートリスト）のドロップダウンメニューで付けたチャート名を入力して、自分用のダウ・ジョーンズ・セクター・レラティブストレングスチャートを呼び出す。最初は1番目のチャートだけが表示されるが、「View All link」（すべてのリンクを表示）をクリックすれば、残りも10ずつ見ることができる。ただ、この時点ではまだ13～34週のスタイルにはなっていない。

　これらをすべて正しいスタイルに変えるために、「List Command」（リスト操作）ラインの「Edit List」（リスト編集）をクリックする（図2.7参照）。そして次に、開いた画面の一番下の「Select All」（す

図2.7

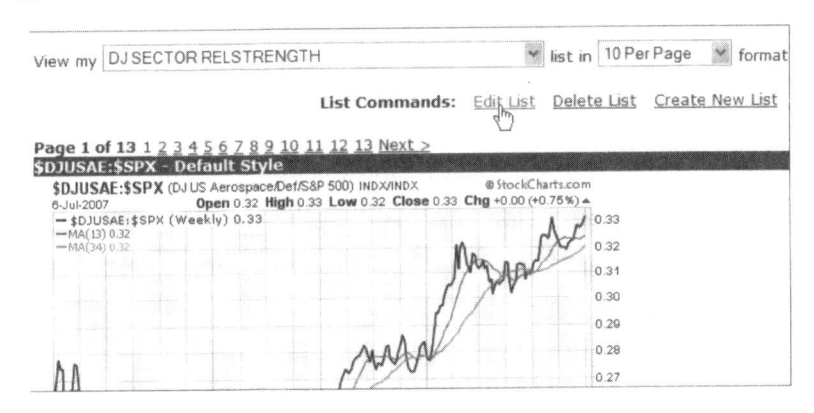

図2.8

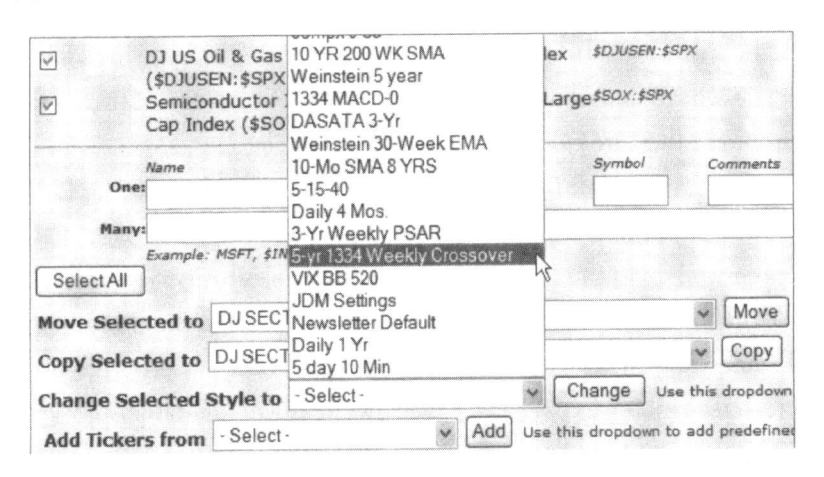

べて選択）をクリックする

　必要な項目にチェックをしたら、「Change Selected Style」（スタイル変更）をクリックしてページを開き、先に作成した「5-Yr 1334 Weekly Crossover」を選ぶ（図2.8参照）。次に、「Change」（変更）をクリックすれば、このスタイルが自分用レラティブストレングスチャートすべてに適用される。画面が再表示されたら、画面上部の「list in」の右側の欄を「10 per page」（1画面に10チャート表示）に変更する。

　このリスト作成はかなりの作業だが、前述のとおり一度だけ我慢すれば、大衆との戦いに役立つ強力な武器が手に入る。さて、現在開いている画面は自分用に作成した一連のレラティブストレングスチャートの最初のページとなる。まずはページをスクロールして、一連のチャートのなかから意味があって継続しそうなレラティブストレングスの変化を探していく。このなかの約40％は下降トレンド、つまりS&P500のパフォーマンスを下回るセクターということになる。また、上昇トレンドも約40％あり、残りは横ばいか、はっきりとしない展開になっている。もし第1章のタイミング戦略が機能しているのであれば、レラティブストレングスが上昇しているチャートを探して買えばよい。また、もし空売りをしたいなら、レラティブストレングスが下がっているチャートを探すべきだろう。

　前に、2004～2007年のエネルギーセクター対S&P500という強力なレラティブストレングスチャートを見たが、あといくつかうまく機能したチャートを紹介していく。自分で探すときの参考にしてほしい。

レラティブストレングスの例1――自動車部品、2006～2007年冬

　2006～2007年は、多くの分野が好調だった。夏の底は非常に強力で、

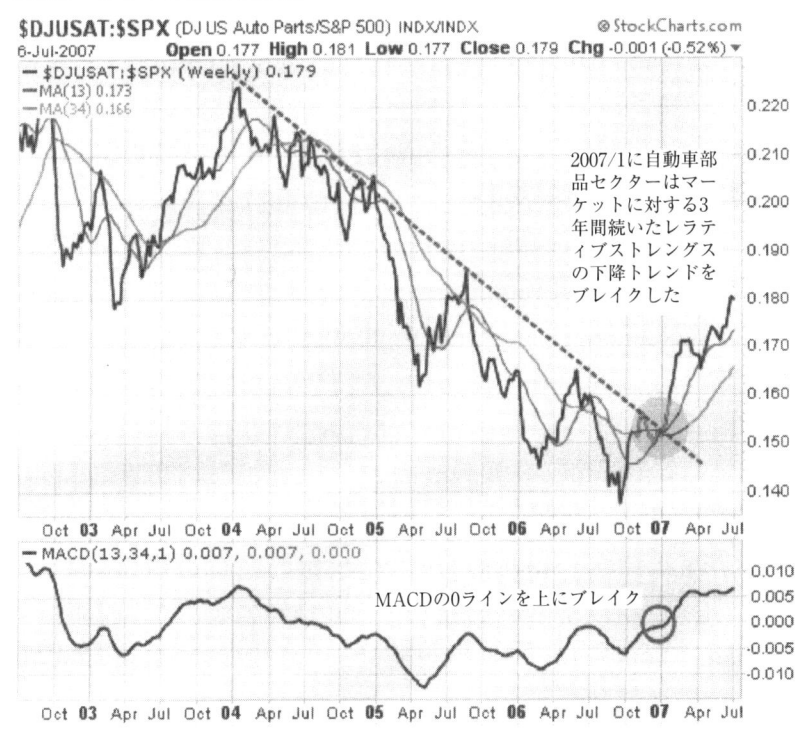

図2.9　ダウUS自動車部品÷S&P500

2007/1に自動車部品セクターはマーケットに対する3年間続いたレラティブストレングスの下降トレンドをブレイクした

MACDの0ラインを上にブレイク

取り残されるセクターはほとんどないように見えた。ただ、何年間も不調だったいくつかのセクターはやはり遅れ気味で、なかでも代表的だったのが自動車部品だった。アメリカの自動車業界が史上最悪のスランプに陥っていたため、自動車業界に頼る部品メーカーの業績が悪いのは当然だろう。

　しかし、その冬に筆者が毎週行っているセクター別レラティブストレングスの研究によると、自動車部品セクターがマーケット全体に対してレラティブストレングスの長期的な下降トレンドから反転し、上昇を先導していくサインを出していることは明らかだった。筆者はマ

ーケット関係者に起こりつつあることの理由を尋ねたが、何も手がかりはなかった。それでも、2007年1月のブレイクアウトとともに変化が起こりつつあることは明らかだった（**図2.9**参照）。

このセクターレラティブストレングスは筆者の大好きな状態だが、理論に逆らった展開に見えるため、多くの投資家は懐疑的になる。このようなセクターの代表的な銘柄には、それまで長期間うまくいっていた空売りポジションが大量にある。その状態でセクターの強さが反転すると、賢い空売り投資家は撤退するが、「愚かな」売り手はそのまま残り、損失が急速に膨らむポジションを買い戻すことで、上昇に燃料を注いでいく。

自動車部品業界には専用のETFがないが、この観察結果を利用するため、このセクターの大手企業を探す必要がある。なかでも、変化を先取りしているところがよい。ただ、証券会社のアナリストレポートには期待できない。アナリストは転換期にあるこのセクター全体をまだベアだと見ているため、聞いたら恐らく調べるのをやめるよう勧められるだろう。

ここで、トレードに適した銘柄を探すため、3つの簡単なツールを紹介しておく。もっとも簡単なのは、無料のホームページであるhttp://www.Bigcharts.com/（ビッグチャート、ウォール・ストリート・ジャーナル紙傘下のマーケットウオッチの一部門）だ。まず、このサイトのホームページを開き、「Industries」（業種）のタグをクリックすると、次の画面の左側に「Dow Jones U.S. Sectors」（ダウ・ジョーンズのセクター）という見出しがある。このなかから、注目している業種が含まれていると思うセクターをクリックする。今回のケースでは「Consumer Goods」（消費財）を選ぶと、さらなるメニューが表示される（**図2.10**参照）。筆者の知るかぎりで、ダウ・ジョーンズのセクターや指数に含まれる銘柄すべてのチャートが表示できるのはこのウエブサイトだけだ。

図2.10

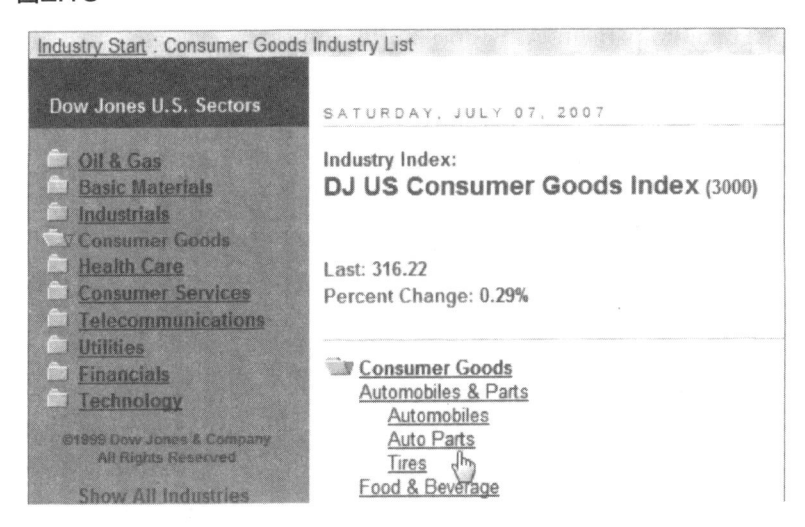

図2.11

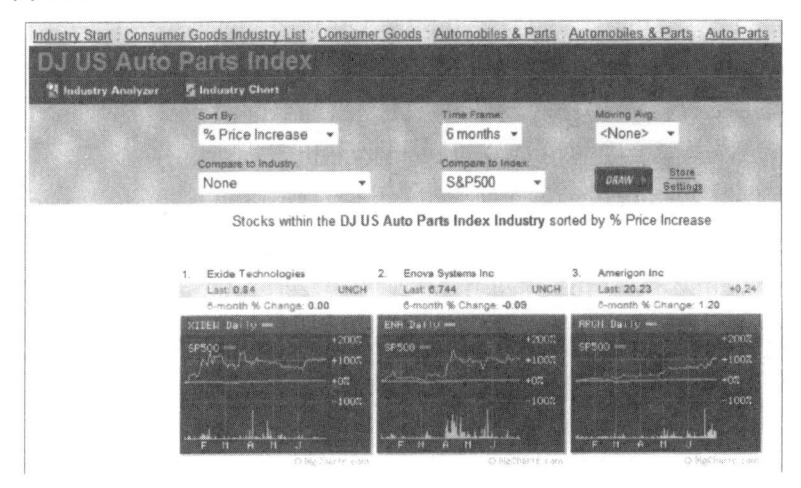

リストのなかから「Auto Parts」（自動車部品）をクリックすると、このグループのなかで最高のパフォーマンスを上げている銘柄のリストが表示される。ただ、この結果は無視して画面中央の「Industry Analyzer」（業種分析）をクリックし、開いた画面の設定を、ドロップダウンメニューを使って変更する。まず、「Sort by」（分類方法）の項目は「% Price Increase」（価格上昇率）に、「Time Frame」（時間枠）は「3 months」から「6 months」（6カ月）に変える。それ以外の設定は変更しないで、「Draw」（実行）をクリックする（**図2.11**参照）。分類に関しては「Sort by」を「Market Capitalization」（時価総額）に設定して、すべての業種のチャートを時価総額の大きい順に表示することもできる。

「Draw」をクリックして表示された画面には、思いがけず自動車部品セクターをマーケット全体よりも高く押し上げた銘柄が表示されている。そこで、次は画面にリストされている20程度の銘柄について、チャートやファンダメンタルズをチェックするという主観的な作業に移る。このなかから、さらに調べを進めるべき銘柄が最低6つは見つかると筆者は確信している。セクターと業種のレラティブストレングスが大衆の疑念とは反対に追い風を受けて上昇していて、自動車部品が「次の目玉」だということに仲間の多くがまだ気づいていない時期は、本当に貴重な銘柄が見つかるときでもある。

今回のケースでは、2007年の極めて早い時期に自動車部品メーカーのジョンソン・コントロールズ（JCI）、カミンズ（CMI）、TRWオートモーティブ（TRW）、アメリカン・アクスル（AXL）、ボルグ・ワーナー（BWA）などが急騰していることに気づいた。これらの銘柄が自動車部品セクターを牽引していることが、2006～2007年の冬に明らかになり、これらのチャートは13日移動平均線が34日移動平均線をきれいに上にブレイクアウトした。一例を挙げると、駆動系とエンジン管理系のシステムを製造しているボルグ・ワーナー（**図2.12**）は、

図2.12　ボルグ・ワーナー

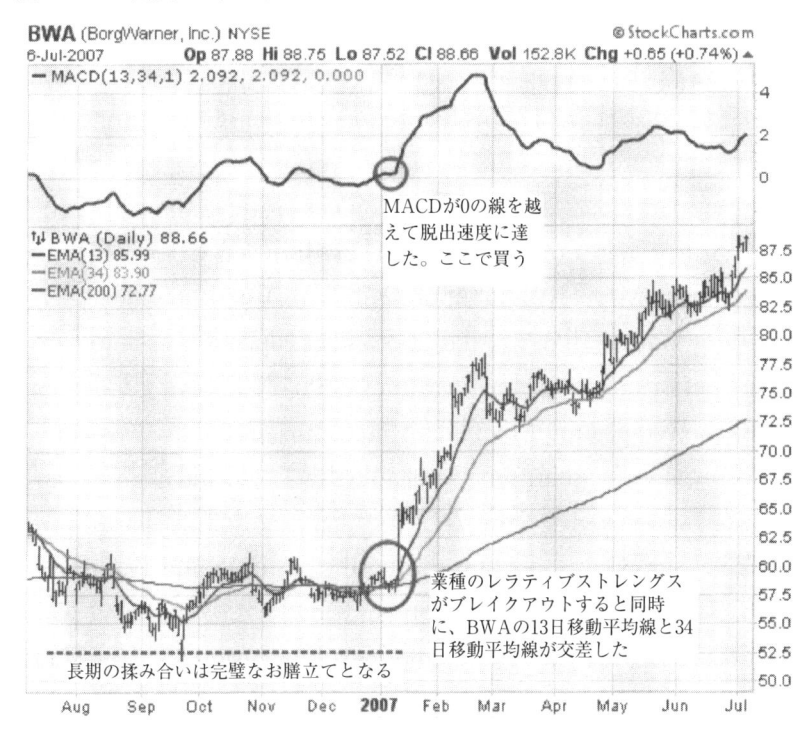

MACDが0の線を越えて脱出速度に達した。ここで買う

業種のレラティブストレングスがブレイクアウトすると同時に、BWAの13日移動平均線と34日移動平均線が交差した

長期の揉み合いは完璧なお膳立てとなる

2006年夏から秋にかけて長期的な揉み合いになっていたことが分かる。**図2.9**が示すとおり、この揉み合い期間は自動車部品業界全体のレラティブストレングスが弱含んでいた時期と重なっている。ここでセクターレラティブストレングスが好転して数年間に及んだ下降トレンドをブレイクアウトしたときに、業界の台風の目であるボルグ・ワーナーの動きに注目してほしい。ボルグ・ワーナーは2007年1月の第1週にギャップアップしたとき、13－34日のMACD（日足）が0の線を突き抜けたが、この動きが単独ではなく、セクター全体と平行して起こったことで、重要な買いシグナルとなった。それまでの最高水準

に近くて「割高」だと思っても、ボルグ・ワーナーがブレイクアウトした65ドルは買うべきポイントだった。そのあとボルグ・ワーナーは2007年11月までに55％上昇したが、この間S&P500はわずか4％しか上がらなかった。

　セクター内に同じように強含んでいる銘柄がいくつもあるように見えるとき、1つの銘柄に注目するのは難しいかもしれない。しかし、ここは決断できなくて麻痺状態に陥ったりせず、1つか2つの銘柄に絞ることが重要だ。もしセクター全体の動きが本物なら、どの銘柄を選んでも大差はなく、どれも良いパフォーマンスを上げるだろう。この場合、ジョンソン・コントロールズも1月11日から7月6日にかけて同様のパフォーマンスを上げているし、TRWオートモーティブは43％、アメリカン・アクスルは58％も上昇している。これがセクターレラティブストレングスの価値と言ってよいだろう。そして、売り時だが、13日と34日移動平均線をタイミングツールとして使った場合は、MACDが0を下回るまで保有する。言い換えれば、これから説明するトレンドラインをブレイクしたところで売ればよい。

レラティブストレングスの例2──化学、2006〜2007年冬

　これまで見てきたように、セクターレラティブストレングスを指針として日々のトレードに向く優れた銘柄を探していると、まだ大衆に人気が出る前のセクターが分かることが多いというメリットがある。また、このような動きが始まると、極端な低価格や低リスクの投資に注目する年金基金やヘッジファンドなどの機関投資家が動き出すことが多い。ただ、セクターが大きく動くときはほぼ必ずと言ってよいほど、最後は高成長でモメンタム主導になる。つまり、これらはバリュー株としてスタートするのだ。そのため、最初はたったひとりでこの

第2章　月曜日

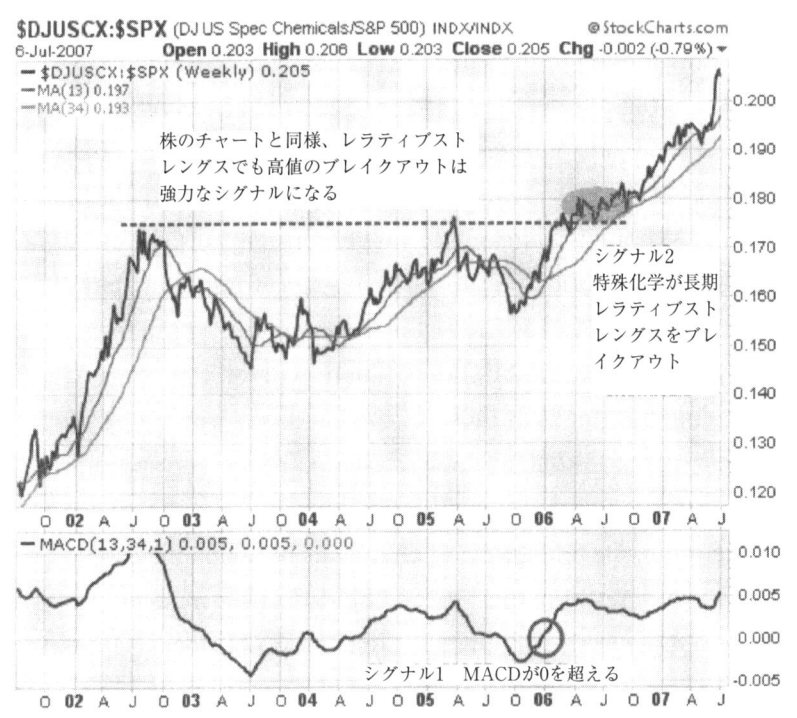

図2.13　ダウ特殊化学指数÷S&P500

株のチャートと同様、レラティブストレングスでも高値のブレイクアウトは強力なシグナルになる

シグナル2　特殊化学が長期レラティブストレングスをブレイクアウト

シグナル1　MACDが0を超える

銘柄を買っている気分になる。この時点でこのセクターの格付けを上げるアナリストはほとんどいないし、テレビで話題に出すポートフォリオマネジャーもほとんどいない。

　これは自動車部品セクターにも言えるし、商品や近年最も見事に高騰したセクターのひとつである2006年と2007年の化学業界もそうだった。化学セクターはあまり魅力のない銘柄の集まりで、投資家のレーダーにかかることはほとんどなかった。**図2.13**（ダウ特殊化学指数対S&P500）が示すとおり、化学セクターは2000～2002年半ばの新世紀ベア相場にS&P500を大きく上回ったが、2003年初めからのブル相

81

場でハイテクや小売りといった派手な銘柄の時代になると、化学セクターの人気は衰えていった。

　レラティブストレングスチャートの良い点は、株やETFのチャートと同じように読めることにある。2006年は、1月にMACDが0の線を越えて幸先良く見えたが、多くの投資家はこの動きが本物かどうかを疑問視していた。結局、これはみんなが競って資金を投入したいセクターにはならなかった。投資には多大な信念が必要なのだ。そして、多少説得力が出てきたのが2006年4月で、ダウ特殊化学とS&P500のレラティブストレングスラインが2005年3月と2002年5月の高値を上抜けた。そのあとは少し揉み合いになってから、6月のブレイクアウトの水準を試し、8月に高騰し始めた。このように、レラティブストレングスチャートも、株価チャートとまったく同じ読み方ができる。

　化学セクターのパフォーマンスが間違いなくマーケットを上回っていることが分かったら、ファンダメンタルズな説明もほしくなるかもしれない。明らかなことが何もないときもあるが、このケースでは2つのバリュー要素が浮上していた。ひとつはアジアの驚異的な経済成長で、世界中の化学物質がプラスティックやそれ以外の工業目的でアジアに吸い取られていった。そしてもうひとつの、もっと刺激的な要素は、農薬会社がトウモロコシを原料としたエタノール燃料ブームを後押しして化学農薬という新しくて素晴らしい需要が生まれたからだった。2007年春、アメリカの農家は9050万エーカー（約3662万ヘクタール）のトウモロコシ作付けを予定していたが、これは1944年の9550万エーカー（3865万ヘクタール）以来最大の面積で、2006年よりも15％増加していた。トウモロコシの栽培には綿と比較して1エーカー当たり1.5倍、大豆なら22倍の窒素が必要となる。アメリカの農薬需要はトウモロコシがすでに40％を占めていたが、作付面積の大幅な増加によって、化学農薬の需要も大幅に増加した。

図2.14　ダウ特殊化学指数

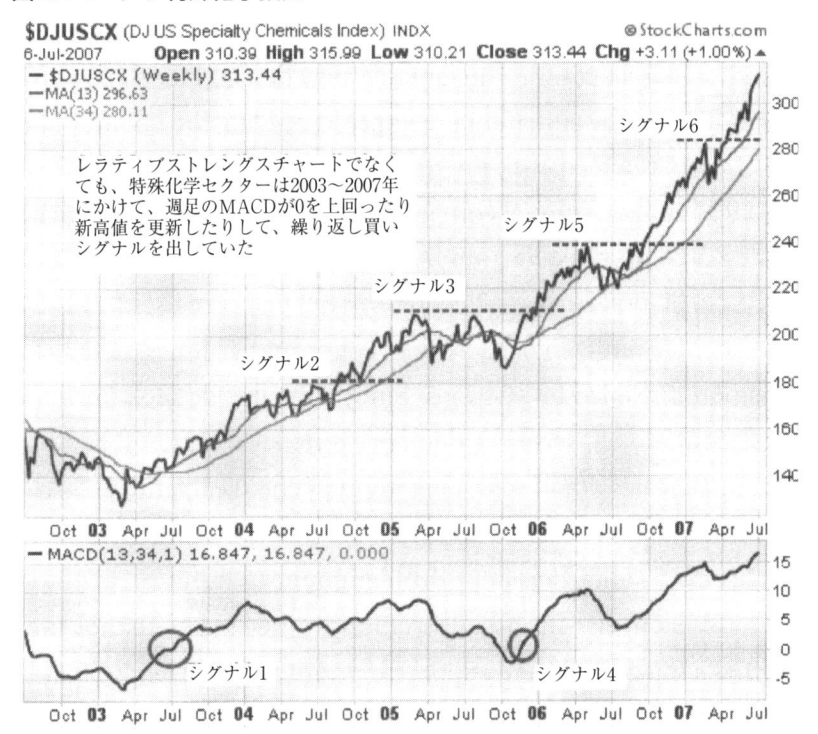

多くの投資家がこれらのことを知ったのは、2007年1月末にブッシュ大統領が一般教書演説でエタノール生産は政府支援の最優先課題だと述べてからだった。しかし、割安の循環株を買おうとするバリュー投資家は最初は2004年、そして2006年半ばには明らかにこのセクターに注目していた。われわれも**図2.13**のレラティブストレングスチャートで、すでにシグナルを確認している。次に**図2.14**を見ると、この目立たないセクター自体のチャートにも、同様（あるいはそれ以上）に多くのシグナルがあることが分かる。2003年以降、2007年7月までに、特殊化学セクター指数の13-34週MACD（週足）が0を超えるか、

一度下げて弱気の買い手を振り落としたあとそれまでの高値を超えることで、買うチャンスは最低でも6回あった。

それではこのセクターをどうトレードすればよいのだろうか。皮肉なことに、ETFの有力な発行会社であるバークレイズが、投資家の関心が低い化学株のETFの運用を2002年にやめてしまった。このセクターへの巨大な流れが始まる直前のことだ。このETFの資産はわずか1900万ドルしかなく、運用が経済的に見合っていなかったのだ（そのことだけでも、良いシグナルになっていたのかもしれない）。そこで、代わりに http://www.Bigcharts.com/ を開いて具体的な銘柄を探すと、自動車部品のケースと同様、トレード候補がたくさん見つかった。ここでも、選択肢の多さに麻痺しないで、個別のチャートやファンダメンタルズを見ながら1つか2つの銘柄を選ぶことが重要になる。

もし特殊化学セクターを調べて窒素肥料を買うべきだという結論に達したのなら、社名に「窒素」（ナイトロジン）がついた化学メーカーを探すべきだろう。テラ・ナイトロジン（TNH）はアイオワ州にある小規模の肥料メーカーだが、7％という高い配当利回りで知られている。この会社は2006年7月以降、21％も上昇し、2006年10月にビッグチャートで強力な特殊化学銘柄として登場した（**図2.15参照**）。ちなみに、この期間のS&P500の上昇率はわずか4％だった。そして、2006年10月から2007年7月にかけて、この銘柄は配当を含めて500％も上昇したのだ。

もちろん、テラ・ナイトロジンは当時の特殊科学メーカー大手と比較しても最高のパフォーマンスを上げたが、同業他社の多くも結果は悪くない。この業界のカナダの巨人であるポタッシュ・コープ・オブ・サスカチワン（POT）は131％上昇したし、イリノイ州にある中規模のCFインダストリーズ（CF）は270％、ドイツ大手のBASF（BF）は74％、ヒューストンにある小規模のKMGケミカルス（KMGB）は208％とそれぞれ上昇している。この間、S&P500は堅実に上昇しては

図2.15 テラ・ナイトロジン

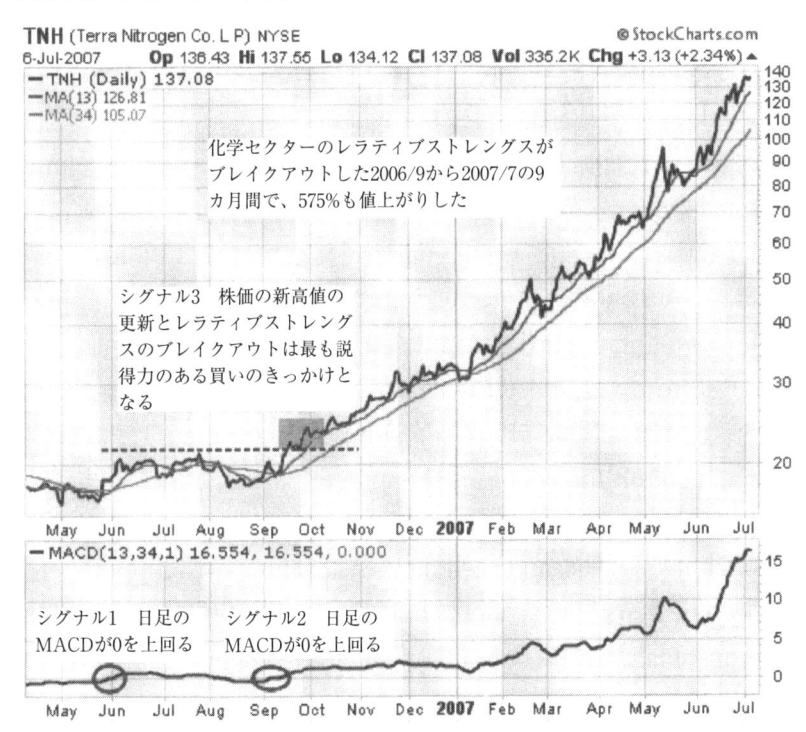

(チャート内注記)
- 化学セクターのレラティブストレングスがブレイクアウトした2006/9から2007/7の9カ月間で、575%も値上がりした
- シグナル3　株価の新高値の更新とレラティブストレングスのブレイクアウトは最も説得力のある買いのきっかけとなる
- シグナル1　日足のMACDが0を上回る
- シグナル2　日足のMACDが0を上回る

いたものの、上昇率はわずか15%だった。

　デュポンの昔の広告スローガンを借りれば、少なくとも何年間かは「化学を通してより良い生活を」が実現したことになる。

レラティブストレングスの例３――住宅建築とバイオテック

　次は2005年半ばから2007年半ばにかけて、繰り返し売りシグナルを出した２つのグループ、住宅建築とバイオテックについて、異なるア

プローチの仕方を見ていくことにする。

　図2.16が示すとおり、ダウ・ジョーンズ住宅建築指数（$DJUSHB）は低金利と雇用の増加、個人所得の急増、移民の増加などによって持ち家ブームが起こり、不動産価格が急騰したことで、2003年から2005年半ばにかけて素晴らしいパフォーマンスを上げた。住宅建築銘柄はそれまで割安で、PER（株価収益率）の倍率も10倍未満だったうえ、収益成長率が急上昇しても株価はさほど上がることはなかった。しかし、2005年になるとFRB（連邦準備制度理事会）が景気を抑えるために金利を上げ始めたことで、この甘い状態が崩れ始めた。住宅建築会社はすべて順調だと主張したが、賢い機関投資家は保有していたこのセクターの株を売り始めた。ただ、それでも最初は住宅建築に関して良いニュースばかり流れていたため、アナリストも乗り気で、大衆にこれらの銘柄を保有し続けるよう勧めていた。しかし、このセクターのレラティブストレングスが弱まっていることで、素晴らしいパーティーが終わりに近づいていることは明らかだった。最初の明確なレラティブストレングスシグナルが出たのは2005年11月、チャートの13－34週MACDが0を下回ったときで、2つ目のシグナルが2006年4月に出ると、あとはずっと下り坂が続いた。回復の兆しは、2006年夏の終わりにFRBが利上げをやめたとき、一度だけあった。しかし、チャートでMACDが0ラインを突き抜けることはなく、2007年前半はさらなる売りにさらされていった。

　このような展開では、最低でも3通りのトレード方法がある。まずは、住宅建築セクターをトレースするETFの空売りで、例えばホームビルダース・スパイダース（XHB）などがある。2つ目はこのセクターと逆のエクスポージャーを提供するETF、例えばウルトラ・ショート・リアル・エステート・プロシェアーズ（SRS）などを買ってもよい。そして3つ目はもちろん個別銘柄の空売りだ。

　ここでいったん休憩して、前にダウ・ジョーンズのセクターで作成

図2.16　ダウ住宅建設指数÷S&P500

したようなセクターレラティブストレングスチャートを、ETFを使って作成してみよう。手順はダウのときと同じようにストックチャートを使い、シンボルをETFに変えればよい。**付録B**に、主要なETFであるｉシェアーズ、パワーシェアーズ、プロシェアーズ、ライデックス、マーケットベクターズの膨大なリストを載せてあるので利用してほしい。

　レラティブストレングスの分析にETFを使う明らかなメリットに、その業種や、時価総額や地域のグループが平均を上回る（あるいは下回る）ことが分かったとき、たまたま選んだ銘柄だけがトレンドから

図2.17 バイオテック・iシェアーズ÷S&P500大型株指数

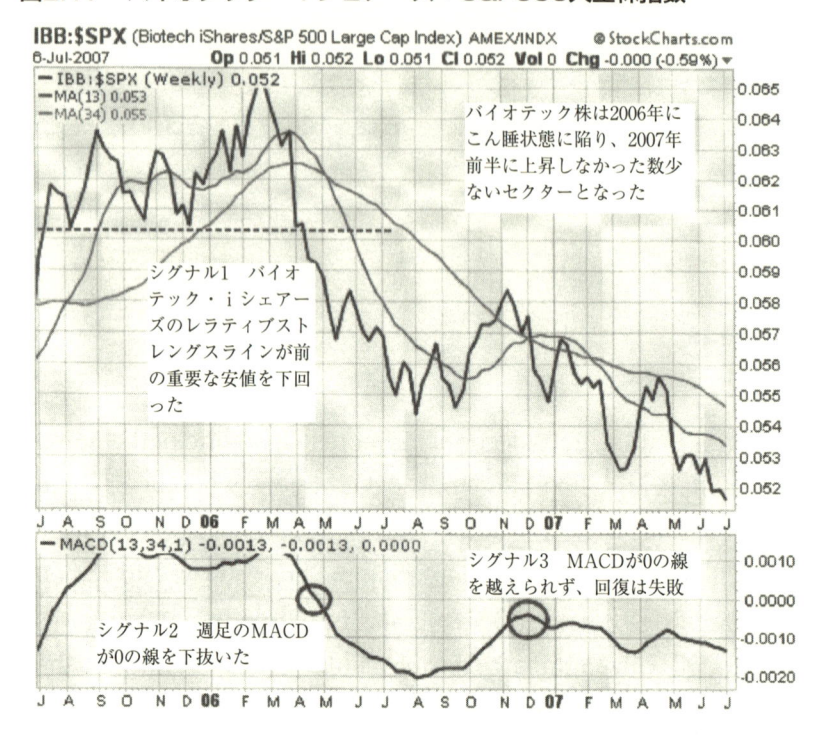

バイオテック株は2006年にこん睡状態に陥り、2007年前半に上昇しなかった数少ないセクターとなった

シグナル1　バイオテック・iシェアーズのレラティブストレングスラインが前の重要な安値を下回った

シグナル3　MACDが0の線を越えられず、回復は失敗

シグナル2　週足のMACDが0の線を下抜いた

振り落とされるリスクがないということがある。しかし、ほとんどのETFはそのなかの最大の銘柄の影響が大きいことに気づくと、注目したセクターで最大のリターンを目指すなら最大の銘柄に照準を合わせればよいことも分かる。

例えば、2005〜2007年のバイオテックの状況を考えてみよう。**図2.17**のように、バイオテック・iシェアーズ（IBB）は2006年春に、マーケット全体を大きく下回り始めた。すると、S&P500と比較したレラティブストレングス（IBB:$SPX）も以前の重要な安値を激しく下回ってブレイクダウンとなり、13−34週MACDも0を下回っ

た。もし空売りを狙っているのなら(あるいは単に避けるべき銘柄を知りたいとか、以前に儲かった銘柄を手仕舞うべきかを判断したいときは)、この2つのシグナルがバイオテックセクターを調べるべきだと示唆しているのは間違いない。

　ETFのなかの最大の銘柄を探すにはビッグチャートではなく、http://www.ETFInvestmentOutlook.com/ (ETFインベストメントアウトルック)を使う。このサイトは主要なETFのすべての構成銘柄を、分かりやすいリストにまとめている。このサイトの特に優れた点は、大部分のETFが時価総額で加重されていることを認識していることで、これは最大の企業がファンドの日々の動きに最大の貢献をしていることを意味している。

　結局、大手機関投資家がそのセクターの銘柄を手仕舞おうとしていたり、ETFを激しく空売りしようとしていたりしそうなときはETFの最大の構成銘柄を空売りすれば、有利なトレードができると考えられる。図2.18のように、このサイトはETFの動きの3分の1以上を左右する6銘柄を示しているが、実はそのなかのひとつが11%を占めている。この最大の銘柄、アムジェン(AMGN)は2006年4月から2007年7月にかけて24%下落した。ちなみにこの期間、S&P500は18%上昇し、IBB自体は3%下落している。ブル相場のときに自信を持って売れる銘柄を探すのは難しいが、レラティブストレングスが弱いセクターと、その最大の構成要素を組み合わせれば、世界一の空売り銘柄は向こうから名乗り出てくれる。次の候補は自分で探し出してほしい。

レラティブストレングスの例4——半導体

　セクターレラティブストレングスを使ってトレードすべき銘柄を探す方法をあと2つ紹介しよう。ETFインベストメントアウトルッ

図2.18　IBBの構成銘柄──バイオテクノロジー・ナスダック・ｉシェアーズ

IBB Holdings
Biotechnology Nasdaq iShares

Stock	Symbol	Weight	Sector
Amgen Inc	AMGN	11.5%	Medical-Biomedical/Gene
Gilead Sciences Inc	GILD	7.1%	Therapeutics
Celgene Corp	CELG	5.2%	Medical-Biomedical/Gene
Teva Pharmaceutical-sp ADR	TEVA	4.7%	Medical-Generic Drugs
Biogen Idec Inc	BIIB	3.8%	Medical-Biomedical/Gene
Genzyme Corp	GENZ	3.3%	Medical-Biomedical/Gene

クのマーケットの広がりを示す表と、MSNマネーのストックスカウターという評価システムだ。今回の候補は半導体で、このセクターは2007年7月に42カ月間続いた下降トレンドをブレイクしようとしていた。**図2.19**が示すとおり、このグループ最大のETFである半導体ホルダース（SMH）は新世紀に入ったあとのベア相場で、マーケットよりもずっと激しく下落した。半導体とS&P500（SMH:$SPX）のレラティブストレングスラインを見ると、2000年春にこのグループが人気を失い、2003年春にやっと回復したことが分かる。そして、ここから半導体株のパフォーマンスはマーケットを上回り、その状態が9カ月間続いた。しかし、そのあと再びマーケットを下回り、3年半後の2007年夏にようやく回復した。各業界はマーケットサイクルを繰り返すという意味で、似た動きをする。そう考えれば、半導体株も2007年後半はある程度の期間（少なくとも週単位のトレーダーにとって十分な期間）マーケットを上回ると推測してよいだろう。

　この観測を利用するためにSMHを買うのはもちろん可能だし、流動性が非常に高いので、きっと狙いどおりいくだろう。それ以外にはプロシェアーズ・ウルトラ・セミコンダクダース（USD）を使う方法もある。これは特殊なETFで、ダウ半導体指数にレバレッジをか

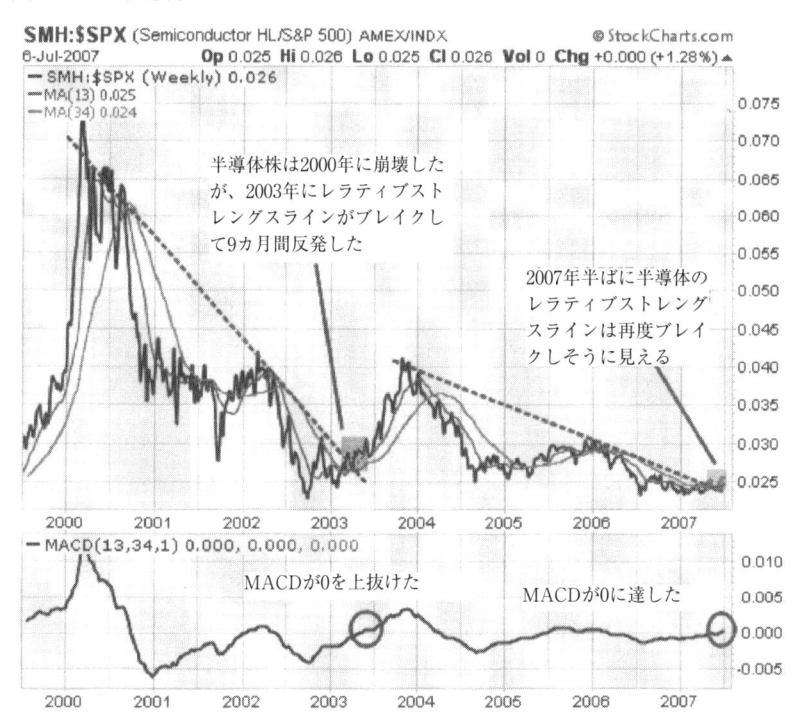

図2.19　半導体ホルダース÷S&P500

チャート内注釈:
- 半導体株は2000年に崩壊したが、2003年にレラティブストレングスラインがブレイクして9カ月間反発した
- 2007年半ばに半導体のレラティブストレングスラインは再度ブレイクしそうに見える
- MACDが0を上抜けた
- MACDが0に達した

けて、その150％のリターンを上げるよう設定されている。ただ、ここでは最小限のボラティリティで最大のリターンをもたらしてくれる個別銘柄を探していこう。

　まず、ETFインベストメントアウトルックのホームページを開く。そして、画面左側の「Price Breadth」（株価の広がり）をクリックすると、**図2.20**の画面になる。この画面は前取引日に上昇したETFを構成する銘柄の割合と、さまざまな期間の移動平均線を示している。この日、2007年7月6日はSMHに組み込まれた銘柄の約95％が上昇したが、そのうち5日移動平均線を上回ったのはわずか23％、20日移

図2.20

Name	Symbol	Advance%	Decline%	AD Net%	5-day SMA	10-day SMA	20-day SMA
Retail HOLDRS	RTH	100.0%	0.0%	100.0%	28.9%	6.7%	5.8%
Homebuilders SPDR	XHB	100.0%	0.0%	100.0%	-5.7%	-24.3%	-17.1%
Gold Miners MV	GDX	97.4%	-2.6%	94.7%	60.0%	15.5%	12.6%
Semiconductors SPDR	XSD	95.7%	-4.4%	91.3%	27.0%	1.7%	10.4%
Semiconductor HOLDRS	SMH	94.7%	-5.3%	89.5%	23.2%	-3.7%	5.5%
Oil & Gas Services PS DY	PXJ	93.3%	-6.7%	86.7%	56.7%	17.3%	28.3%
Semiconductor GS iShares	IGW	90.0%	-10.0%	80.0%	23.2%	-0.4%	8.5%

動平均線を上回ったのはさらに少ない5.5%だった。半導体は回復しつつある業種だと思っていたが、ETFの構成銘柄が落ち込みの状態から上昇に入ったことが分かり、さらに安心した。

　SMHのなかでトレードすべき銘柄を探すには、まずそのETFのシンボルをクリックする。そして、開いたページの右側にある「Holdings」（保有銘柄）をクリックすると、このファンドに組み込まれているすべての銘柄が表示される。このケースでは、上位４銘柄のテキサス・インスツルメンツ（TXN）、インテル（INTC）、アプライド・マテリアルス（AMAT）、アナログ・デバイセス（ADI）が、19銘柄で構成されるファンドの54%を占めている。バイオテックの場合と同様、今回もETF内で最大の銘柄に注目していく。2007年７月半ばのSMHは、テキサス・インスツルメンツがなんと21.4%を占めていた。まずはここからスタートすべきだろう。

　図2.21が示すとおり、株価は2002年と2006年の高値を超え、13－34週のMACDが０を上抜いてモメンタムが2003年の高水準に近づいているため、今のところうまくいっている。すぐにポジションを建てても問題ないだろう。MACDの高値のブレイクアウトは大きなプラ

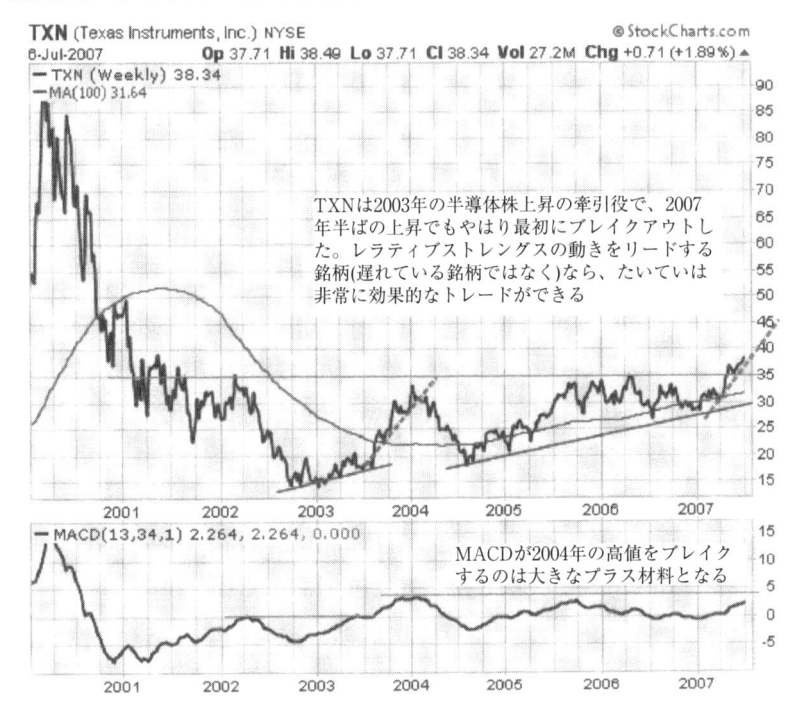

図2.21　テキサス・インスツルメンツ

TXNは2003年の半導体株上昇の牽引役で、2007年半ばの上昇でもやはり最初にブレイクアウトした。レラティブストレングスの動きをリードする銘柄(遅れている銘柄ではなく)なら、たいていは非常に効果的なトレードができる

MACDが2004年の高値をブレイクするのは大きなプラス材料となる

ス材料で、最初のポジションを積み増す理由になる。また、セクターも、それを構成する個別銘柄と同様、サイクルを繰り返す。このケースでは、テキサス・インスツルメンツが2003年の平均値から2004年初めに付けた高値まで、約100％上昇した。もし2007年も同じような展開になれば、株価は28ドルから56ドル近辺まで上がることになる。これはチャートの最後の部分からでも47％の上昇で、たとえレラティブストレングスの動きに気づくのが2～3カ月遅れても、短期間でなかなかのリターンが上げられることを意味している。結局、半導体株は2007年には低迷しているが、レラティブストレングスチャートでは上昇に転じることを簡単に見つけられる。

レラティブストレングスの例5──時価総額

　次はこれまでとは違うレラティブストレングスの使い方で、時価総額と「スタイル」のグループから銘柄を探す方法を紹介する。これらのグループはデイリートレーダーの間でセクターほど知られていないため、効果的に使える余地も大きい。

　まずは時価総額から始めよう。これは大事だ。例えば、1990年代末のブル相場は大型株の独壇場だった。小型株は1996年と1997年はまあ好調だったが、1998年になると大型株と比べて大きく下げ、1999年には足踏み状態に陥った。この４年間の大部分において、デイリートレーダーとしては大型株だけに集中すべきだった。このことは**図2.22**のS&P600小型株指数とS&P500を比較したチャートにも表れている。ところが、2000年になると状況は180度転換し、小型株のパフォーマンスはマーケットを上回るようになり、2002年の９カ月間を除いて７年間その状態が続いた。

　この１世紀ほどは、小型株のほうが大型株よりも強かったり、あるいは逆になったりというサイクルの周期は、平均すると約７年間ほどである。つまり、2000年から始まった小さな巨人の威力が長引いたとしても、そう珍しいことではない。**図2.22**が示すとおり、13-34週MACDの０の線が、転換期を知る手がかりとなる。もちろん、シグナルがあいまいな時期もあるが、ほとんどの時期、MACDは０の線から上昇しているか下降しており、人気があるグループを判断する助けになってくれる。ただ、人気と言っても、それだけをトレードしろという意味ではないし、もちろん例外もある。ただ、大型株と小型株で同じような条件の銘柄があるとき、その時点で選ぶべき時価総額が分かっていれば、均衡を破る一打となってくれる。

　もちろん、時価総額のレラティブストレングスが十分信頼できると思えば、それだけでトレードしてもよい。2000年の初めには時価

図2.22　S&P600小型株指数÷S&P500

総額別のパフォーマンスを見分け、うまく利用する方法はほとんどなかったが、2001年からは一連の時価総額別ETFの運用が始まった。規模も出来高も最大なのは、小型株ならラッセル2000 iシェアーズ（IWM）、中型株ならS&P400中型株 iシェアーズ（IJH）、そして大型株ならラッセル1000 iシェアーズ（IWB）、S&P500 iシェアーズ（IVV）、そしてS&P500（SPY）がある。

　ヘッジファンドマネジャーの多くは、小型株の時期が来たと感じれば、とりあえずIWMを大量に買う。そのあと、彼らはこのグループのなかから小型株指数を上回る個別銘柄に焦点を絞り、IWMを利食

いながらそれで個別銘柄を買っていく。こうすれば、小型株に資金を投入すべきだと分かった時点で利益を上げながら、最も値上がりしそうな銘柄を見極めていけるため、効果的なポートフォリオマネジメントができる。

そして、もしこの方法でも十分でなければ、2007年初めからは賭けを倍増して、対象指数の2倍のリターンが上がるETFを買うこともできる。**付録B**のリストのなかで、「ウルトラ」がつく名称のファンドがこれに該当する。例えば、プロシェアーズ・ウルトラ・スモールキャップ600ファンド（SAA）はS&P600の2倍のリターンを上げるよう設定されている。ちなみに、プロシェアーズ・ウルトラ・ショート・スモールキャップ600ファンド（SDD）はS&P600の逆に2倍の成果を出す設定だ。時価総額のグループの方向性を確信している場合は、この方法をとるべきだろう。ただ、ひとつ警告するとすれば、これらのファンドはまだ新しいため、通常のETFが新しく登場したときと同様、出来高や流動性は高くない。

おさらいすると、毎週月曜日にレラティブストレングスを調べ、その時点で最も優位にある時価総額のグループを判断する。小型株、中型株、大型株のレラティブストレングスチャートを調べ、最も人気があるグループを、その週のトレーディングワークシートの最前列に載せるのだ。そして、そのグループのETFを（買いでも空売りでも）ポートフォリオの「最強」資産として保有しながら、さらに強力な候補を探していけばよい。

レラティブストレングスの例6──スタイル＋時価総額

グロース株とバリュー株という評価で分ける方法は、効果的な分類としては大まかすぎるように見えるかもしれない。しかし、一方の人気が上がって、他方が地をはうケースは驚くほど多い。**図2.23**

図2.23　S&P500バリューｉシェアーズ÷S&P500グロースｉシェアーズ

バリュー株とグロース株は長年の間、交代で人気を獲得してきた。2003年半ばから2007年半ばにはS&P500のバリュー銘柄(IVE)がグロース銘柄(IVW)のパフォーマンスを大きく上回った

を見ると、同じS&P500銘柄でも、バリュー銘柄を集めたIVEというETFのレラティブストレングスが、グロース銘柄を集めたIVWというETFのレラティブストレングスをはるかに上回っていることが分かる。2003年4月から2007年7月の期間に、バリュー銘柄のグループは古臭いといわれていたAT&T（T）やコノコ・フィリップス（COP）などの高騰によって119％（配当込み）も上昇したのに対し、グロース銘柄のグループの上昇率はわずか66％だった。ちなみに、S&P500全体では80％上昇している。

　S&P500のなかのどちらのグループもパフォーマンスは良かったが、マーケットの人気を獲得したのは明らかにバリュー株だった。この状況は中型株のS&P400でも、小型株のS&P600でも同じだった。実際、中型株のバリュー部分のETFであるIJJは2003～2007年の大部分において時価総額とスタイル別のETFで最高のパフォーマンスを上げた。毎週、トレード計画を立てる場合、これは非常に役立つ情報と言える。

もしバリュー株が人気だと分かっていれば、そのグループの銘柄を優先できる。さらに、セクターの場合と同様、ETFインベストメントアウトルックを使って時価総額別やスタイル別のファンドのなかで比率の大きい銘柄を調べ、新しいトレード候補として検討すればよい。

レラティブストレングスの例7──地域

レラティブストレングスを使って株を探す最後の方法は地域による分類だ。2001～2007年の大部分において、S&P500（アメリカの代表的なベンチマーク指数）は世界のリーダーとはほど遠い状態だった。2002年1月1日から2007年7月15日にかけて、S&P500が30％上昇した間に、アメリカ以外の国のマーケットの動きを示すETFのｉシェアーズMSCI・EAFE（EFA）は125％上昇していたのだ（分かりにくい名称だが、MSCIはこの指数を作ったモルガン・スタンレー・キャピタル・インターナショナル、EAFEはヨーロッパ、オーストラリア、極東の略だと覚えておけばよい）。パフォーマンスの大きな差はこの期間のレラティブストレングスチャート（**図2.24**）で見るとよく分かるし、最低でもポートフォリオの半分はヨーロッパやオーストラリアやアジアの最強の株に投資すべきだったことを教えてくれていた。EFAに組み込まれている銘柄はETFインベストメントアウトルックやMSNマネーやモーニングスターなどのサイトに、比率の多い順に掲載されている。ほかのケースと同様、この地域に人気があることが分かったら、このリストが月曜日の朝の調査でトレード候補を探すための手がかりになってくれる。

今日ではレラティブストレングスで得たアイデアをさらに活用して、世界中の多くの地域でETFや個別銘柄をトレードすることができる。最近ではさまざまなETFがあり、ヨーロッパだけ、あるいはヨーロッパの個別の国だけ、すべての新興市場、南米のみなどといったもの

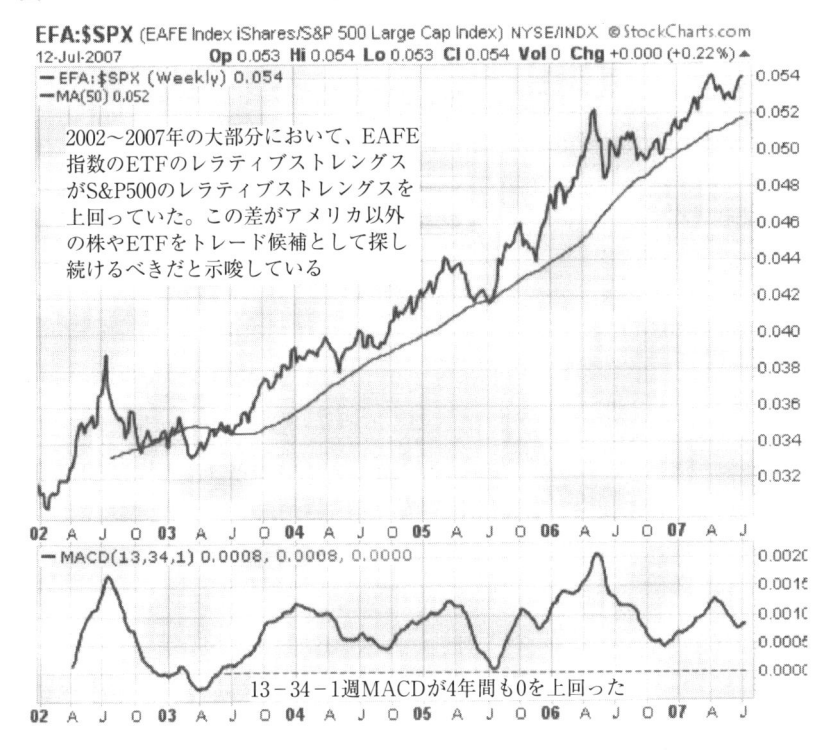

図2.24　iシェアーズEAFE指数÷S&P500大型株指数

2002～2007年の大部分において、EAFE指数のETFのレラティブストレングスがS&P500のレラティブストレングスを上回っていた。この差がアメリカ以外の株やETFをトレード候補として探し続けるべきだと示唆している

13－34－1週MACDが4年間も0を上回った

がトレードされている。これらのレラティブストレングスとS&P500のレラティブストレングスを毎週比較して、トレード候補を探すよう強く勧める。ETFのシンボルは、すべて**付録B**に載せてある。例えば、もしオーストリアがヨーロッパ全体よりも好調だと確信しているなら、オーストリアのETF（EWO）を買えば高いパフォーマンスになるだろう。ちなみに、2005年から2007年半ばにかけた各地のパフォーマンスは、iシェアーズ新興市場（EEM）が120％、韓国ETFが135％、iシェアーズ南米40（ILF）が200％上昇したのに対し、S&P500は悪くはないが、上の市場よりはかなり低い30％程度で推移していた。

そして、個別銘柄でさらに元気なものを探すためには、ETFインベストメントアウトルックやその他のETS関連サイトにリストしてあるファンドの構成銘柄を見ていこう。使い方はセクターのときと同じだ。例えば、ILF銘柄は一部の大企業ならアメリカでもADR（米国預託証券）で買うことができ、普通株と同様にトレードできる。ILF最大のアメリカン・モビル（AMX）とバル・ド・リオ（RIO）は2005年から2007年半ばにかけてそれぞれ300％と250％上昇し、その間の推移はセクターと個別銘柄のレラティブストレングスチャートで簡単に見ることができた。

パターン認識によって銘柄を選ぶ

トレードすべきセクターや時価総額のグループやスタイルや地域が分かったら、作業の半分は終わる。しかし、株式トレードの成功が、最低50％はセクター、20％は時価総額や評価グループ、10％は地域によると言われていても、あと20％は昔ながらの銘柄選択が担っている。本書の残りの部分は大部分をこれについて述べていく。ただその前に、デイリートレードで非常に役立つ２つのチャートセットアップ（パターン）を紹介しておこう。

テクニカル分析の本は多く出版されているので、ここでチャートパターンについて詳しく述べるつもりはない。その代わりに、簡単に見つかり、誤解する可能性もほとんどなく、非常に信頼できる２つのパターンに絞って話をしたい。結局、チャートパターンの問題点は、その解釈が主観的で、無意識のうちに先入観に影響されるということがある。例えば、個別銘柄にかかわりなく全般的に強気なトレーダーには、たいていのパターンがブルに見える。同様に、マーケットに対してマイナスの見方をしがちなトレーダーはたいていのパターンがベアに見える。この非常に人間的な傾向を認識し、マーケットやセクター

や企業の製品などに対する個人的な見方と切り離してチャートを見るようにしなければならない。

　まず、話を単純にしておくため、はっきりしておきたいことがある。株や指数の将来の動きには、現在の流れが継続するか、反転するかの2つしかない。そのため、本書ではすべてのトレードセットアップを「継続」パターンと「反転」パターンの2つに分けて考えていく。そこで問題となるのが、上昇している株（または指数）が小休止したときで、そのあとさらに上昇するのか、それとも反転してメジャーな下降トレンドが始まるのかを、現在の価格と出来高の動きから判断していかなければならない。

　ちなみに、株価は不安定な動きでパターンをまったく形成しないこともよくある。ただ、だれかが間違って手放した株を買って優位に立てることはないため、このようなケースは避けておけばよい。

ブルフラッグ

　筆者が好む継続パターンはブルフラッグとかペナントと呼ばれている形だ。これらは上昇トレンドの途中で起こり、多くのブル派がほんの一瞬休止する状態を表している。だれかに「押し目」で買うべきだと言われたら、それはブルフラッグを形成している銘柄の買いを意味している。その好例が2007年前半のサザン・ペルー・コパー（PCU）で、7カ月間で120％上昇する間に一連のフラッグを繰り返し形成したため、筆者は自分のニュースレターで何度も買いを勧めた。当時、この銘柄には、①大型株、②高配当、③銅鉱山、④南米――という4つの要素があり、2007年前半にこれ以上の条件はなかった。これはカジノに行ったら、南側のブラックジャックテーブルに座った全員がディーラーに勝っているような状況で、勝率がほかの場所よりもはるかに高いのだから、そこに座らない理由はない。

図2.25　サザン・ペルー・コパー

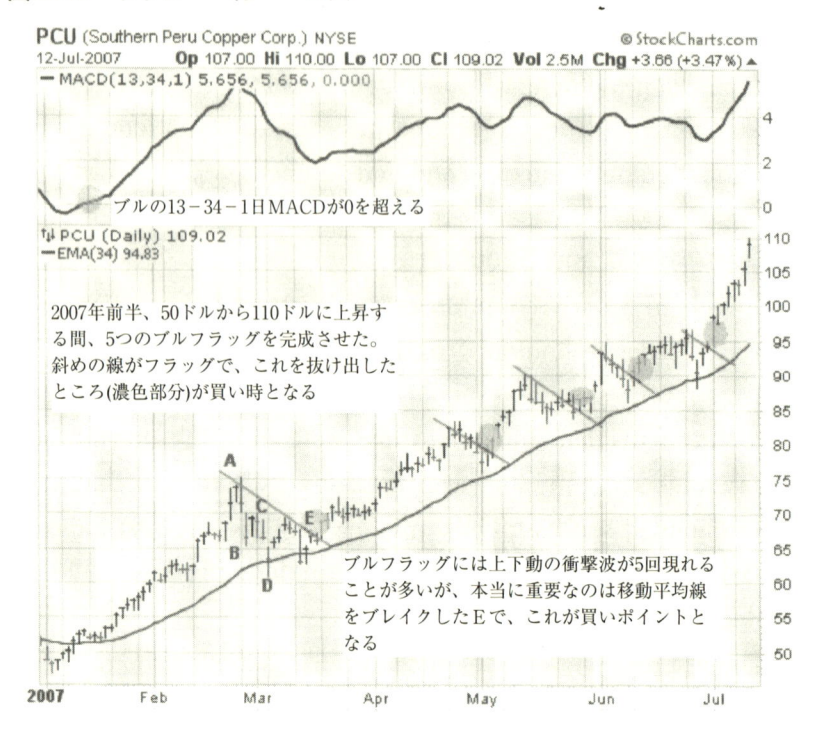

ブルの13－34－1日MACDが0を超える

2007年前半、50ドルから110ドルに上昇する間、5つのブルフラッグを完成させた。斜めの線がフラッグで、これを抜け出したところ(濃色部分)が買い時となる

ブルフラッグには上下動の衝撃波が5回現れることが多いが、本当に重要なのは移動平均線をブレイクしたEで、これが買いポイントとなる

　何を買うべきかが分かったら、あとはいつ買うかだ。目をこらして信頼できる継続パターンを見ておかなければならない。**図2.25**が示すとおり、サザン・ペルー・コパーは3月、5月、6月、7月に、低リスク、高リワードの仕掛けポイントを5回提供してくれた。ブルフラッグは、株価が高値まで上昇（旗竿）したあとで、上昇トレンドラインか移動平均線まで下落か横ばいになることで形成される。このパターンがうまくいくかどうかは、株価が上昇トレンドか移動平均線に達したあと、このミニ下降トレンドよりも高く上昇するまで分からない。典型的な形は図のA－B－C－D－Eという5つのポイント

のパターンだが、波の数にこだわる必要はない。株価が小休止を抜けて上昇に戻ったら、それが最も安全な買い時だということを覚えておいてほしい。もしそれがダマシだったら、防御的ストップを置く場所は、上昇トレンドラインか移動平均線のすぐ下になることは言うまでもない。また、株価が一時的にフラッグの上まで上昇したあと崩壊して、トレンドラインか移動平均線を下抜けたら、上昇トレンドのブレイクよりも別の銘柄を探すときが来たと考えるべきだろう。

逆ヘッド・アンド・ショルダーズ

　よく知られている反転パターンで、「逆ヘッド・アンド・ショルダーズ」または単に「ダブルボトム」と呼ばれる形は信頼できる。これは、3つの部分がヘッドとショルダーを逆にしたように見えることから逆ヘッド・アンド・ショルダーズと呼ばれている。2007年前半に、筆者がニュースレターで勧めてうまくいった銘柄を紹介しよう。タンカー給油企業のエージャン・マリン・ペトロリアム・ネットワーク（ANW）だ。

　図2.26にAと記した前半部分が左のショルダーで、ここはベアが最初にこの銘柄をノックダウンしようとしたことを示している。しかし、この小競り合いはブルが勝ち、それからしばらく株価は上昇する。ベアは別のチャンス（たいていは何らかのマイナス材料に絡めて）をとらえ、最初の下げよりも安いポイントまで株価を押し下げる（図のB）。しかし、この襲撃は十分な数の株主を説得できず、株価は再び左のショルダーよりも高く上がる。通常、株価は最初に反転したところで再度阻まれるため、ベアは最後にもう一度マイナス材料が出たときに押し進もうとする。しかし、このときブルが勢力を結集し、Aとほぼ同じ水準でベアの攻撃を撃退すると、この反転が右のショルダー（C）を形成し、ベアの気力を奪い取る。ブルが右のショルダー

図2.26　エージャン・マリン・ペトロリアム・ネットワーク

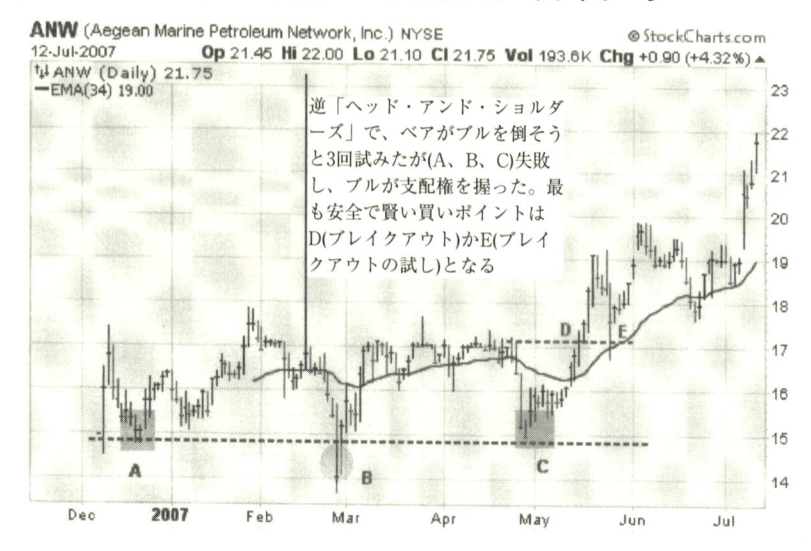

逆「ヘッド・アンド・ショルダーズ」で、ベアがブルを倒そうと3回試みたが(A、B、C)失敗し、ブルが支配権を握った。最も安全で賢い買いポイントはD(ブレイクアウト)かE(ブレイクアウトの試し)となる。

の防衛に成功すると、株価はそれまでよりもずっと高く上昇するということはこれまで何度もあった。最高の利益が得られる買い時はCだが、最も安全なのはそれまでの抵抗線を超えて新しい高値を目指すDか、Dのブレイクアウトを試すEになる。

　トレーダーにとって信頼できるチャートパターンはほかにも多くあるが、その大部分が先に紹介した２つのケースの変形と言える。探しているのは上昇トレンドか下降トレンドのなかの小休止か、ブルかベアが目的を達成できない状態だ。個人的な感情に惑わされずに両方の優位を生かせば、常にうまくいく。次はデイリートレーダーとして必要な、もっと科学的な方法を見ていこう。

第3章

Tuesday

火曜日

歴史的なエッジ

　新しい時代の投資家はテレビで株価情報を調べ、赤や緑の光が点滅する画面の次々と入れ替わる数字や、4文字のシンボルに圧倒される。また、ユーロ円のレートや工場稼働率やコアインフレやエネルギー価格に関する会話も耳に入り、すべてがごちゃまぜになってくる。株式市場はたとえロケット工学の科学者でも、分かりにくくて不安定な世界に感じるかもしれない。

　しかし、事実はマーケットが驚くほど予想可能なのだ。実際、マーケットの過去の値動きは、投資家が将来起こると考えている値動きよりは大したことはない。本来、将来どうなるかは分からないため、日々の株価は現実に対する人びとの知覚と希望と夢と後悔と恐怖を織り交ぜたものでしかないのだ。

　マーケット動向は、人間の行動が積み重なったもので、人間とは本来、遺伝と進化のプレッシャーのなかで同じことを繰り返すものであることから、投資分析ではこの繰り返される行動を記録し、予想可能なパターンを解明してきた。この分析では、キャッシュフローや配当利回り、収益予想、ダブルボトム、ブルフラッグなどは考慮していない。ここで問題となるのは、過去に特定の株価動向や決算発表、経済

報告、季節性の要因が組み合わさったり、相互に作用したりしたときに、投資家がどのような行動をとる傾向があったかということだけだ。

　投資を単なる技術ではなく、科学の地位に近づけるこの種の分析は、ヘッジファンドマネジャーという独自の分野から始まった。彼らは、人間行動の観察結果をコンピューターコードに置き換える能力を持った数学者やソフトウエアエンジニアを雇うという先見の明を持っていた。これがうまくいけば、素晴らしく正確なモデルができるため、この研究を始めた大手企業は巨額の利益を上げると同時に、これを秘密として外部にはもらさないようにしていた。しかし、低コストの分散型コンピューターの時代が始まると、比較的安価なソラリスワークステーションがIBMのメーンフレームと入れ替わり、マイクロソフトのSQLデータベースが独自開発したソフトウエアの代わりに導入され、インターネットが低価格の分散を可能にした。一握りの頭脳明晰な人や億万長者だけが、一般投資家に知られずにすべての知識を独占していた時代のモデルは静かに消えていった。

　大きな変化が訪れたのは、テキサス州にある投資分析会社のロジカル・インフォメーション・マシンが下したある決断だった。この会社は、それまで公共事業会社のエネルギートレーダーや商業銀行向けの株価とイベントの関係を示すデータと分析ソフトで大きな儲けを上げていたが、これらの内容を最先端の技術を除いて一般に公開することにしたのだ。筆者がこの会社のことを初めて知ったのは1990年代後半で、創設者のトニー・コルトンの成功への足跡をそれまでにない強い興味を持ってたどっていった。コルトンは、肩幅が広く、寛大で、頭の回転が速い典型的なシカゴのトレーダーだった。彼は先物取引からスタートし、腕を振り回して10年債のトレードをしていたが、商品や株のトレードで大儲けするためのもっと系統立った方法があるはずだと考えるようになった。そこで1990年代初めに、季節性に関する彼の考えをコード化してくれるプログラマーを探し始め、マーケット・イ

ンフォメーション・マシンという驚異的なトレーディングツールが生まれた。

ロジカル・インフォメーション・マシンが運営するウエブサイトのhttp://www.Markethistory.com/ （マーケットヒストリー）は、平均的な投資家がシカゴやマンハッタンやロンドンにいる定量分析のトップトレーダーと同じように、感情をはさまないで過去のデータを分析できるトレードツールを提供している。このツールは、勝率が明らかに有利なときだけトレードするという考えに基づいて、トレーダーを手助けしている。マーケット・インフォメーション・マシンを支える包括的なデータベースエンジンを利用すれば、1万人のプロよりもうまくチャートを読めるからではなく、株や指数やETFや先物の価格を過去に正しく予想した事実（価格を左右する出来事や決算発表や曜日など）に基づいて、良いトレードを探すことができる。

トレーダーとして成功する重要なカギのひとつは、「大部分の人が本当だと思ったことは間違っている」ということを知っておくことで、これは逆もまた正しい。金融業界に伝わる「過去のパフォーマンスは将来の結果を保証するものではない」という格言を聞いたことがあるかもしれないが、これがたわごとだと気づけば、大きな利益が上げられるようになる。南カリフォルニアのトレーダーであるトム・ロンクはこのアイデアによってマーケットエッジを手に入れた。大部分のヘッジャーがリスク調整に無駄な資金を費やしているなか、彼はマーケットヒストリーの確率データと自作のパターン認識プログラムを組み合わせて、リスクを進んで受け入れている。人も企業も予想可能なパターンに基づいて行動するという考えの下、彼はプロがたいてい売買を避ける決算発表日に、自信を持って株を買ったり空売りしたりしているのだ。

本章ではこれらのツールを有利に使う方法を、ステップごとに説明していく。この種の分析には毎週火曜日の最低30～60分を使ってほし

い。そうすれば、1日おきくらいに役に立つだろう。もしほかのテクニックでいくつかの銘柄をトレードしていれば、マーケットヒストリーの分析エンジンを試してどちらが季節性に対応しているかを比較してみるとよいだろう。結局、歴史は確信を持って頼れる確かな事実を提供し、その事実は純粋なモメンタムや評価予想よりも勝っている。歴史にも欠陥はあるが、推測よりはいつも良い結果を出している。

それではマーケットヒストリーを見ていこう。ここでは「EarningsEdge」（収益エッジ）、「SeasonalEdge」（季節性エッジ）、「EventEdge」（イベントエッジ）という3つのデータベースに分けて話を進めていく。説明の一部はマーケットヒストリーの許可を得て、同サイトから引用している。

収益エッジ

収益関係の歴史的なエッジをスクリーニングしていると、まず決算発表のニュースが株価を動かしていることに気づく。マーケットが企業に下す評価の一部には過去の利益も含まれているが、やはり最大の関心は将来の収益性にある。マーケットは連邦証券法に基づいて企業が毎四半期に発表する決算報告によって、年に4回、企業の収益性に対する姿勢を見極めようとする。

実は2000年まで、企業が現四半期の収益予想を大株主と大手証券会社のアナリストだけに選択的に開示するということがよく行われていた。しかし、2000年10月にSEC（米証券取引委員会）が上場企業に対して重要情報をすべての投資家に同時に公開するという公平開示規則を導入した。業界でレギュレーションFDと呼ばれているこの規則は言論の自由を侵害しているとして、多くの大手投資家の非難を浴びたが、すぐにアメリカの金融市場に情報開示の透明化をもたらす画期的な出来事として認識されるようになった。

レギュレーションFDは、もうひとつ予期しない結果をもたらした。決算発表日がときには情報を混乱させる出来事に変わったのだ。決算内容や将来の事業展望に関するコメントなどは企業のインサイダーしか知らないため、多くの急成長企業の決算発表では、アナリストのコンセンサス予想を上回ったり下回ったりする「サプライズ」が急増し、株価トレンドが良くも悪くも突然変化するということが起こるようになった。つまり、一般投資家が企業の活力を知るために不可欠な情報となった決算発表は、トレンドを変化させたり確認したりする出来事に変わったのだ。

　それでは、サプライズはどのくらいの大きさなのだろう。それは企業によって違う。例えば、ゼネラル・エレクトリック（GE）のように大規模でゆっくりと成長している多国籍企業なら、数多くの大手証券会社のアナリストが分析しているため、コンセンサス予想と決算発表の数字に大きな差は出ない。実際、2006年6月、9月、12月と2007年3月のゼネラル・エレクトリックの決算内容は予想とぴったり一致した。しかし、例えばアップル・インク（AAPL。2007年1月、「アップル・コンピュータ」から改称）のように動きが活発な企業の場合は違う。2006年6月から2007年3月までの4四半期に、アップルのパフォーマンスはコンセンサス予想をそれぞれ22.7％、22％、46％、36％上回った。**図3.1**が示すように、この差は10〜36セントに上る。ちなみに、このコンセンサスは19人のプロのアナリストの分析結果だった。

　一方の企業側も、CFO（最高財務責任者）が四半期の収益を最も好意的に見えるよう工夫するようになっていった。レギュレーションFDの範囲内でアナリストの期待に沿うよう注意深く調整し、決算発表時の失望を最小限に抑え、できれば良いほうのサプライズを与える術を身につけていったのだ。アナリストの期待に沿うための努力によって、決算発表日前後の数日から数週間の株価動向は予想可能なパタ

図3.1

過去の収益	2006/6	2006/9	2006/12	2007/3
EPS予想	0.44	0.51	0.78	0.64
EPS実績	0.54	0.62	1.14	0.87
差	0.10	0.11	0.36	0.23
サプライズ(%)	22.7%	21.6%	46.2%	35.9%

ーンになるケースも出てきた。とはいえ、多くの企業の過去の株価動向は決算発表周辺でランダムかつ予想不可能な動きになるが、毎四半期（あるいは毎年）、似たようなパターンを見せる企業も一部出てきた。

　マーケットヒストリーの収益エッジは決算発表日前後に、株価がプラスまたはマイナスのパターンを見せる銘柄を探す手助けをしてくれる。ここでは、決算発表の予定日と過去の発表日のカレンダーを、パターンが存在するかどうかが分かるように組み合わせて見せてくれる。このサイトでは独自に開発した「Edge Index」（エッジ指数）という指標を使って、エッジが最も鋭く、シグナルが最も強い時期を示してくれる。これはいわば最先端のツールで、デイリートレードを計画するうえで極めて役に立つ。

　この機能の使い方を詳しく説明する前に、2007年冬にうまくいった実例を紹介しておこう。当時、筆者は鉱業に関連するすべての銘柄に注目していた。そのなかのひとつ、ウィスコンシン州ミルウォーキーにある採炭設備メーカー大手のジョイ・グローバル（JOYG）は夏に付けた底値から大きく上昇したあと、12月半ばから2月半ばまで4ポイントのレンジに停滞していた。そんななか、2月20日の午後1時46分（東部標準時間）に、トロントでヘッジファンドマネジャーをして

いる友人で、筆者が毎日トレード情報を交換しているテリー・ベッドフォードから「JOYGが抜けた。出来高は少なめ」というインスタントメッセージが届いた。これはレンジをブレイクしたが、重要なブレイクアウトと見るには出来高が少ないということを意味している。筆者はブレイクアウトだけに基づいてすぐにトレードするのも好きだが、最終判断を下す前にマーケットヒストリーを開き、その時点でジョイ・グローバルに収益エッジか季節性エッジがあるかどうかを調べてみた。

まず、ティッカーシンボル（株価コード）を入力すると（やり方はあとで説明する）、ジョイ・グローバルは過去13回の決算発表において「決算発表の4日前にピークとなる強力なブルのエッジがあるが、発表後には重要なエッジはない」ということが分かった。さらに調べを進めていくと、ジョイ・グローバルは過去7回の決算発表で、4日前に強いブルのエッジがピークに達し、5日後に「弱いベアのエッジ」がやはりピークに達していた。筆者がこの情報をテリーに伝えると、「このサイトにはすべての銘柄に関してこの情報があるのかい。それはすごいね」という返事が返ってきた。

本当にそのとおりだ。**図3.2**が示すとおり、われわれはこの銘柄を2月20日に49.65ドル近辺で買い、決算発表予定日の4日前に当たる23日の昼ごろまで保有した。売り値は54ドル近辺で、4日間で8.7％の利益になった。それから2～3日後、われわれはとっくに売っていたが、ジョイ・グローバルはほかの銘柄とともに24％下落し、3月に底を打った。

少しは興味がわいてきただろうか。ここで使い方を説明しよう。まずは、マーケットヒストリーを購読してほしい。このサイトには素晴らしい価値があるため、購読料が2007年に約10倍に上がってしまった。収益エッジの情報を得るためには、1カ月149ドルの「シルバープラン」に申し込む必要がある。また、季節性エッジとイベントエッジの情報

図3.2　ジョイ・グローバル

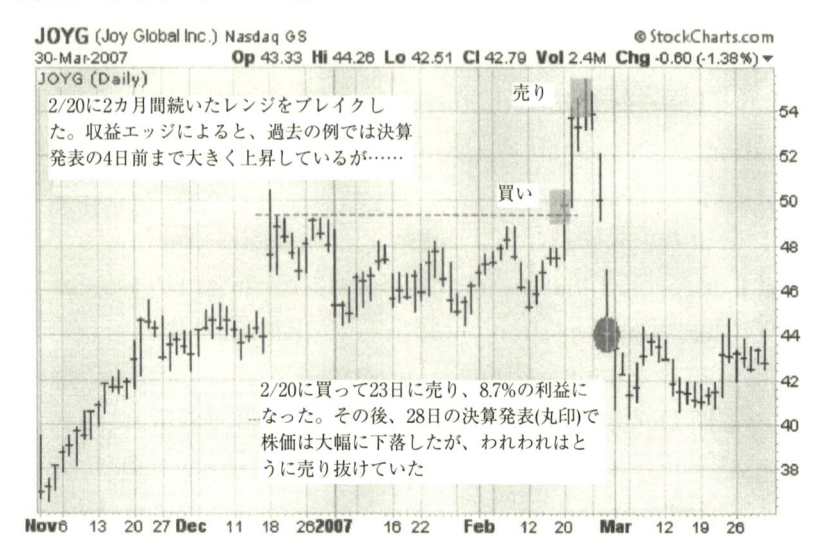

が欲しければ、毎月249ドルがかかる。このサイトは契約して最初の２週間が無料お試し期間になっているため、使いこなせないと思ったときはすぐにキャンセルすれば料金はかからない。ただ、率直に言って最初の月に料金の５倍の効果がなければ、トレード自体をやめたほうがよいのかもしれない。

　このサイトにログインすると、ホームページにはサイトのスタッフが書いた推薦銘柄が表示される。この部分の構成と編集はチーフリサーチアナリストのギボンズ・バークが担当しており、たくさんの情報がうまくまとめられているので、毎日注意深くチェックしてほしい。ただ、火曜日のリサーチは画面左側の収益エッジで、ここをクリックすると、**図3.3**に似た画面が開く。画面上部には５カ月分のカレンダーが表示されている。このなかの日付をクリックすると、その時期の同様の画面が表示される。時間の先送りや後戻しは「＜＜」「＞＞」

図3.3

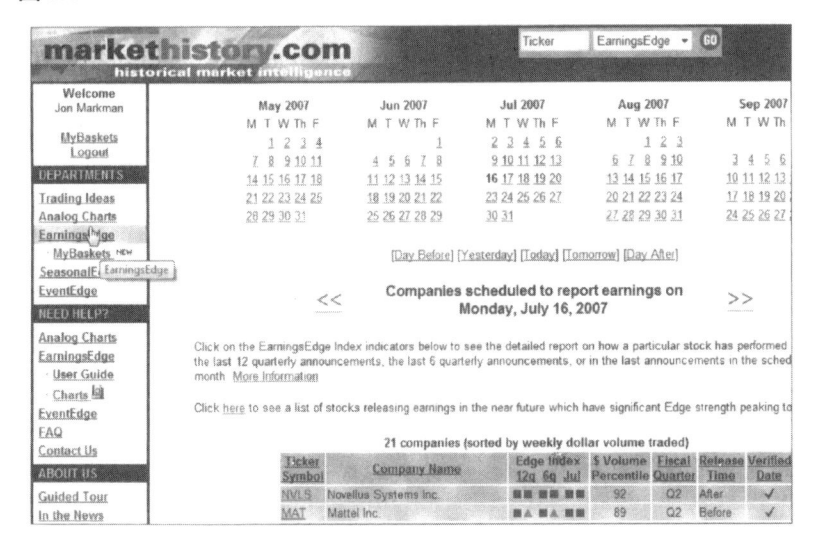

を使ってもできる。このページの本体は画面中央付近の表で、ここには翌取引日に決算発表を予定している企業名と、過去の収益を3通りの分類方法で表示している。3つの分類は過去12四半期、過去6四半期、次の発表予定月と同じ月のみ（この場合は7月）となっている。

ここではエッジ指数という指標を見れば、各企業について知っておくべきことと、決算発表日周辺の株価変動が一目で分かるようになっている。3通りの分類には、エッジ指数のアイコンがそれぞれ2つずつ付いている。アイコンは、左側が決算発表日前、右側が発表日後の平均株価変動率を示しており、発表日を示す黄色い縦線で仕切られている。また、上向きの緑色の三角形はブルパターンの株価動向、下向きの赤い三角形はベアパターン、青い正方形はいずれの方向にも特別なエッジはないことを表している。もしアイコンが表示されていない銘柄があれば、それはこのサイトが過去の収益データを持っていない

ということだ。

　企業名はマーケットで重要な順に表示されている。ここで基準となるのは過去5日間の売買代金の大きさを示す売買代金の百分位数で、過去5取引日の出来高に平均株価を掛けて算出し、それを百分位数でランク付けしている。例えば、95とランクされた銘柄は、過去5日間でトレードされた売買代金が95％の銘柄を上回っていることを示している。この数値の高い順に並べると、最も流動性の高い「重要」な銘柄がリストの上位に来る。リストの順番を変えたいときは、並べ替えたい列の見出しをクリックすればよい。

　例えば、7月16日に決算発表が予定されているノーベラス・システムズ（NVLS）のケース（**図3.3**）では、6つの青い正方形が過去の決算発表日周辺のデータからは目立ったエッジがないことを示している。そこで、その次の銘柄に目を向けると、マテル（MAT）は過去6回と12回の決算発表日に関して、発表日後にはブルパターンが現れるが、7月の発表に関しては特別なエッジがないことが分かる。ここで、過去6回の列の三角形のアイコンをクリックすると、**図3.4**のページが開く。

　この画面はマテル（MAT）の過去7回の決算発表日について、発表日前後の31取引日のパフォーマンスの変化率を、チャートと自動言語の文章で示している。このケースでは過去の収益エッジとして、イベント（この場合は決算発表日）の1取引日前に弱いブルエッジがピークに達し、強いブルエッジがイベントの2取引日後にピークに達したことを示している。この場合、発表前の「弱い」エッジが7回中5回起こり、発表後の「強い」エッジが7回中6回起こったということを意味している。ところが、画面下部の説明を読むと、発表後の平均リターンはわずか2％しかなく、これではトレードする価値がないため、ほかを探すことにする。ただ、先に進む前にチャート下部の三角形を見てほしい。各三角形は過去の発表日前後にプラスの価格変動が

図3.4

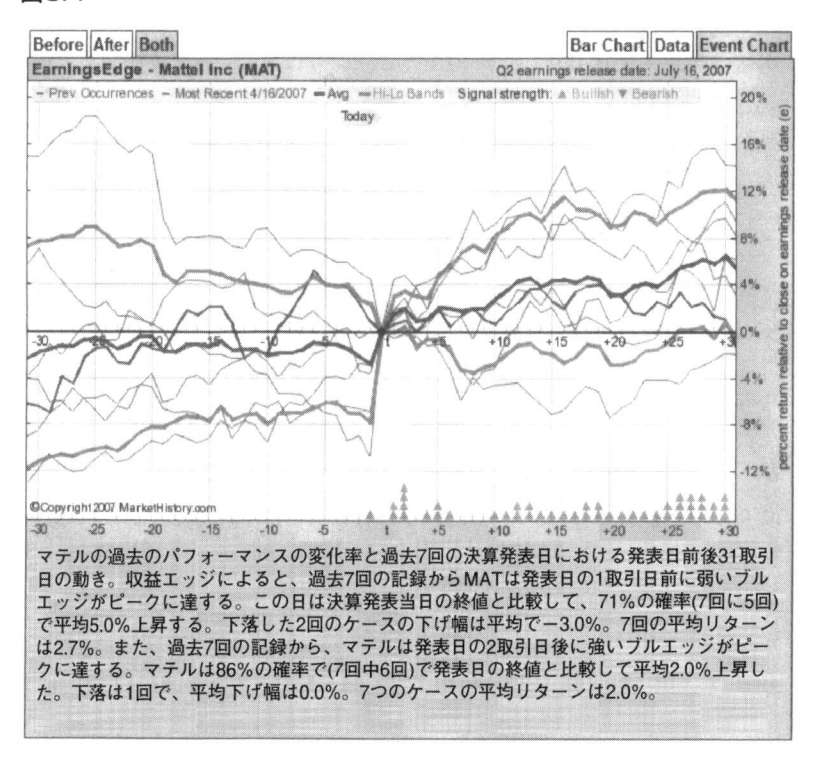

> マテルの過去のパフォーマンスの変化率と過去7回の決算発表日における発表日前後31取引日の動き。収益エッジによると、過去7回の記録からMATは発表日の1取引日前に弱いブルエッジがピークに達する。この日は決算発表当日の終値と比較して、71%の確率(7回に5回)で平均5.0%上昇する。下落した2回のケースの下げ幅は平均で－3.0%。7回の平均リターンは2.7%。また、過去7回の記録から、マテルは発表日の2取引日後に強いブルエッジがピークに達する。マテルは86%の確率で(7回中6回)で発表日の終値と比較して平均2.0%上昇した。下落は1回で、平均下げ幅は0.0%。7つのケースの平均リターンは2.0%。

あった日を示していて、これが最も多く積み上がった日をマーケットヒストリーではピークの日、つまり最大の利益が見込める日としている（実際、マテルの株価は2007年7月16日の決算発表日よりも1日前に急騰したが、そのあとおもちゃのリコールが続いて株価は下落した）。

　幸い、マーケットヒストリーはわれわれが短期間で大きな利益をもたらす強力なエッジを探していることを知っている。そこで、次は収益エッジのメイン画面中央までスクロールすると、次の決算発表日までにエッジがある企業のリストが見つかる。**図3.5**は2007年7月14日の画面で、金と銅の鉱山会社であるフリーポート・マクモラン（FCX）など60社が決算発表を控えていて、その前後にプラスやマイナスの

図3.5

Ticker Symbol	Company Name	Edge Index	Type	$ Volume Percentile	Fiscal Quarter	Release Date	Verified Date
FCX	Freeport-McMoRan Copper & Gold I	▲	6q	99	Q2	July 19	✓
IBM	International Business Machines	▲	6q	99	Q2	July 19	
NOV	National Oilwell Varco, Inc.	▲	12q	98	Q2	July 25	✓
NOV	National Oilwell Varco, Inc.	▲	6q	98	Q2	July 25	✓
BRCM	Broadcom Corp.	▲	12q	98	Q2	July 19	✓
LMT	Lockheed Martin Corporation	▲	12q	95	Q2	July 26	
PLD	ProLogis Trust	▲	6q	94	Q2	July 26	✓
MTG	MGIC Investment Corp.	▼	6q	94	Q2	July 19	✓
SO	Southern Company		6q	93	Q2	July 26	✓

　エッジがあることが分かる。表の「Type」（タイプ）の列はこのエッジが過去6四半期のものか、それとも12四半期のものかを示している。また、「$ Volume Percentile」（売買代金百分位数）の列を見ると、表の上位には売買代金が最も多かった銘柄が載っていることが分かる。
　2007年初夏は、第2章で紹介したセクターレラティブストレングスの分析によって基本素材、貴金属、エネルギー、テクノロジーなどのセクターに注目すべきことはあらかじめ分かっていた。そこで、次はフリーポート（FCX）、IBM（IBM）、ナショナル・オイルウエル・バーコ（NOV）、ブロードコム（BRCM）などの収益エッジレポートを見るが、この日は特別注意を引くエッジはなかった。これはすでに時を逸していたのかもしれないし、エッジが弱すぎたのかもしれないし、潜在利益が小さすぎたのかもしれないが、よくあることなので、気にする必要はない。意味のあるリサーチに時間がかかる理由はここにある。次は画面上部のカレンダーに表示された3～9週先の日付をクリックする。もし決算発表日前に、強力なブルかベアのエッジと大きな潜在リターンを秘めた収益エッジがあれば、すぐに買うか空売りして、あとは経過を見守ればよい。またそれだけでなく、収益エッジ画面の下までスクロールして、リストのなかから翌週に決算発表の予

図3.6

BEAV	B/E Aerospace, Inc.	▲	12q	85	Q3	October 30
DPL	DPL Inc.	▲	6q	85	Q3	October 30
GVA	Granite Construction Incorporate	▲	6q	83	Q3	October 24
STO	Statoil ASA	▲	12q	78	Q3	October 29
GPC	Genuine Parts Company	▲	12q	75	Q3	October 18
VARI	Varian Inc	▲	6q	75	Q4	October 30

定と株価動向のパターンがある企業をチェックしてもよい。9月初めにこの画面をチェックすると、ちょうど良い銘柄が見つかった。この時期好調のセクターで、6四半期と12四半期に緑の三角形（上向き）が表示されていたのは航空機の内装メーカーであるBEエアロスペース（BEAV）、医療機器メーカーのバリアン（VARI）など、いくつかの銘柄だった（**図3.6**参照）。

9月半ば、2つの銘柄は8月の底から始まった魅力的な上昇トレンド（週足）を形成し、株価は34週移動平均線を上回っていた。バリアンの上昇トレンドは新しくて、BEエアロスペースのそれは長期にわたっていたが、どちらもトレード可能だ。そこで、収益エッジレポートから、その違いを確認してみよう。

BEエアロスペースは過去13四半期に強いブルエッジを示し、決算発表日前の22日間で平均12％上昇している。そのうえ、過去すべての10月の決算で、強いブルエッジを示している。また、過去6回の10月の決算発表では19日前から当日までに平均12％上昇している。レポートはさらに、BEエアロスペースが過去6回の10月の決算発表日のうち5回で、発表日の29日後に平均5％上昇したと記している。つまり、もし決算発表を10月29日に予定しているBEエアロスペースをトレードしたければ、10月3日に買って、発表日前日か29日後の12月11日に売ればよいことになる。

図3.7

| Before | After | Both | | | | | | Bar Chart | Data | Event Chart |

B/E Aerospace, Inc. (BEAV)
percent-change performance relative to the close on Event Date (t)

Event Date	t	t+3	t+24	t+25	t+26	t+27	t+28	t+29	t+30	t+31
10/05/1995	2.9	-5.6	-3.5	0.0	-4.2	-4.2	-2.8	0.0	-2.8	-2.6
10/22/2003	-5.2	2.2	11.8	13.4	16.1	18.9	14.0	9.8	8.3	12.8
10/27/2004	-1.4	-6.0	14.0	14.3	16.8	13.7	11.0	9.8	8.5	9.6
10/26/2005	5.6	-2.6	-5.9	-3.1	-3.1	0.9	4.6	5.8	8.6	8.8
10/30/2006	4.2	-3.2	3.1	2.6	2.2	1.9	1.3	1.3	2.2	2.1
10/30/2007	5.5	4.4	NaN	NaN	NaN	NaN	NaN	NaN	NaN	NaN
Avg	1.9	-1.8	3.9	5.4	5.6	6.2	5.6	5.3	5.0	6.1
AvgPos	4.5	3.3	9.7	10.1	11.7	8.8	7.7	6.7	6.9	8.3
AvgNeg	-3.3	-4.4	-4.7	-3.1	-3.7	-4.2	-2.8	NaN	-2.8	-2.8
PctPos	66.7	33.3	60.0	60.0	60.0	80.0	80.0	80.0	80.0	80.0
PctNeg	33.3	66.7	40.0	20.0	40.0	20.0	20.0	0.0	20.0	20.0
Maximum	5.6	4.4	14.0	14.3	16.8	18.9	14.0	9.8	8.6	12.8
Minimum	-5.2	-6.0	-5.9	-3.1	-4.2	-4.2	-2.8	0.0	-2.8	-2.8
StdDev	4.3	4.2	8.9	7.9	10.2	9.7	6.9	4.6	5.1	6.3
ZStat	0.4	-0.4	0.4	0.7	0.5	0.6	0.8	1.2	1.0	1.0

Occurences: 6

©Copyright 2007 MarketHistory.com

　さらに調べを進めるために、今度は収益エッジ画面のチャートの上にある「Data」(データ)のタグをクリックして、確率の画面を開く(図3.7参照)。この画面は、10月の決算発表後の過去の平均リターンを一定の間隔で表示している。

　この表の「t＋29」は「tプラス29日」、つまり決算発表日の29日後と言う意味で、BEエアロスペースの平均リターンは＋5.3％だった。このデータをさらによく見ると、この2～3年は発表日から3日後のリターンがマイナスから始まって少しずつ上昇していることが分かる。長く待てばそれだけリターンも上がっていくようで、3週間後の結果が一貫して良くなっているのは心強い。さらに、この銘柄は8月の底から力強く上昇し、13－34日MACDは0を超えてモメンタムがプラスにシフトした。チャートはこの年の前半と同様、2つのブルフラッグを描き出し、さらに大きなフラッグが上方で炸裂しそうに見える(図3.8参照)。これらの状況から、次の取引開始が素晴らしいトレードチャンスになると判断できる(結局、BEエアロスペースはそれから

図3.8 BEエアロスペース

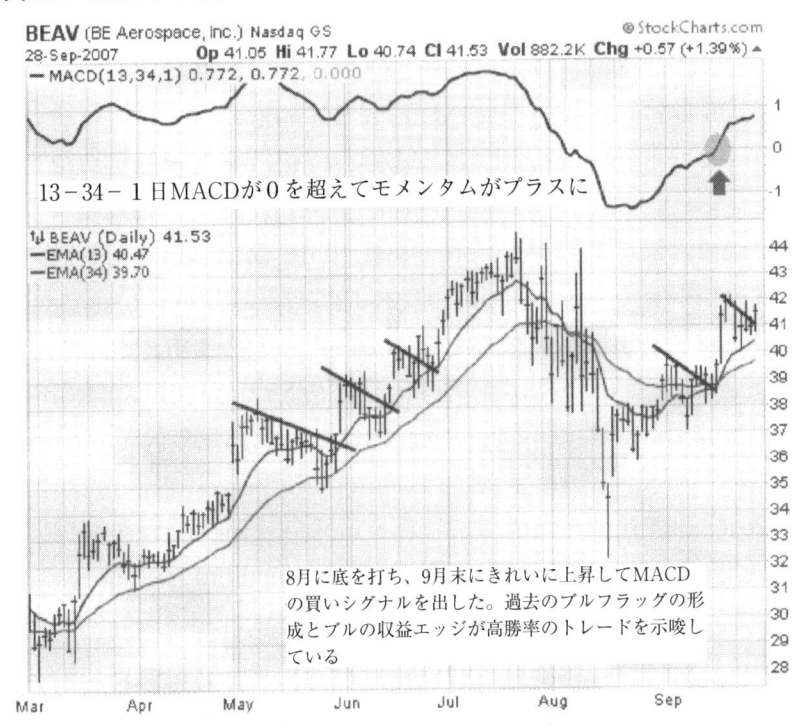

13－34－1日MACDが0を超えてモメンタムがプラスに

8月に底を打ち、9月末にきれいに上昇してMACDの買いシグナルを出した。過去のブルフラッグの形成とブルの収益エッジが高勝率のトレードを示唆している

1カ月で22％上昇し、過去の記録を上回った)。

次に、バリアンを見てみると、少し状況が違うようだ。こちらは過去12回の決算発表においてチャートにも、自動言語や表にも目立った特徴がないのに、過去6回に限れば優れたパフォーマンスを記録している。発表日前の最高の時間枠は22日（過去7回において毎回プラスで、平均5％のリターンを上げた）だったことから、今回は9月28日に買う必要がある。また、発表後で最高の時間枠は25日なので、今回は12月5日ということになる（過去7回中5回がプラスで平均リターンは11％だった）。ここでは、**図3.9**のｔ－20とｔ＋25の線に積み上

図3.9

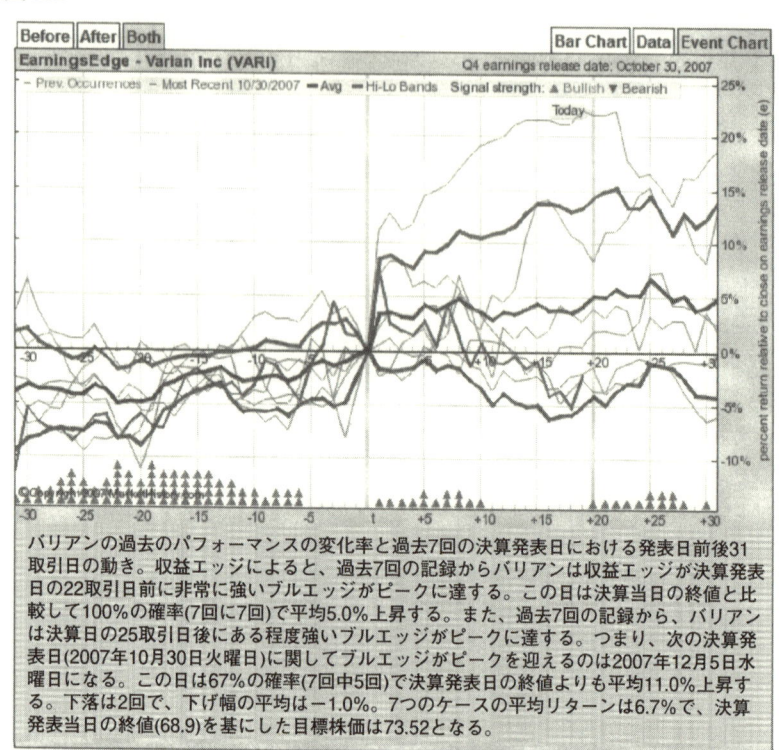

> バリアンの過去のパフォーマンスの変化率と過去7回の決算発表日における発表日前後31取引日の動き。収益エッジによると、過去7回の記録からバリアンは収益エッジが決算発表日の22取引日前に非常に強いブルエッジがピークに達する。この日は決算当日の終値と比較して100%の確率(7回に7回)で平均5.0%上昇する。また、過去7回の記録から、バリアンは決算日の25取引日後にある程度強いブルエッジがピークに達する。つまり、次の決算発表日(2007年10月30日火曜日)に関してブルエッジがピークを迎えるのは2007年12月5日水曜日になる。この日は67%の確率(7回中5回)で決算発表日の終値よりも平均11.0%上昇する。下落は2回で、下げ幅の平均は-1.0%。7つのケースの平均リターンは6.7%で、決算発表当日の終値(68.9)を基にした目標株価は73.52となる。

がった三角形の数にも注目してほしい。もしほかの条件もそろうならば、バリアンの第3四半期は決算発表日をはさんだ45日間が最適な保有期間で、16%程度の利益が期待できることが分かる。

さらに、バリアンのデータ画面を見ると（図3.10）、2006年第1四半期以降6回のケースだけならまったく失敗がなく、前回のケースでは22日間で7％以上のリターンを記録している。今回のケースも、バリアンの週足と日足が魅力的な上昇トレンドを形成し、セクター自体の人気も上がってきたことから、9月末のこの時点ですぐにトレードすべきチャンスと考えられる。ただ、結果は年によって違うため、こ

図3.10

```
Before After Both                                                    Bar Chart  Data  Event Chart
Varian Inc (VARI)
percent-change performance relative to the close on Event Date (t)

       t-26    t-22    t-21    t-19    t-18    t-17    t-16    t-15    t-14    t      Event Date
       8.1     8.1     8.4     8.1     3.0     3.9     4.5     3.3     2.4     4.0    04/26/2006
       2.3     5.3     4.3     5.9     2.2     -0.0    -0.4    0.5     -0.0    0.5    07/26/2006
       -0.9    1.4     2.5     0.2     0.3     1.7     1.7     1.8     0.9     -2.4   11/01/2006
       3.1     4.6     3.2     4.9     3.2     1.7     2.5     4.4     2.9     0.3    01/24/2007
       3.4     0.3     -0.0    0.8     2.3     2.3     1.1     -0.1    0.6     1.0    04/25/2007
       4.7     7.1     8.4     5.1     5.1     6.4     4.8     3.5     3.9     0.6    07/25/2007
       8.5     8.3     6.8     7.1     7.3     4.8     2.4     1.7     2.8     -1.4   10/30/2007

       4.2     5.0     4.8     4.6     3.3     3.0     2.4     2.2     1.9     0.4    Avg
       5.0     5.6     4.6     3.3     3.5     2.8     2.5     2.3     1.3     AvgPos
       -0.9    NaN     -0.0    NaN     NaN     -0.0    -0.4    -0.1    -0.0    -1.9   AvgNeg
       85.7    100.0   85.7    100.0   100.0   85.7    85.7    85.7    85.7    71.4   PctPos
       14.3    0.0     14.3    0.0     0.0     14.3    14.3    14.3    14.3    28.6   PctNeg
       8.5     8.3     8.4     8.1     7.3     6.4     4.8     4.4     3.9     4.0    Maximum
       -0.9    0.3     -0.0    0.2     0.3     -0.0    -0.4    -0.1    -0.0    -2.4   Minimum
       3.3     3.2     3.2     3.0     2.3     2.2     1.8     1.6     1.4     2.0    StdDev
       1.3     1.6     1.5     1.5     1.5     1.3     1.3     1.3     1.4     0.2    ZStat

Occurences: 7                                                        ©Copyright 2007 MarketHistory.com
```

こでは推奨期間の終わりまで保有するよりも、期待リターンのレベルを達成することを目標としたい。実際、バリアンは9月28日から1カ月後の10月31日までに16％上昇し、これが手仕舞う最善の日となった。トレードは、ゴールを切らなければ勝利宣言できない競馬とは違う。利益が来たら、つかみ取ればよいのだ。

　トレード前の最後の確認情報として、企業のファンダメンタルズもチェックしておくとよい。MSNマネー（英語版）の「Earnings Estimates」（収益予想）と「Earning Surprises」（予想との差）をチェックすると、次の2四半期と1年間（会計年度）のバリアンの収益に関するアナリスト予想はそれぞれ15％、15％、20％になっていた。ところが、予想との差のタグを開くと、バリアンは過去5四半期において、コンセンサス予想が実績を平均12％下回っていることが分かる。そこで、2008年度のコンセンサス予想である2.77ドルが12％ずれたら

どうなるかを計算してみると、この会社の収益は次の1年間で3.10ドルまで増える可能性があることになる。そして、もしこの数字が大きく崩れなければ、現在62ドルのバリアンのPER（株価収益率）は20倍（62ドル÷3.10ドル）に「前進」しているとみなすことができる。通常、グロース株のPERは成長率の1.5倍のときが適性株価だと言われていることを考えると、バリアンのPERは成長率に対して適切な倍率になっており、収益エッジだけでなく、ファンダメンタルズから見ても買い時になっていることが分かる。

ここで重要なのは、注目した2つの銘柄が非常にうまくいったことではなく、収益エッジというツールを使うことでトレードの勝率を引き寄せられるということだ。アクティブデイリートレーダーとして望めるのはせいぜいそのくらいだろう。

季節性エッジ

次はマーケットヒストリーの「SeasonalEdge」（季節性エッジ）を見ていこう。この機能も、毎日トレードを探したり、タイミングを計ったりするうえで途方もなく役に立つ。実は、筆者がロジカル・インフォメーション・マシンのサービスで最初に興味を持ったのはこの機能だった。当時、筆者は特定の月における株価や指数の傾向を利用すれば、安心してトレードできるというオリジナルのリサーチを多数発表していた。そのなかの指数とETFに関するリサーチは、2002年に由緒あるストック・トレーダーズ・アルマナックという年鑑で最大の発見のひとつに選ばれ、今でも季節性の推奨の基準として使われている。

マーケットヒストリーは筆者のリサーチをさらに進めて、季節性に優れた銘柄の系統的なリストを日付別に表示している。筆者のリサーチは株のパフォーマンスを月別に観測しただけだが、マーケットヒス

図3.11

Ticker Symbol	U.S. Stocks Name	Edge Index Peak	Edge Index Sum	Percent Return	$ Volume Percentile	Odds	Days
CCMP	Cabot Microelectronics Corporati	3.3	76.7	15.81	78	86% (6 of 7)	t+25
CGX	Consolidated Graphics Inc	3.3	86.5	14.93	83	77% (10 of 13)	t+24
ZOLL	Zoll Medical Corporation	2.7	38.7	13.68	80	73% (11 of 15)	t+25
TDY	Teledyne Technologies	4.4	166.7	13.21	79	100% (7 of 7)	t+29
MBT	Mobile Telesystems Ojsc Sponsored Adr	3.6	105.8	11.96	96	100% (7 of 7)	t+27
CERN	Cerner Corp	2.9	98.4	10.7	89	70% (14 of 20)	t+11
GIL	Gildan Activewear	5.4	201	10.66	82	100% (9 of 9)	t+27

トリーを使えば、好きな期間を指定して過去の傾向を見ることができる。この機能を使うにはホームページ左側の「SeasonalEdge」（季節性エッジ）をクリックする。そして開いた画面の「After」（事後）のタグをクリックすると、今日よりもあとの日付の季節性エッジが表示される。画面の形式は収益エッジと似ているが、いくつか違いがある。例えば、列は決算発表日前後のパフォーマンスではなく、次の10～30日のパフォーマンスを示している。この画面は初期設定では銘柄をエッジ指数（期待リターン）でランク付けしてある（100以上が最高レベル）。しかし、筆者はまずリターン率で並べて、そのなかのエッジ指数が90％以上、「Odds」（確率）が80％以上のものだけをリサーチ対象としている。ちなみに、最後の列は、この季節性エッジが有効な日数を示している。例えば、**図3.11**に示した2007年7月16日のリストでは、すぐにテレダイン・テクノロジーズ（TDY）に目が行った。筆者は、たまたまこれが航空機に供給している工業用電子機器会社で、現在人気があることを知っていた。そのうえ、ほかにも良い要素があった。過去7年間において、次の29日間マイナスになったことがな

図3.12

Event Date	t	t+1	t+24	t+25	t+26	t+27	t+28	t+29	t+30	t+31
07/14/2000	-1.1	-0.4	17.6	15.8	14.7	13.7	12.2	16.2	12.9	9.4
07/16/2001	-2.2	-1.8	8.8	9.8	11.4	15.0	12.1	9.9	11.7	13.6
07/16/2002	0.6	-0.5	3.0	4.3	5.7	5.7	4.2	9.3	4.2	-0.5
07/16/2003	1.8	-2.0	1.7	1.6	4.0	1.0	1.6	2.7	2.4	2.4
07/16/2004	-0.1	-1.1	15.9	19.2	19.2	19.0	19.8	19.2	18.3	18.5
07/15/2005	-0.3	-1.4	6.9	7.5	9.7	7.3	8.0	8.8	6.7	9.8
07/14/2006	-0.3	-0.3	31.1	31.2	28.9	29.3	25.7	26.4	25.6	27.3
Avg	-0.3	-1.1	12.1	12.8	13.4	13.0	12.0	13.2	11.7	11.5
AvgPos	1.2	NaN	12.1	12.8	13.4	13.0	12.0	13.2	11.7	13.5
AvgNeg	-0.9	-1.1	NaN	NaN	NaN	NaN	NaN	NaN	NaN	-0.5
PctPos	28.6	0.0	100.0	100.0	100.0	100.0	100.0	100.0	100.0	85.7
PctNeg	71.4	100.0	0.0	0.0	0.0	0.0	0.0	0.0	0.0	14.3
Maximum	1.8	-0.3	31.1	31.2	28.9	29.3	25.7	26.4	25.6	27.3
Minimum	-2.2	-2.0	1.7	1.6	4.0	1.0	1.6	2.7	2.4	-0.5
StdDev	1.3	0.7	10.3	10.2	6.6	9.4	8.5	7.9	8.2	9.5
ZStat	-0.2	-1.5	1.2	1.3	1.6	1.4	1.4	1.7	1.4	1.2

Occurences: 7

く、平均で＋13.2％の利益が出ていたのだ。エッジ指数の合計スコアは166.7で、この数字は統計記録がまぐれではないであろうことを意味している。この情報は高確率のアイデアを探しているデイリートレーダーの興味をそそるに違いない。

　そこで、テレダインのシンボルをクリックすると、過去７年間の変化を示すチャートが表示される。筆者はこの時点で「Data」（データ）タグを開き、今日以降のリターンの確率を見る。この画面を見ると、過去の平均値がたった一度の強力な数字によるものか、それとも一貫したリターンを上げてきたことによるものかが分かる。今回のケースでは、**図3.12**が示すとおり、毎回１日目はマイナスだが、24～29日間保有していると平均12～13％の利益が上がっていた。そして、さらに大事なのは、ほぼ一貫してリターンが出ていることだ。過去３年間を見ると、19.2％、8.8％、26.4％という素晴らしいリターンを記録している。

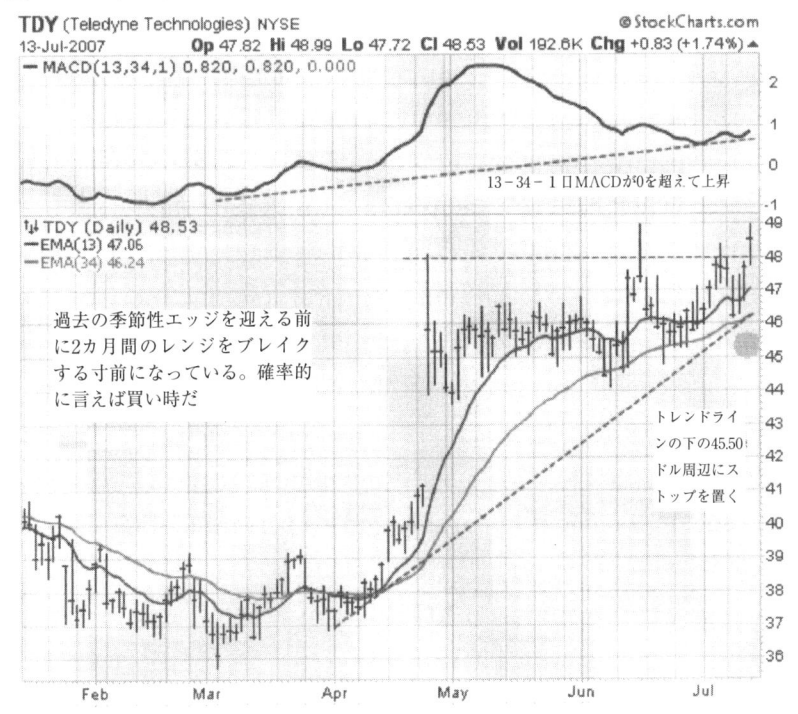

図3.13 テレダイン・テクノロジーズ

(チャート内注釈)
- 13-34-1日MACDが0を超えて上昇
- 過去の季節性エッジを迎える前に2カ月間のレンジをブレイクする寸前になっている。確率的に言えば買い時だ
- トレンドラインの下の45.50ドル周辺にストップを置く

　この画面のデータも、2つの判断を助けてくれる。まず、テレダインの利益の大部分が24日目に上がっていることから、今回買って24日後に10〜15%のリターンが上がるのは8月14日だと予想できる。それならすぐに買ってみればよい。そしてもうひとつ、この画面を使えば、目標株価を設定できる。テレダインの株価はこの時点で48.50ドルなので、13%の利益を狙うとすれば、目標株価は54.80ドルということになる。

　そして最後に、季節性エッジの確率リストで見つけた銘柄の真偽を確認してほしい。テレダインが人気の業種だということはすでに分か

っており、これは大きなプラス材料だ。次に、トレード前の最後のステップとして、この銘柄のチャートとファンダメンタルズを調べてほしい。図3.13が示すとおり、このケースは何カ月か前のジョイ・グローバルのチャートと極めてよく似ている。13－34日MACDが上昇して0に近づき、いずれ2カ月間続いたレンジをブレイクするように見える。つまり、このチャートは今回のトレードにさらなるプラス材料を提供してくれたのだ。

最後に、ファンダメンタルズを簡単にチェックしておく。MSNマネーによると、17億ドルの価値があるテレダインの決算発表は7月26日に予定されていて、アナリストのコンセンサス予想では、2007年度と2008年度の成長率がそれぞれ14.6％と13％となっている。ただ、予想との差を見ると、過去4四半期の収益予想は実績を平均10％ほど下回っている。そこで、両年度にこの10％を足すと、2008年の予想収益は3.10ドルになる。もし実際にこれに近い株価になれば、テレダインの現在の株価は予想PERに対して約15倍ということになる。テレダインのこれまでの倍率が20倍程度で、この業界の平均は25倍程度だということを考えると、2008年の控えめな目標株価は62ドル（3.10ドルの20倍）、つまり、現在の株価よりも30％も高いことになる。これまで見てきたように、テレダインには季節性エッジ、テクニカルエッジ、そして評価エッジという3つのプラス材料がある。確率的にはこのトレードを実行して、少なくとも8月半ばまで保有すべきだろう。

実際には、8月半ばの信用危機がこのトレードの流れを中断し、29日目のテレダインの利益は2％にしかならなかった。それでも、マーケットが回復すると株価は再び上昇し、結局9月末には期待していた13％を達成した。ここで重要なのは、今回のトレードが成功したかどうかではない。積極的な投資家として望めるのは高い確率で自分に有利なトレードチャンスを探すことくらいだろう。もしうまくいかなくても心配することはない。防御的ストップをトレンドライン周辺や重

要な移動平均線に置いておけば株価の暴走を防ぎながら攻めていける。もしくは、トム・ロンクの教えに従ってストップ注文を自動化することもできる。前にも紹介したロンクは定量系のトレーダーで、マーケットヒストリーの愛用者でもある。彼はリサーチを重ねて、自動でストップを置くプログラムを開発した。このプログラムは10ドル以上のすべての銘柄に5％のストップと5％のトレイリングストップを設定し、10ドル未満の銘柄には10％のストップと10％のトレイリングストップを置くようになっている。

次は、季節性エッジで探して大きな利益を上げたトレードをいくつか紹介していこう。

まずは簡単な例からいこう。2007年6月21日、マーケットヒストリーの編集者が「Trading Ideas」(トレードアイデア)のセクションに、「エンブリッジ・エネルギー・パートナース(EEP)が歴史的に見て次の15日間に4.6％上昇するという強力な傾向がある」と書き込んだ。6月21日からの3週間のトレードが過去15年のうち14年でうまくいき、失敗した1年も損失はわずか1.8％だったというのだ。これだけでは潜在利益があまり高く見えないかもしれないが、15日ごとに4.6％の利益が上げられれば、トレーダーとしては大成功だろう。それに、もしこの低ボラティリティのガスパイプライン銘柄の極めて強い傾向をさらに利用したければ、コールオプションを買うかプットを売ることもできる。当時のエンブリッジ・エネルギー・パートナーズのチャートに特別際立ったところはなかったが、マーケットが6月初めの落ち込みから回復しつつあるなかで、人気のグループには入っていた。結局、**図3.14**からも分かるとおり、このトレードは非常にうまくいき、最初の3日間は少し後退したが、その後は急速に回復して9％の利益を上げた。この例は、季節性エッジの潜在リターンが大きくなくても、その高い確率でかなりの利益を上げられるということを教えてくれる。

季節性エッジを探すもうひとつの好機は、ブル相場の途中でマーケ

図3.14　エンブリッジ・エネルギー・パートナース

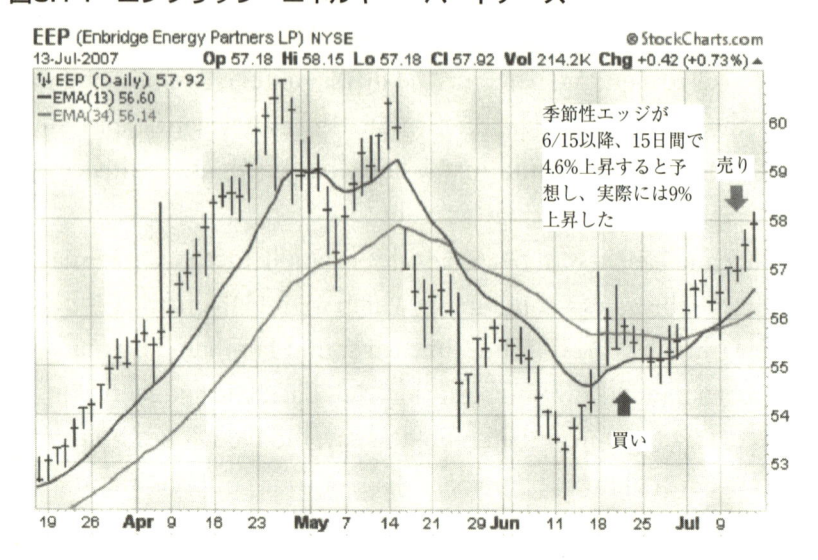

(図中注釈: 季節性エッジが6/15以降、15日間で4.6%上昇すると予想し、実際には9%上昇した / 売り / 買い)

ット全体が急落したときだ。マーケットが下落して、みんな気が動転しているように見えるときはウォール街を支配しているのがブル相場で、発作が治まれば、再び秩序が戻るということを覚えておく必要がある。この場合、秩序とはこれまで何年も特定の時期にうまく機能してきて、突然失敗するとは考えにくい高確率の季節性トレードを意味している。このようなチャンスが、2007年6月の最後の週に巡ってきた。S&P500は、5月末から6月初めに付けた終値の史上最高値から55ポイントも下げて1487になり、回復したが2週間で再び急落し、6月26日の日中に、安値を更新して1484を付けた。

　このとき、マーケットヒストリーの編集者が、7日間という短い期間だが強力な記録を残している金融サービス会社のアメリカン・キャピタル・ストラテジーズ（ACAS）に注意を促すレポートを、6月25日に発表した。これによると、アメリカン・キャピタル・テクノロジ

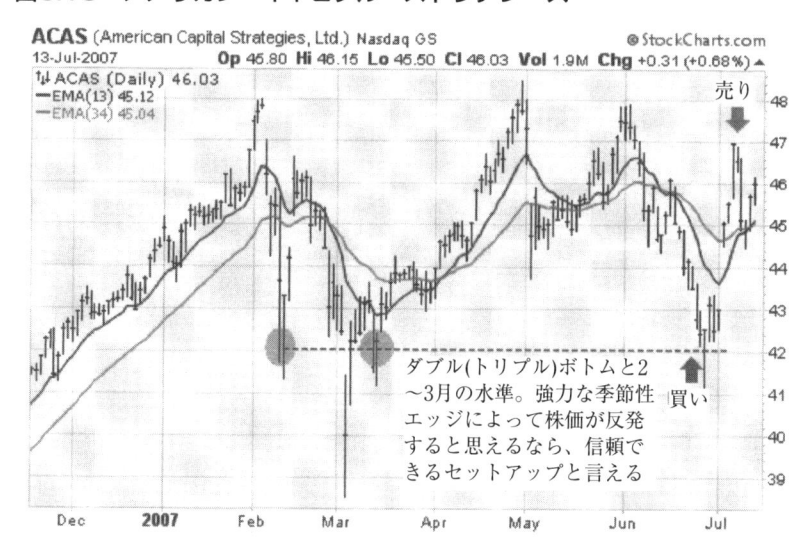

図3.15　アメリカン・キャピタル・ストラテジーズ

[図: ACAS (American Capital Strategies, Ltd.) Nasdaq GS 日足チャート、2006年12月～2007年7月。2月と3月に42ドル付近でダブル(トリプル)ボトムを形成し、「買い」矢印、7月上旬に「売り」矢印。注記：「ダブル(トリプル)ボトムと2～3月の水準。強力な季節性エッジによって株価が反発すると思えるなら、信頼できるセットアップと言える」]

ーズはマーケットとともにこの２～３日下げて前週から5.6％の損失を出しているが、彼らの観察では過去９年間、６月最後の週には相当な強さを見せているという。６月25日のあとの７日間に９回中９回上昇し、上げ幅は平均５％だったというのだ。筆者がこのトレードをすぐ気に入ったのは２月と３月の投げ売りのときにブルが支持した42ドル付近で、ダブルボトムになりそうに見えたからだった。第２章の最後で述べたとおり、逆ヘッド・アンド・ショルダーズの形でできることもあるダブルボトムは最も信頼できるセットアップのひとつと言える。

　図3.15を見ると、このときの展開が分かる。７月４日は祝日のため、７日後は７月５日になり、素早く６％のリターンが手に入った。ただ、ジョイ・グローバルのトレードと同様、季節性エッジには「期限切れ」の日付があるということも覚えておいてほしい。先の展開を

見るためにいつまでも保有していてはならない。今回のアメリカン・キャピタル・ストラテジーズも、7月5日を過ぎると急速に下落した。

最後に紹介する季節性エッジの例は1年に少なくとも2〜3回は現れる状況で、おそらく聞いたことがあると思う。例えば、マーケットが何日間か緩やかに下げたあと、取引時間終了近くで急落し、ダウ平均が約200ポイント下げたとする。こうなると、多くのポジションが含み損を抱え、すべてがうまくいかないように思えてくる。しかし、マーケットがあらゆる点でブルを謳歌していることを思い出し、現在の調整はほんの一時的なことだと考え直す。さて、このようなときは何を買えばよいのだろう。トレーダーは常に、ある水準に達したら買おうと思う銘柄のリストを用意しておいてほしい。しかし、そこで見つからなければ、大きく下げた日は、マーケットヒストリーの季節性エッジの画面が、高確率のトレードを探すのに常に適しているということを思い出してほしい。

そして、2007年6月7日も、ちょうどこんな日だった。前述のとおり、マーケットは横ばいで5月末に新高値を更新したあとは下落傾向にあったが、あるとき突然落ち込んでダウ平均は198ポイント下げた。もしこの日の午後に季節性エッジの画面を開いていたら、**図3.16**の表を目にしたはずだ。「After」(事後) の季節性トレードを示すこの表は「Percent Return」(リターン率) の大きい順に並んでいる。このなかで、現在人気がない小売りセクターで、エッジ指数も低いコールドウォーター・クリークや、最近買収されたばかりのCTコミュニケーションズ、やはり人気のないセクターでエッジ指数が低いハンセンナチュラルなどは避けたほうがよい。しかし、シュニッツァー・スチール・インダストリーズ(SCMN)は人気の基本素材セクターで鉄鋼業界であることと、エッジ指数が119という高いスコアを示していることから、さらに調べることにする。

シュニッツァーの株価チャートは理想のセットアップではなかった

図3.16

Ticker Symbol	U.S. Stocks Name	Edge Index Peak	Edge Index Sum	Percent Return	$ Volume Percentile	Odds	Days
CWTR	Coldwater Creek Inc.	3	75.9	17.71	92	100% (10 of 10)	t+20
CTCI	CT Communications Inc	3.4	104.7	13.89	73	88% (7 of 8)	t+25
HANS	Hansen Natural Corporation	3.1	33.7	13.34	94	79% (11 of 14)	t+30
SCHN	Schnitzer Steel Industries Inc.	3	119	12.88	94	85% (11 of 13)	t+20
CKR	CKE Restaurants Inc.	3.3	110.9	10.91	86	83% (10 of 12)	t+18
KWK	Quicksilver Resources	2.8	65.1	10.71	91	89% (8 of 9)	t+16
KNDL	Kendle International Inc.	2.9	42	10.2	90	89% (8 of 9)	t+16
ASVI	ASV Inc.	3	121.2	9.89	71	75% (9 of 12)	t+16
HC	Hanover Compressor Holding	3.6	93	8.82	90	89% (8 of 9)	t+14
HLEX	HealthExtras, Inc.	2.9	45	8.67	81	71% (5 of 7)	t+18
HOG	Harley-Davidson Inc	3.3	35.8	7.2	96	80% (16 of 20)	t+27
KNX	Knight Transportation	4.3	114.3	7.17	82	92% (11 of 12)	t+22

図3.17　シュニッツァー・スチール・インダストリーズ

が、季節性エッジのチャートを見ると、「t＋21」の13年間の記録は十分印象的だった。過去6年間を見ても、6月7日からのt＋21は平均17.6％上昇していた。これらの数字にはぜひ注目してほしい。結局、シュニッツァーは上昇するのにまる21日かかったが、7月9日までに

21％上昇して（**図3.17**）、素晴らしい季節性のトレードとなった。

これまで紹介した例はすべてブルのパターンだったが、周知のとおり空売りのほうが適しているマーケットも多くある。空売りは大いなる挑戦だが、普通は買いよりも「混み合って」いないため、莫大な利益が期待できることも多い。もしエッジがあるのなら、大部分の人たちとは違う考えを持った逆張りの役割も担ってみるべきだろう。

トム・ロンクによると、株価の下落は上昇の３倍速く、その理由は恐怖が欲望よりも何倍も強いからだという。これは理にかなっていると思う。もしお気に入りの銘柄が下がっていれば、投資家は損失の痛みを強く感じ、その銘柄のプラス面を考慮しないで衝動的に売ってしまうこともある。この感情的な現象が、第１章で紹介した売りのクライマックスのような状態を引き起こすことになる。つまり、速くて激しい下落相場で実行する空売りで勝つためには通常、短くて劇的な作戦が必要になる。

個別銘柄の季節性エッジの使い方が分かったところで、次はこれを指数、ETF、商品、為替などに応用する方法を説明しよう。考え方はまったく同じだが、対象とする商品が違う。まず、季節性エッジの画面左側にある「Exchanges」（エクスチェンジリンク）をクリックすると、新しいメニューが表示される。「MyBaskets」（マイバスケット）、「Indexes」（指数）、「U.S.Stocks」（アメリカ株）、「Exchanges」（取引所）、「Baskets」（バスケット）、「ETF's」（ETF）、「Europe & Asia」（ヨーロッパとアジア）、「Currencies」（通貨）、「Canada」（カナダ）、「Futures」（先物）などだ。

そこで、指数をクリックして「After」（事後）のタグを選ぶと、S&P500（SPX）、ナスダック100（NDX）、航空株指数（XAL）、天然ガス株指数（$NGA）など、主要な市場や業種の指数がすべて表示される。この表を、今日以降の日付で、過去のリターン率が高い順に並び替え、個別銘柄のときと同様、確率の高いもの（最低でも75％）に

ついてさらに調べるため、シンボルをクリックする。これはマーケット全体のタイミングを見たり、お気に入りのセクターや業種のなかの個別銘柄のタイミングを見たりするための優れたツールとなってくれる。指数の多くは個別銘柄よりも長い歴史を持っているため、マーケットヒストリーの分析エンジンが判断基準とする出来事の数も多い。

反対に、季節性エッジのETFのセクションも、タイミングを探すための素晴らしい方法に見えるが、ETFは最も古いものでも7～8年の歴史しかないため、判断基準となる出来事の数はあまり多くない。そして最後に、ここで詳細は述べないが、先物のセクションにも注目してほしい。また、商品相場は原資産である天然ガス、ガソリン、穀物などの使用時期や収穫時期が特定の期間に片寄っているため、季節性に関する説明は特に優れている。

イベントエッジ

マーケットヒストリーの季節性エッジの使い方が分かったところで、次は究極の確率ツールと言うべきイベントエッジとそのいとこにあたるNitro（ニトロ）を見ていこう。これらの武器は積極的なデイリートレーダーにとって非常に強力で、短期投資分析における原子爆弾と言っても過言ではない。イベントエッジはマーケットヒストリーのゴールドという購読プランを選ぶ必要があり、月額249ドルがかかる。また、ニトロは毎月349ドルかかるが、2～3カ月も使えばその理由は分かるはずだ。

まずは、マーケットヒストリーが2007年7月初めに勧めたトレードの話から始めよう。1月から6月半ばまで、建設重機メーカーのキャタピラー（CAT）の株価は劇的な転換を見せていた。**図3.18**が示すとおり、株価は海外事業の好転によって、1年間の安値圏から約25ドルも上昇した。気分は上々だ。しかし、株価が6月19日に史上最高値

図3.18　キャタピラー

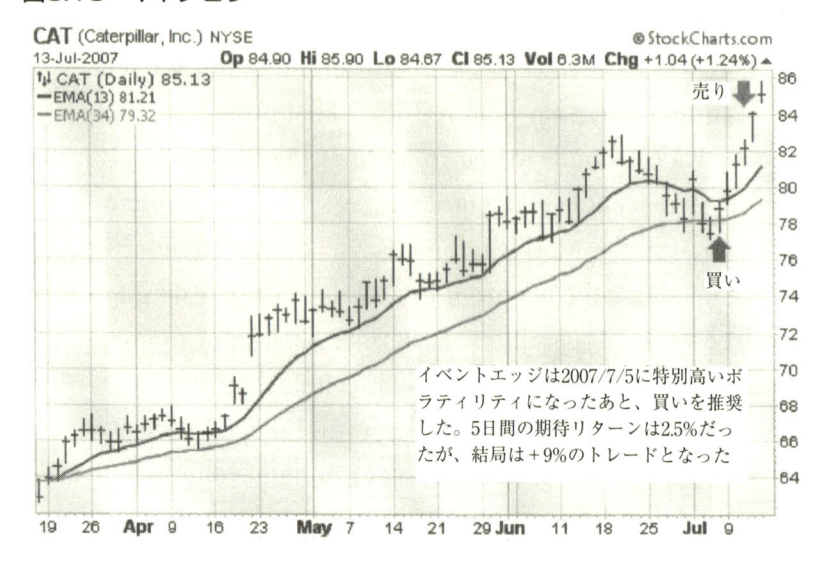

(チャート内注釈)
売り
買い
イベントエッジは2007/7/5に特別高いボラティリティになったあと、買いを推奨した。5日間の期待リターンは2.5%だったが、結局は＋9％のトレードとなった

　の82.89ドルに達すると、抵抗線という壁にぶつかった。株価は次の11日間のうち９日間下落したあと、６月末日に３ドル上昇して突然好転したかに見えたが、その翌取引日の７月３日には、大手証券会社のアナリストが売り推奨を出したことで最悪の下落となった。そして７月５日、株価は本来強力な動きを見せるべきところで高値から７％下げた77.16ドルを付けた。

　この時点のトレーダーの混乱は、想像がつくだろう。劇的な高騰であとから参入した買い手を「懲らしめる」ために空売りすべきなのか、それとも50日移動平均線まで下げたら買うべきなのか。ここは知識に基づいて推測しなければならない。でも、それができないなら、マーケットヒストリーのイベントエッジで、キャタピラーの株価が過去にこの種の動きを見せたことがあるかどうかを探し、もし見つかればその後の展開を調べればよい。マーケットヒストリーの編集者は７月５

日、イベントエッジの分析エンジンに「もしキャタピラーが大きく上昇したあと、大きく下落したらどうなるか」という質問をかけたとコメントした。そして、その答えは「この珍しい出来事はキャタピラーの歴史のなかでも6回しか起こっていない。株主は火曜日の損失にうろたえているだろうが、翌週には6回中5回上昇したという過去のデータに希望をつなぐべきだろう。5日間保有した標準的なリターンは2.7％」というものだった。結局、ブル派がD5トラクターをうならせながら、株価を次の5日間で9％押し上げて素晴らしい短期利益をたたき出したため、今回のアドバイスも予知力あるものとなった。

それにしても、マーケットヒストリーはどのような分析をしているのだろう。実は、このセットアップと執行がイベントエッジの優れた特性で、推測を入れず、確率のみで判断を下している。その過程について、説明しておこう。従来のテクニカル分析では、過去の株価動向が将来のイベントを定義し、形成する手助けとなるとしている。例えば、もし株価が50日平滑移動平均線まで下げ、それが支持線となり、出来高も少なければ、次もそうなる可能性が高いと判断するのだ。ただ、従来のテクニカル分析は単純に小さいレンジの株価動向と出来高のデータを見るだけで、並び変えたり、優先順位を付けたり、同時に起こっているさまざまなイベントを統合してひとつの一貫した予測にする機能はない。さらに、テクニカル分析の予想は確率が伴わないため、結局トレーダーの予想は、ほとんどが推測に基づいたものになる。テクニカル分析はリサーチと経験と本能を組み合わせてはいるが、1日の終わりに下す判断はほとんど直感に近い。

一方のイベントエッジは推測を排除したトレード発見ツールだ。作業は次の3つのタスクに分かれている。

●**観察**　イベントエッジは、トレード対象（株や指数や先物）の現在のトレーディング状況と過去5日間に発生した主要なイベントを、

明確に描写する。トレード対象が現在のトレンドのどこに位置するのかを示し、関連するマーケットや指数の動向を報告し、過去5取引日に起こった経済および行事予定のなかで関連がありそうなものも教えてくれる。

●**選択**　そのあと、イベントエッジは実際のイベントやトレンドの状況、季節性のなかから、その時点で最も重要なのがどれかを示したあと、マーケットヒストリーのデータベースを検索してくれる。ただ、株や証券が過去にどのような動きをしたかを調べるために、プログラミングの知識などは必要ない。つまり、何が正しくて、何が今必要かを調べ、次に何が起こりそうかということを過去のデータから探し出すという複雑な作業を、イベントエッジなら簡単に行うことができる。

●**発見**　イベントエッジのチャートは、過去のイベントに関して知る必要があることのすべてと、それがトレードできるエッジかどうかを示している。今、起こっているさまざまな出来事が、過去に何度起こったのか、それはブルだったのか、ベアだったのか、そのあとはどのような動きを見せたのか、パフォーマンスに共通する点はあるのか、エッジとして信頼できるのか、などということが素早く分かるようになっている。

イベントエッジも、これまで見てきたようなチャートから始まる。いつものように、「Data」（データ）タグをクリックして、チャートの基となるすべてのイベントのデータと統計を見る。そのほかに便利なのは「Bar Charts」（バーチャート）のタグで、ここではイベントごとの過去のチャートを見ることができる。そしてとどめは、過去にイベントの特定の組み合わせに意味があったかどうかを知るため、主要な銘柄のバスケット別（例えば、ダウ平均の30銘柄やナスダック100）にマーケット全体をスキャンする機能だ。このスキャンは自分

図3.19

Event Definitions	Dow30 Fri	S&P500 Fri	Nasdaq100 Fri	S&P400 Fri	S&P600 Fri	Russell1000 Fri
Up extra big		1	1	3	3	4
Up very big		8	2	14	10	26
Up big	4	69	10	49	55	148
Up	17	287	54	229	285	568
Unchanged from the previous day		9		4	19	16
Down	13	204	46	167	296	340
Down big	1	22	7	22	40	41
Down very big		4	1	3	4	7
Down extra big		1		1	1	1
Cross above upper bollinger band	1	22	5	21	22	52
Close above upper bollinger band	9	72	20	49	67	131
Close below lower bollinger band		3		9	11	6
Cross below lower bollinger band		2		5	5	4
High crosses above all-time high	1	13	5	13	16	27
High higher than all-time high	5	47	11	42	31	95

でデザインした「特注の」バスケットにかけると、そのグループにとって意味のあるイベントかどうかを調べることもできる。バスケットの内容は、現在自分や自分の顧客が保有している銘柄でもいいし、特定のセクター指数の銘柄を集めてもよい。

　イベントエッジの使い方には2通りある。1つ目は、マーケットやバスケットのスキャンを使って潜在利益の高いトレードチャンスを探していく。このための表は、マーケットヒストリーのホームページ左側にあるイベントエッジのリンクのなかから「Department」（投資対象分野）をクリックすると表示される。今回は、アメリカ株のバスケットを見ていこう（図3.19参照）。このサイトではアメリカ株をあらかじめダウ30種平均、S&P500、ナスダック100、中型株400種、小型株600種、ラッセル1000に分類している。これらを合わせれば、考慮すべき出来高の銘柄をすべてカバーしているうえ、何よりも大事なのは判断を下すための十分な過去の記録がそろっていることだ。

　この表は、画面上部の日付にリストされたイベント（ほかにも多数

図3.20

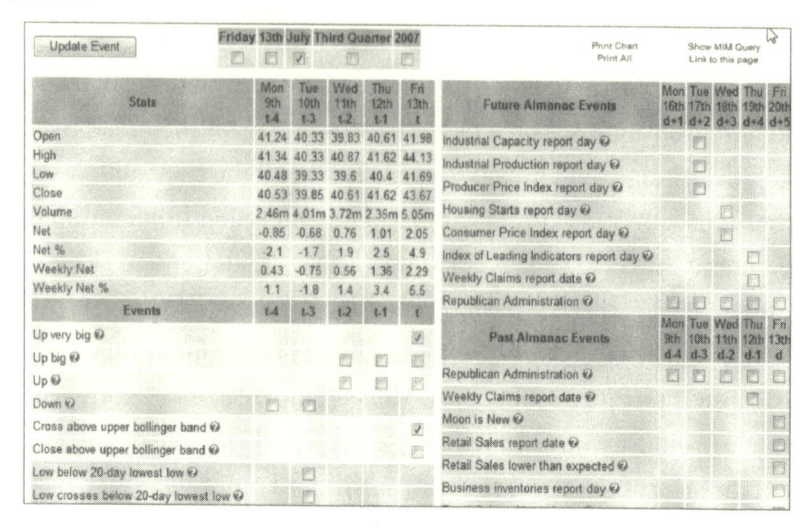

ある）が起こった銘柄の数を、マーケットごとに示している。イベントの行の数字をクリックすれば、直近のイベントにおける銘柄リストが表示される。今回は、S&P500の列の「Up very big」（大きく上昇）の行に表示された「8」をクリックして、マーケット全体はどちらかと言えば活気のない日に大きく上昇した銘柄を調べることにする。表示された画面には、S&P500銘柄で7月13日に上昇した住宅建設会社のセンテックス（CTX）、KBホーム（KBH）、レナー（LEN）や、公共事業のダイネシー（DYN）、給与支払い事務代行サービスのペイチェックス（PAYX）などがリストされていた。

　ここは住宅建設をさらに調べるべきだろう。低パフォーマンスの業界で、同じ日に3社も上昇しているのは興味深い。この大きな上げは、さらなる上昇の始まりを示すシグナルなのだろうか。それを調べるために、イベントエッジはセンテックス用の**図3.20**の画面を用意して

いる。この画面には、該当する銘柄にかかわる過去５日間のテクニカルと予定イベント150以上に加え、この銘柄に関して考慮すべき要素も150以上掲載されている。例えば、センテックスに関しては、米商務省が公表している住宅着工件数が３日後に発表になるとか、この日の主要な小売売上高の数字が期待を上回ったとか、S&P500が３日連続で大きく下げているとか、その日は石油価格が大きく上げたとか、７月の13日目で新月などということが書かれている。各イベントの横にある５つの列は、画面上部に表示されている日付の４日前から当日（一番左の「ｔ－４」から一番右の「ｔ」）までの５日間の流れを示している。

　この銘柄の今後の可能性を調べるため、関連があると思うボックスをクリックして絞り込んでいくが、できればイベントの数は８つ程度までにするとよい。チェックが終わったら「Update Event」（イベント更新）をクリックして、指定した状況における過去のパフォーマンスを見る。テクニカルイベントの多くは繰り返して起こり、例えばある銘柄が20日移動平均線を上回っていれば、おそらく今回も50日移動平均線を上回ると同時に、ボリンジャーバンドの上限にも近づいているのだろう。この作業は経験を積めば組み合わせの効果が分かってきて、質問を絞り込むのがうまくなるため、最低限の数でトレード可能なエッジがあるかどうかを見極めるイベントプロファイルが作れるようになる。

　イベントの更新をクリックすると、前にも見たような自動言語の文章付きチャートが表示され、いつものようにさらに調べるためのデータ表も用意されている。今回はセンテックスが７月に大きく上昇し、ボリンジャーバンドの上限を上抜けるとどうなるかを調べてみよう。ボリンジャーバンドの上限を超えるのは短期的な「買われ過ぎ」なので、テクニカル的に見れば短期のベアという解釈になる。これについてイベントエッジは、センテックスがこの状況になったときは８

図3.21

回中8回とも下げ、次の13日間の下げ幅は平均7.3％の非常にベアなエッジだとしている。それぞれの状況におけるセンテックスのチャートを見るには「Bar Chart」（バーチャート）のタグをクリックして（図3.21参照）から、チャート下のドロップダウンメニューで日付を選ぶ。今回のケースによく似ている6年前の2001年7月18日を見ると、当時もその直後に13日間で7.3％も下落したことが分かった。もう気づいたと思うが、これは途方もなく強力な情報であり、毎日、より多くのトレードを自信を持って行う手助けをしてくれる（結局、センテックスは次の13日間に16％下落し、2007年8月1日に下げ止まった）。

最も一般的で便利な絞り込みは、注目している銘柄が上昇トレンドにあるのか、それとも下降トレンドにあるのかということで、これは

50日と200日の移動平均線を上回っているか（あるいは下回っているか）どうかをチェックすれば分かる。特定の銘柄（あるいは指数）が過去15年間、特定の日以降1カ月間ベアになっていたとしても、今年はその日が確立した上昇トレンドの途中にあるのなら、予測はまったく変わってしまうかもしれない。

　このツールの威力が分かると、次はこれを表示されているスキャン以外に、株や指数やETFや先物でも利用できないかと思うに違いない。もちろん、答えはイエスだ。もし特定の証券や指数に関するイベントエッジのレポートを見たければ、マーケットヒストリーのサイト上部にある検索ボックスにシンボルを入力し、ドロップダウンメニューでイベントエッジを選択して「Go」をクリックすると、その金融商品のイベントエッジレポートが表示される。これまでのところ、まだイベントを指定していないので、ここでは単純に該当日以降の日付の過去のパフォーマンスを季節性という視点で示したチャートが表示される。ここから絞り込んで、デイリートレードの対象になるかどうかを判断してほしい。例えば、先に調べたテレダインのシンボルを入力して、現在もこれが適切なトレード対象かどうかを判断するために、追加情報がないかを確認してみよう。まずは2007年7月16日に、TDYとインプットしたあと、季節性の検索として3日前と4日前に下げたケースに絞り込むようボックスにチェックすると、イベントエッジが過去に3回、この条件に見合うケースがあったことと、それぞれ42日間に20％上昇したことを教えてくれた。発生回数が少ないため、この情報だけでトレードすることはないが、現在この銘柄を調べていることが間違っていないという自信にはなる。

　以前に、イベントエッジを指数に対してだけでなく、特注のバスケットに組み込んだすべての銘柄に対しても使えると書いたことを思い出してほしい。これはマーケットヒストリーというサイトの持つものすごい機能だ。例えば、基本素材セクターのレラティブストレングス

図3.22

User Basket (2)	#		
Semis ETF	18	✎	✕
XLB Spdr	26	✎	✕
Add Basket or Subscriptions			

XLB Spdr
Analogs(An) - EarningsEdge(Ea) - SeasonalEdge(Se) - EventEdge(Ev) - Stories(St)

Ticker	Company	Analog	Earn	Season	Events	Stories
AA	Alcoa Inc.	2▲ 2▼	07/09 ■ ■	■	Ev	▼
APD	Air Products & Chemicals Inc.	1▲ 3▼	07/25 ■ ▲	■	Ev	
ASH	Ashland Inc.	3▲ 1▼	07/25 ■ ■	■	Ev	St
ATI	Allegheny Technologies		07/25 ▲ ■	■	Ev	
BLL	Ball Corporation	3▲ 0▼	07/26 ■ ■	▲	Ev	St
BMS	Bemis Co Inc		07/31 ■ ■	■	Ev	St
DOW	Dow Chemical Corp.		07/26 ■ ■	■	Ev	St
ECL	Ecolab Inc.		07/24 ■ ■	■	Ev	St
EMN	Eastman Chemical		07/26 ■ ■	■	Ev	▲
FCX	Freeport-McMoRan Copper & Gold I	2▲ 3▼	07/19 ■ ■	■	Ev	St
IFF	International Flavors & Fragranc	0▲ 1▼	08/07 ■ ■	■	Ev	
IP	International Paper	0▲ 1▼	08/02 ■ ■	■	Ev	St
MON	Monsanto Co.	2▲ 1▼	10/10 ▲ ■	Se	Ev	St

がマーケット全体よりも強いことが分かって興味を持ったとき、このなかで、季節性エッジや、収益エッジ、イベントエッジの観点からも今買う理由がある銘柄があるかどうかを知りたいとする。そこで、まずはバスケットを作る。マーケットヒストリーの画面左側の「My Baskets」（マイバスケット）をクリックし、次の画面で「Add Basket」（バスケットの追加）を選ぶとボックスが表示されるので、今回はS&P500の基本素材銘柄を集めた基本素材スパイダース（XLB SPDR）の銘柄をすべて入力する。銘柄のリストは第2章で紹介した「http://www.ETFInvestmentoutlook.com/」（ETFインベストメントアウトルック）で入手できる。入力が終わると、マイバスケットの画面は図3.22のようになる。

　この画面には、特注リストの銘柄に関する収益エッジ、季節性エッ

ジ、イベントエッジのすべてのデータが表示されている。そして、表上部の青いリンクをクリックすると、それに関するすべての情報が表示される。化学メーカーのモンサント（MON）の場合、12四半期、6四半期、10月というブルのエッジがあり、それが10月10日の決算発表日から30日間続くことになっているが、さらに季節性エッジをクリックすると、その時点において株価は過去6回中6回、30日間で平均7％上昇していて、時期的にブルであることが分かる。全体を考慮すると、これは現在良い買い候補であり、11月半ばまで保有してもよいし、11月限のコールオプションを使ってレバレッジを掛けてもよい（実際、モンサントは11月半ばまでに35％上昇した）。

ニトロ

　もうひとつ、マーケットヒストリーで知っておくべき機能がニトロだ。この名称（ニトログリセリンの略）と購読料の高さから分かるとおり、これはトレード武器のなかのスーパーチャージ版で、同サイトのこれ以外の素晴らしい機能がかすんで見えるほどの威力がある。ニトロの画面は、すべての銘柄（または指数、ETF、先物）や、主要な指数や特注バスケットの銘柄について、イベントエッジのデータのなかで、最も信頼できる予測だけを表示するようになっている。つまり、これはいつでも素早く最高のアイデアを探し出す助けとなる機能で、これを使えばスキャンの時間を節約してトレード準備により時間をかけることができる。

　2007年7月13日のニトロのメインページは「Edge Total」（エッジトータル）のスコア順に約500の銘柄をリストしていた。エッジトータルは最も強力で、最も安定感があり、最も信頼できるエッジの基準で、リストの銘柄は見てすぐ分かるような急騰などではなく、長い期間に起こった出来事を基にして選ばれている。われわれの関心

図3.23

EventEdge Nitro Scans

Ticker Symbol	Company Name	#	Z-Stat Index Peak	T-Score Index Peak	Edge Total	$ Volume Percentile	Event
CBG	CB Richard Ellis Group Inc.	8	3.5	9.9	600	96	AllTimeHighCross, Friday
ENR	Energizer Holdings Inc.	8	3.2	8.7	569	95	UnusualVolGain, AboveSMA200
CBG	CB Richard Ellis Group Inc.	34	1.1	6.3	554	96	AllTimeHigh
CBG	CB Richard Ellis Group Inc.	31	1.1	6.3	496	96	AllTimeHighCross
CYT	Cytec Industries	17	1.3	5.4	491	87	AllTimeHigh, 3rd Quarter
CBG	CB Richard Ellis Group Inc.	8	2.3	6.6	444	96	AllTimeHigh, 3rd Quarter
CBG	CB Richard Ellis Group Inc.	8	2.3	6.6	444	96	AllTimeHighCross, 3rd Quarter
NIHD	NII Holdings Inc	8	2.1	5.9	441	96	AllTimeHigh, 3rd Quarter
FE	FirstEnergy Corp.	8	2.9	8.1	438	96	CrossAboveSMA100, Friday
MOV	Movado Group Inc.	21	1.2	5.7	431	71	CrossBelowSMA50, Friday
LBTYA	Liberty Global Inc. CL A	17	1.1	4.4	375	94	AllTimeHigh, AboveSMA200
NIHD	NII Holdings Inc	46	0.9	5.9	373	96	AllTimeHighCross
CBG	CB Richard Ellis Group Inc.	11	2.1	7	365	96	TrendDayUp, 3rd Quarter
SNDK	SanDisk Corporation	13	1.7	6.1	364	99	UpBigVL5day, AboveSMA200, Friday
SLB	Schlumberger Ltd	13	1.4	4.9	339	99	AllTimeHigh, AboveSMA200, July
SLB	Schlumberger Ltd	13	1.4	4.9	339	99	AllTimeHigh, July
CBG	CB Richard Ellis Group Inc.	21	1	4.6	316	96	AllTimeHigh, AboveSMA200

は、先物や指数やETFではなく、主に株式にあるため、ここは「U.S. Stocks」（アメリカ株）をクリックして、開いた画面の「Exchanges」（取引所）を選ぶ。すると、すべてのアメリカ株とそのニトロエッジが表示されるが、NYSE（ニューヨーク証券取引所）、ナスダック、アメックス（アメリカ株式取引所）などの上場銘柄だけを表示することもできる。

　2007年7月13日には、500銘柄以上がリストされていたが、エッジトータルのスコア順に並んだリスト（**図3.23**）の上位には、商業不動産のCBリチャード・エリス（CBG）が7回も登場し、南米のワイヤレス通信会社NIIホールディングス（NIHD）と石油サービス大手シュルンベルジェ（SLB）もそれぞれ2回登場している。そこで、良さそうに見えるこれらの銘柄をさらに調べるため、CBリチャード・エリスのなかで「#」（発生回数）が最多の34回の行（3行目）のシ

ンボルをクリックする。

　すると、もうおなじみのイベントエッジの画面が表示され、CBリチャード・エリスがそれまでの最高値を更新すれば、84％の確率で次の31日間に11％上昇することが分かる。トレンド指標の王様である史上最高値はトレンドやボリンジャーで確認する必要はない。その代わりに、シグナルを絞り込むため、S&P500とナスダックとダウ平均がすべて上昇し、債券が下がった日のCBリチャード・エリスの動きを見ておくことにする。結局、調べてみるとこの組み合わせは過去にあまりなかったが、結果はほぼ同じだった。これらのことをすべて考慮して、5カ月間の揉み合いから上昇を始めたCBリチャード・エリスは良いトレード候補と言える。

　この日は、NIIホールディングスのトレードも同じかそれ以上に良さそうに見えた。そこで、ニトロ画面の「AllTimeHighCross」（史上最高値を交差）をチェックすると、過去に46回起こっていることが分かった。イベントエッジはさらに、NIIホールディングスが史上最高値を更新したあとは、82％の確率でそのあと45日間に平均21％上昇していると教えてくれた。試しに、史上最高値の更新を7月だけに絞り込むと、過去4回はすべてうまくいき、46日で平均29％上昇していることが分かった。NIIホールディングスはそのほかの調べでもすべて非常にブルだという結果になり、南米株の人気が全体的に上がっているという事実と合わせて、トレードすべき銘柄だと思う。

　最後に、やはりニトロ上位に輝いたシュルンベルジェも見ておこう。イベントエッジを使って「AllTimeHigh」（史上最高値）、「AboveSMA200」（200日移動平均線超え）、7月、という3つの要素で絞り込むと、この状況では12回中12回、次の37日間で平均6.7％上昇していた。今回はこのシグナルの強さを確認するため、あと1つだけ条件を付け、ダウ平均がそれまでの3日間「大きく下落」した場合を調べてみる。すると、この条件でもシュルンベルジェは5回中5

図3.24　NIIホールディングス

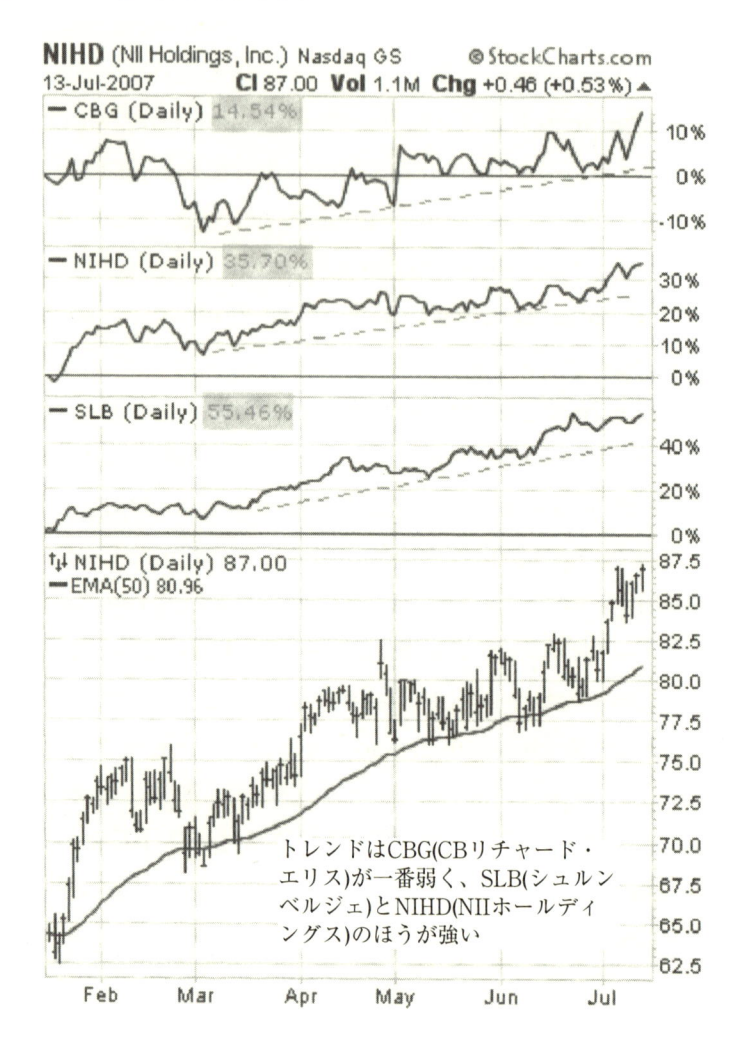

トレンドはCBG(CBリチャード・エリス)が一番弱く、SLB(シュルンベルジェ)とNIHD(NIIホールディングス)のほうが強い

回、次の28日間で平均6.6％上昇していることが分かった。このとき、データのタグを開けてみると、この5回とは1997年、1980年、1979年、1972年、1971年だったことが分かる。年代自体はさほど重要ではないが、この小さなサイトで処理されているデータの深みを分かってもらえただろうか。

それでは、この３銘柄からどれを選ぶべきなのだろうか。こんなときは「http://www.Stockcharts.com/」（ストックチャート）を使って３つを同じチャートに乗せ、過去６カ月のパフォーマンスを比較してみる（**図3.24**）。すると、過去が序幕となるのなら、NIIホールディングスが最も潜在リターンが高いように見える。デイリートレーダーにとって、これは迷うところだ。しかし、この時点でエネルギー銘柄の人気は不動産やテクノロジーをはるかに上回っているため、ここはシュルンベルジェを選択すべきだろう。そのうえ、このチャートではよく分からないが、シュルンベルジェはレラティブストレングスも３つのなかで最も高かった（結局、シュルンベルジェは３カ月後に23％上昇した一方で、NIIホールディングスとCBリチャード・エリスは下落した）。

　このツールに慣れるまでにはしばらく時間がかかる。しかし、マーケットヒストリーはさまざまな点で、十分強力なトレード候補を毎日提供してくれるため、ほかの、一見もっと魅力的だが裏づけのないポジションに惑わされないですむ。ただ、ほかにもまだ紹介したい手法がある。次は、普通とは違う数週間（あるいは数カ月）のトレードを毎日仕掛けていくためのいくつかの方法を見ていこう。

第4章

Wednesday

水曜日

スピンオフ、株式分割、破産株、IPO

　過去の記録に基づいて、事実と高勝率に裏付けられ、基礎がしっかりとした銘柄を買う方法が分かったあとはマーケットという名のカジノの別の階に移動して、いんちきサイコロの振り方を覚えよう。ここではマーケットの嫌われ者や、最も理解されず、無視されている孤児や誇大広告と期待にまみれた新生児、つまり分離独立（スピンオフ）、株式併合、人目をはばかる破産株、そして新しくスタートを切ったIPO（新規株式公開）などを見ていく。この世界には、未知で、疑わしく、無名だったり、悪名高かったり、なりたがり屋だったり、発展途上だったりする連中であふれているが、同時に隠れた才能や磨かれていない原石、宝探しの連中を煙にまくために意図的に失敗してみせる金持ちなども潜んでいる。ここでは「白衣を脱ぎ捨てて」ひねくれた投機というあいまいな領域に踏み込んでいこう。

　血統書も歴史も支持者もない株を調べたり買ったりすることのメリットは、ほとんどの投資家がこれらに将来などないと思っていることだ。しかし、このような意見の約4分の3は間違っている。筆者は、無限に上昇する可能性があるために期待値が0とされている株について熟考するのが好きでたまらない。ダメ25％ではなく良い75％をつ

かむ手法があれば、それは間違いなくトレード可能なエッジと言える。

そこで水曜日の午後は、いくつかのテクニカルとファンダメンタルズのルールに基づいて金とガラクタを見分ける方法を使い、この一見まともではない株を調べるのに使ってほしい。本章では、各分野の説明とそこに注目したり資金を投入したりするメリットについて述べていく。そのあと、実践編として最近の例を挙げ、それらを探し当てる方法を紹介する。幸運なことに、マーケットにはこれらの銘柄が毎月数多く登場しているため、調べる対象はいくらでもある。

スピンオフ

分離独立、またはスピンオフは、大手企業がある部門を独立させたほうが良いと判断したり、新しい税制や規則によって、ある部門を分離させたほうが財務上のメリットがあると考えたりした場合に行われる。典型的な例としては、かつて中小企業を買いあさっていた複合企業がすべての運営は難しいと判断した場合だろう。株価の低迷に悩む複合企業の多くは、規模を拡大して収益成長を加速させるために払った努力と犠牲を投資家は理解していないと文句を言い、CEO（最高経営責任者）も話のたびに自社の株価が正当に評価されていないと訴える。また、投資家に対しては各部門にこれこれの価格を付け、その合計に相乗効果をとなえるプレミアムを加えるよう懇願する。しかし、マーケットはそれには耳を貸さず、複合企業の株価はさらに低迷したり下落したりしていく。そして、ある時点で経営陣は、マッキンゼーなどのコンサルタント会社やゴールドマンサックスなどの投資銀行を雇い、本体の株価を上げるために過小評価されている小部門を切り離し、もっと洗練された分かりやすい企業に変えるための方策を立てるよう依頼する。しかし、切り離された会社のほうはどうなるのだろう。大企業にとって、昔のことなど関係ないし、分離して独立しているの

だから、あとは幸運を祈るだけ、というところだろう。

　これらのスピンオフ企業は、ほんのわずかな身の回りの品だけを持たされて、広く意地悪な世界に放り出された孤児のようなものだ。かつての親会社は、やる気のない幹部といくばくかの知的財産、ブランドネーム、建物くらいは付けてくれるかもしれないが、それと一緒に親会社が手放したい負債や最悪の不動産、もしかしたら長期にわたる集団訴訟などを背負わされている場合も多い。スピンオフ企業の書類を細かく調べていくと、これらが大企業の余剰人員やありきたりな製品や失敗戦略などのゴミ廃棄場になっているケースもよく見かける。結局、これはかつて経営陣が自慢した「素晴らしいアイデア」の死に場所でもある。

　そして、大部分の投資家が、このような企業の残骸に興味がないことは想像に難くない。典型的なスピンオフ企業と言えば、退屈な業種で、親会社が急成長するための核とはならないような部門だ。これを母船から切り離す方法として、数字しか見ない銀行員だけが喜ぶような割合（例えば、0.64対１）で分離する新会社の株を付与した親会社の新株を株主に送りつけることがよく行われる。また、この追い出しは式典などなしに行われることが多く、ほとんど注目されないプレスリリースと代理投票のあと、親会社の株主のポートフォリオにある日突然、新会社が現れる。そして、当然ながら株主の反応は「これはどうもありがとう」よりも、「いったいこれは何なのだ」のほうが多くなる。親会社の株を1000株保有している株主は127株とか482株といったランダムな数の割り当てを受けるが、投資家の多くは業界で端株と呼ばれるこのような株の保有を嫌う。特に放棄された金融のゴミとしか思えない銘柄ならなおさらで、結局、割り当てを受けても最初の２カ月くらいで売却してしまう。

　新会社に関心がない株主による考えのない売りは、新株にとってかなりの圧力となることが多く、最初の２〜３週間（あるいは２〜３カ

月）は株価が下げたり横ばいに推移したりする。証券業界がこれらの株の販売活動を行うこともほとんどない。機関投資家に対する販売説明会もなければ、リサーチ部門から「強い買い推奨」が出ることもなく、テレビの金融番組でポートフォリオマネジャーが人気をあおるような発言をすることもない。結局、これらの会社は、マーケティングコンサルタントと商標代理人だけが気に入るような「コビディエン」とか「アイデアーク」などという名前をでっち上げられ、マーケットという地獄で命綱も道筋もなしに、ただあてもなくさまようだけの存在となる。

　ただ、これが100％そうなるわけではないことに、そろそろ気づいただろうか。最初に最悪のケースを話したのはウォール街にスピンオフ企業に熱中して、価値ある会社を探すために長時間を費やしている連中が実際にいるからだ。実は、筆者は読者にもそうなることを勧めている。ここは筆者を信じてほしい。多くの分離独立企業は外見は質素だが、実際には素晴らしいのに正当に評価されていない資産を持っていたり、寛大だったり、ケンカ腰だったり、これから結果を出そうとしているなど、驚くべき企業もある。株を安値で売ってしまう普通の投資家と同様、大手企業は自分が転換しようともがいているなかで、不要部門には嫌気が差していることが多い。しかし、親会社が船外に放り出した幹部が実は新会社の操縦に非常にたけていて、マーケットが投げかけてくる障害をうまくすり抜けられることが判明するケースもよくある。彼らの多くは報酬と持ち株オプションに強く刺激されて、新会社の株価を素早く正しい方向に向けるよう努力する。新しい幹部のなかには独立した部門の責任者だった人もいて、古新聞のように捨てたことを親会社に後悔させようと張り切っている場合などもある。

　スピンオフ企業の勝算は低く見えるが、実は元親会社やマーケット全般を上回る傾向があることは多くの学術的研究によって明らかになっている。ペンシルベニア州立大学の３人の教授が行った25年間にわ

たる独創的な研究によると、スピンオフ企業の最初の3年間のパフォーマンスはS&P500指数を年10％も上回っているという。また、マッキンゼーが1999年に発表したレポートも、やはり親会社の年間売上高が2億ドルを超えるスピンオフ企業のパフォーマンスはマーケットを大きく上回っていると記している（『ザ・マッキンゼークオーターリー』1999年第1号、パトリシア・L・アンスリンガー、スティーブン・J・クリッパー、ソム・スブラマニアムによる「別れることはいいことだ」、http://www.kellogg.northwestern.edu/faculty/thompsnt/htm/emp-corp-restruc/brup99.pdf）。ほかにも、1988～1998年に独立した企業のリターンは27％で、マーケット全体の17％を上回っていたという研究などがある。投資先を探す独立した投資家にとって、スピンオフ企業の株にアプローチするときの最大の武器が忍耐であることは間違いない。これらの企業が表面的にどれほど魅力的に見えても、トレーディングのリズムがつくまで2～3週間は待ってほしい。これらの端株の動向と投資家のセンチメントの衰退がひと通り終わるまで買いは控えるべきだ。そして、タイミングが整ったときに急襲する。ときには、巣を離れてすぐ獲物を見つけたタカのように、飛びかかりたくなることもあるかもしれないし、そういう例もいくつか紹介していく。それでもやはり、忍耐こそが貴重なときも多い。それでは現実の世界で起こった例をいくつか見ていくことにしよう。

アイデアーク

1990年末のドットコム革命はテレコム株の将来がすべてで、これらの会社は株価がいずれ太陽や月ほどまで上がると約束した。しかし、もちろん破綻が訪れ、何百というロケットはみんな地球に逆戻りして地上にたたきつけられた。大手テレコム会社も、弱小の同業者と同じようにいったん上昇してから下落し、2005年末にはベビーベル（ベ

ルが分割してできた地域電話会社）などが集まってできたベライゾン（VZ）も史上最安値に近い25ドルまで落ち込んだ。経営陣が提示するかつてもてはやされたアイデアも今ではぱっとせず、同社は大量にある退屈な部門のなかから売却できるものがないかを考え始めた。このなかで、条件にぴったりと合ったのが、ベライゾンの顧客向けに電話帳を作っていた会社だった。電話番号を記した大きくてぶ厚い本を1軒ずつ配って歩く以上に、このデジタル化時代にそぐわない事業があるだろうか。すべての書類が整い、この部門はアイデアーク（IAR）というおかしな名前とともに新しい株式会社として切り離され、ベライゾンの株主には20株に対して1株が割り当てられた。つまり、ベライゾンの株を750株保有していた人は、2006年11月半ばによく分からないままアイデアークを37株保有する株主にもなっていたのだ。

　図4.1が示すとおり、分離したときの株価は20ドル半ばだったが、すぐにいったん上がりかけた。しかし、忍耐の効果が表れるのはこれからだ。アイデアークの株価は29ドルで反転すると、公開時の株価に戻り、26.50～27.50ドルの範囲に3週間とどまった。株価がこのように上下したり動かなくなって重要な水準にとどまっているときはマーケットの捕食者なら、襲いかかるタイミングかどうかを判断しなければならない。このケースでは、株価が26.25ドル周辺に6回達したことから、大手機関投資家がここを底と定めたことが分かる。あとから見れば違うかもしれないが、このようなポジションを建てると決めたときはリスクの大きい対象に通常配分する資金の半分か4分の1程度からスタートすればよい。

　次のステップは、終値がスピンオフ後の最高値を超えたところで残りの資金を投入する。この場合、29.25ドルが、端株の売りが終わって現在の保有者がみんな勝者になるポイントとなる。つまり、頭上の抵抗線がなくなり、ずっと負けていて売却のチャンスを狙っていた連中もいなくなった。ここからスピンオフ企業やIPOのモーターが本格

図4.1 アイデアーク

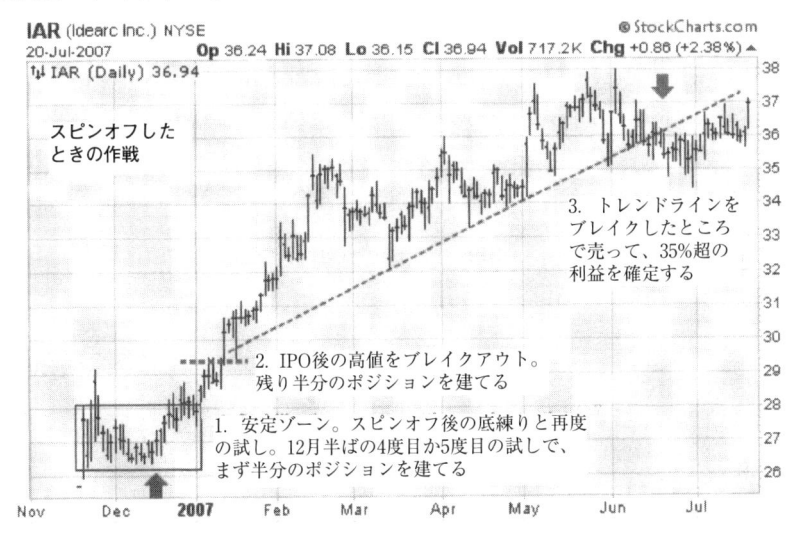

(図中の注釈)
- スピンオフしたときの作戦
- 1. 安定ゾーン。スピンオフ後の底練りと再度の試し。12月半ばの4度目か5度目の試しで、まず半分のポジションを建てる
- 2. IPO後の高値をブレイクアウト。残り半分のポジションを建てる
- 3. トレンドラインをブレイクしたところで売って、35％超の利益を確定する

的に動き始め、最大の株価上昇チャンスが訪れることが多い。IARも、1カ月で29ドルから35ドルまで21％上昇した。スピンオフ企業は上昇し始めるとたいていはかなりの持久力があるため、売る心配はあまりしなくてよい。今回のケースではトレンドラインのブレイクか（図4.1）、それとほぼ同時期の13－34日MACDの0ラインを下回るまで待ってよいだろう。いずれにしても、この一見退屈な企業が、短期間で大きな利益をもたらしてくれた。

ジェンワース・ファイナンシャル

2003年、金融と工業のコングロマリットであるゼネラル・エレクトリック（GE）は低迷する株価と混乱する財務構造への対策を迫られていた。株価は高値から40％も下げ、5年前から同じ水準をだらだ

らとさまよっていた。新しくCEO（最高経営責任者）に就任したジェフ・イメルトは金融エンジニアと相談して、同社の生命保険と抵当保険の事業の30％をジェンワース・ファイナンシャル（GNW）という新会社として独立させる計画を立てた。98億ドルの価値を有する新会社は1500万人の顧客と1000億ドルの資産、そして9億3500万ドルの年間利益でスタートすることになっていたが、もっと重要なのはこの売却でゼネラル・エレクトリックが33億ドルを調達し、親会社の負債を劇的に削減できることだった。当時のビジネス・ウィーク誌は、このスピンオフについて「今年最大かつ最速の株取引のひとつ」と称し、投資家はなぜこの事業が「ゼネラル・エレクトリックファミリーから追い出されたのか」いぶかっていると書いている。同誌の観測によれば、この事業は保険会社としては堅調なパフォーマンスを上げていたが、ゼネラル・エレクトリックの基準には満たなかったため、新CEOは調達した資金をもっと魅力的で急成長が見込める風力発電、医療技術、商業金融の運営などに投じたいと考えているということだった。

これはかなり典型的なスピンオフで、コングロマリットから退屈だと思われた事業が追い出されても、それはファンダメンタルズ的な理由からではなく、新しいCEOの戦略を実行する過程で分離されただけだ。ジェンワースが売却されたのは2004年5月24日で、株価はすぐ3％下落した。http://www.IPOfinancial.com/ （IPOファイナンシャル）のアナリストを務めるデビッド・メンロウが、当時のセンチメントを完璧にとらえ、「ゼネラル・エレクトリックがいらないものを、ほかのだれが興奮して買うというのか」と語っている。

そのあとはどうなったのだろう。結局、最初の下落が次の3年間の安値となった。株価はボックス圏を抜けて急騰し、それから2年間はほとんど止まらず、最終的に90％も上昇した。ちなみに、同じ期間の金融セクター・スパイダース（XLF）の上昇率は40％、S&P500とGE本体の伸びは35％だった。ジェンワースを取り巻くマイナスのセンチ

第4章　水曜日

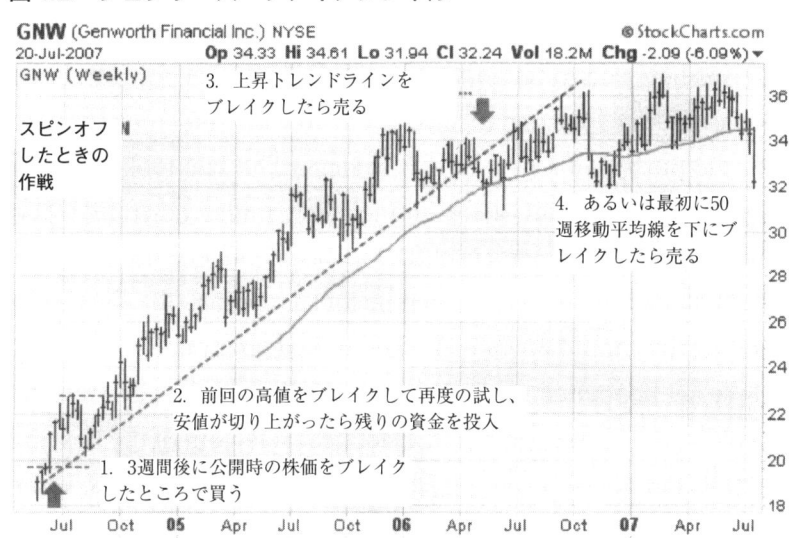

図4.2　ジェンワース・ファイナンシャル

GNW (Genworth Financial Inc.) NYSE　© StockCharts.com
20-Jul-2007　Op 34.33 Hi 34.61 Lo 31.94 Cl 32.24 Vol 18.2M Chg -2.09 (-6.09%) ▼
GNW (Weekly)

スピンオフしたときの作戦

1. 3週間後に公開時の株価をブレイクしたところで買う
2. 前回の高値をブレイクして再度の試し、安値が切り上がったら残りの資金を投入
3. 上昇トレンドラインをブレイクしたら売る
4. あるいは最初に50週移動平均線を下にブレイクしたら売る

メントは、投資家にとっては大きなチャンスとなった。

　トレーダーの視点に立てば、この例はスピンオフ企業が公開から2週間後に最初の株価よりも高ければ、通常の半分の資金で買えという教えの好例となった。そのあと、一度大きく下げるのを待つが、これはたいてい1～3カ月のうちに起こる。通常、このときの安値は、公開時の株価よりは高く、そのあと再度上昇していく。残りの資金はこのブレイクアウトポイントで投入する。図4.2が示すとおり、ジェンワースのケースでは10月の23ドル近辺がこれに当たる。このポジションは、そこから上昇トレンドラインか重要な移動平均線を下回るまで保有してほしい。この指針に従えば、ジェンワースのトレードでは20ドルから34ドルまで、約70％の利益を得ることができたはずだ。

157

図4.3　コーチ

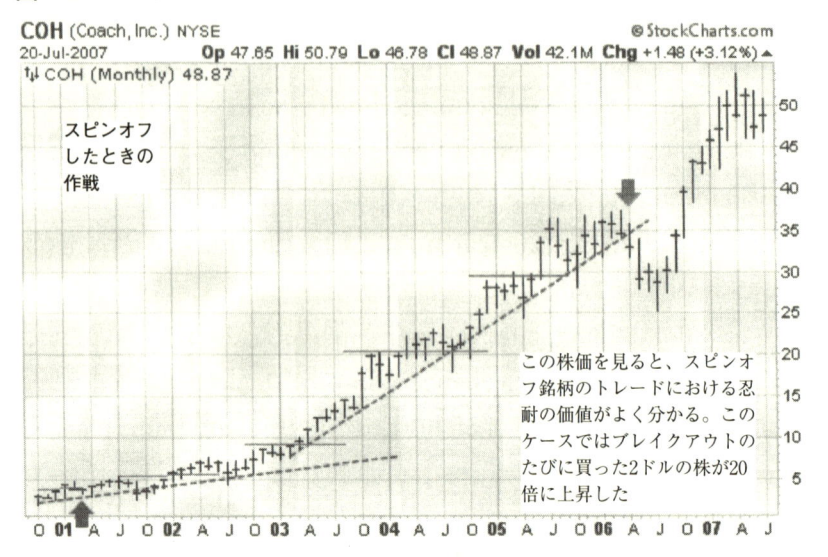

COH (Coach, Inc.) NYSE　　　　　　　　　　　　　　　　　　　　© StockCharts.com
20-Jul-2007　　Op 47.65 Hi 50.79 Lo 46.78 Cl 48.87 Vol 42.1M Chg +1.48 (+3.12%)▲
↑↓ COH (Monthly) 48.87

スピンオフ
したときの
作戦

この株価を見ると、スピンオフ銘柄のトレードにおける忍耐の価値がよく分かる。このケースではブレイクアウトのたびに買った2ドルの株が20倍に上昇した

コーチ

　2000年代のスピンオフについて語るとき、その王者とも言うべき高級革製品のコーチ（COH）が瀕死のコングロマリットだったサラ・リー（SLE）から分離独立したケースを避けて通るわけにはいかない。スピンオフ当事、サラ・リーは３年間で株価が50％以上下落するという苦しい時期の真っただ中で、株主は何らかの対策を迫っていた。レポーターに返答を迫られたCEOのヘンリー・シルバーマンは仕方なく、コーチのスピンオフがサラ・リーの「マーケットの理解と正当な評価を促すだろう」と述べた。結局、この発言はさほど影響がなかったサラ・リーの株価についてはさておき、コーチに関しては正しかった。2000年９月にコーチが独立して以来、2007年７月に至るまでこの銘柄は1900％というとてつもない上昇を記録し、かつての親会社の上

げ幅である14％やマーケット全体の１％を圧倒した。

　コーチは公開直後に2000年のベア相場の歯車となって下落したが、すぐに回復して10月末には公開株価を上回った。株価はそのあと高値と安値が切り上がるパターンを形成し、むやみにトレードしないで忍耐を貫いたスピンオフトレーダーにとっては、2006年半ばに上昇トレンドが崩壊するまでに最大で20倍の利益機会となった（**図4.3**参照）。このケースを見れば、スピンオフ銘柄がどれほどの潜在力を秘めているのかが分かるだろう。７年間で1900％のリターンを上げる銘柄はあまりないが、大衆のマイナスセンチメントと成長志向の経営陣とマーケットのチャンスがうまくかみ合えば、可能性はいくらでもある。

アメリプライズ・ファイナンシャル

　ジェンワースのスピンオフが成功したあとは、ほかの金融コングロマリットが同様のことをしたら大歓迎されると思うだろうが、実はそうでもなかった。アメリカン・エキスプレス（AXP）がミネソタ州でクレジットカードを中心とした仲介サービス会社を放出しようとしたとき、マーケットはそろって大きなあくびをした。ジェンワースと同様、アメリプライズ（AMP）もそれ自体が１万2000人の金融アドバイザーを抱えて4000億ドル以上を運用する大企業だった。ただ、事業規模は大きくても、リターンが親会社の期待に沿っていなかったため、アメリカン・エキスプレスは2005年９月30日に１株残らずすべて手放した。

　ここまで読めば、おそらく次の展開は想像がつくだろう。ほとんど宣伝もされない新株が５対１の割合で割り当てられたアメリカン・エキスプレスの株主たちはすぐにこれを売り払ってしまった。株価は１カ月もたたないうちに37.50ドルから32ドルに下落して険悪なムードになりかけたが、そこから株価は安定し、上がり始めた。**図4.4**が示

図4.4　アメリプライズ・ファイナンシャル

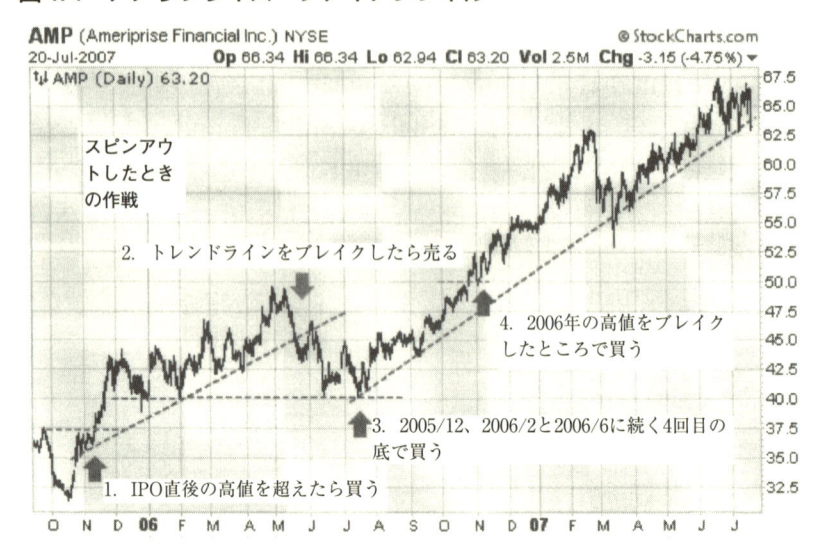

（チャート内注記）
スピンアウトしたときの作戦
1. IPO直後の高値を超えたら買う
2. トレンドラインをブレイクしたら売る
3. 2005/12、2006/2と2006/6に続く4回目の底で買う
4. 2006年の高値をブレイクしたところで買う

すとおり、安心して買えるようになったのは37.75ドルでIPO価格を超えた11月だった。そのあとはボラティリティも高くなく、2006年5月に45ドル周辺で上昇トレンドラインをブレイクするまでどんどん上昇していった。この最初の進撃による利益は19％だった。

　2～3カ月が経過し、2006年夏半ばにマーケット全体が安定してきたころ、40ドル周辺で明らかに安定傾向にあったアメリプライズ・ファイナンシャル（AMP）は再び買いのチャンスを迎えていた。この水準は、この年の2月と2005年末に大手機関投資家が支持線を形成したところだ。これ以降、株価は2007年7月の65ドル周辺まで安定的に上昇し、含み益は63％に達した。このケースからも、素晴らしいリターンを上げるのが、さしたる天才でなくとも可能だということは分かるだろう。ただ一時期、抜け目なく、大胆に大衆の逆を行き、あとはスピンオフ株の価値を信じて何回かボラティリティの高い時期に見舞われても保有し続けることさえできればよい。

チポトレ・メキシカン・グリル

　レストランが株式を公開しても失望する結果に終わるケースが多く、素晴らしい成功を収めるのはほんの一握りしかない。マクドナルド（MCD）、スターバックス（SBUX）、ヤム！ブランズ（YUM）、ペネラ・ブレッド（PNRA）、ブリンカー・インターナショナル（EAT）以降、あとが続かないのだ。成功するためには新しいチェーンの概念に加えて、投資家の注意を引きつける何か驚きを秘めた特製ソースが必要となる。

　チポトレ・メキシカン・グリル（CMG）は、ミッションディストリクトにあるタケリア（タコスやブリトーのメキシコ料理専門店）の名物料理に魅了されたサンフランシスコの若いシェフが考案した料理で、自然放牧で取れた肉や有機レタス、豆、チーズ、サワークリーム、サルサなどを33センチのトルティアで巻いたブリトーをアルミホイルで包んだものだ。創設者でCEOのスティーブ・エリスは1993年にサンフランシスコの1号店を出店し、1997年にチェーン拡大したときは一部マクドナルドの出資を受けた。1999年になると、マクドナルドが出資比率を上げて支配株主になり、2005年には500店近い直営店を擁するようになった人気「カジュアルファストフード」チェーンの92％を保有するまでになった。そのころ、マクドナルドは自社の拡大のために現金を必要としており、チポトレを別会社として独立させることに決めた。当初の計画では630万株を15.50～17.50ドルで売却する予定だったが、予想を上回る人気で、2006年1月23日に公開したときの株価は22ドルになっていた。そして、初日に株価は2倍になったが、話はここで終わらない。

　このIPOは最初に大きく上昇したあと、2～3カ月は横ばいに推移したが、次の1年半は150％上昇して、その間に最低6回の仕掛けポイントがあった。**図4.5**が示すように、まずは2006年3月初めと、

図4.5　チポトレ・メキシカン・グリル

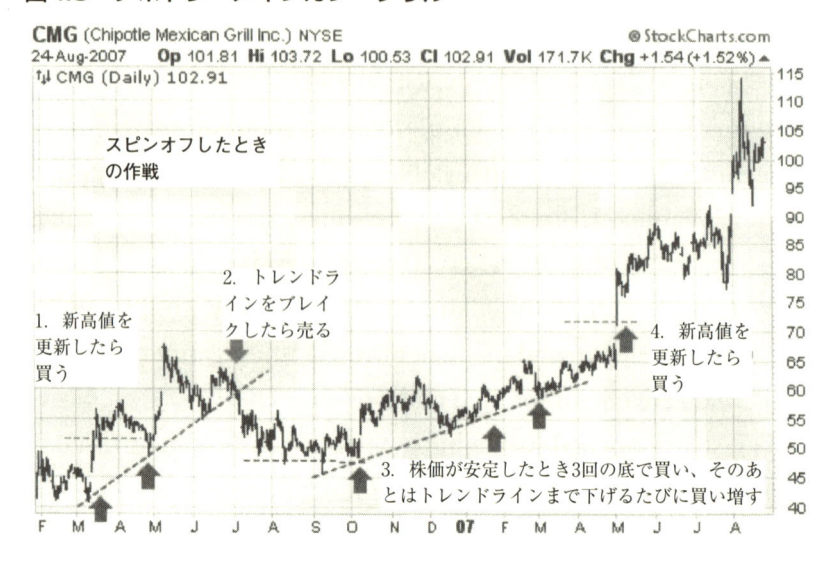

スピンオフしたときの作戦

1. 新高値を更新したら買う
2. トレンドラインをブレイクしたら売る
3. 株価が安定したとき3回の底で買い、そのあとはトレンドラインまで下げるたびに買い増す
4. 新高値を更新したら買う

　2006年３月末のブレイクアウトと、2006年５月のブレイクアウトという３回の底が仕掛けポイントになっている。トレンドラインをブレイクして買った分は2006年７月に売ってもよかったが、10月に株価が安定すると、トレンドラインまで下げるたびにさらなる買いのチャンスが生まれた。そして、2007年５月の決算発表で同社の財務力の強さがウォール街にショックを与えると、株価は再び史上最高値を目指して上昇し、チャートが示すとおりこの時点での強力な買いシグナルを出した。当時はこのブレイクアウトの75ドルでも高く見えたが、12月には株価が135ドルを超えてしまった。

　2006年秋、マクドナルドが同社の株主にチポトレ株との交換を発表したことで、特別な買いのチャンスが訪れた。この取引は10月13日に免税スワップの形で完了し、マクドナルドがチポトレを完全に手放したこの瞬間が、チポトレ株の素晴らしい買い時となった。親会社が売

却することで、株が供給過剰になる心配がなくなったからだ。もちろん、チポトレが魅力的な立地で素早く高品質の食事を提供することや、高い資本収益率を生み出す事業構造といった企業としての驚異的な強さが成功の最大の要因であることは間違いない。われわれトレーダーは最初は信用されていなくても実は強力なIPOに賭け、機関投資家がゆっくりかつ確実に買い集めていく間に大きな利益を上げることを目指していく。

ヘインズブランズ

2000年のコーチのスピンオフで素晴らしい成功を収めた投資家たちは、サラ・リーに別のブランドも放出するよう懇願した。それに応えて、同社は2006年9月に人気ブランドのヘインズ、チャンピオン、プレイテックス、バリ、ベアリー・ゼア、ワンダーブラなどをまとめてヘインズブランズ（HBI）として独立させた。ノースカロライナ州ウィンストンセーラムに本社を置くこの会社には、男性用と女性用の下着、カジュアルウエア、スポーツウエアなどのデザインと製造に5万人の社員が携わっている。

株価はマーケットが強含むなかで、初日に6％と大きく上昇したあと何日か下げた。図4.6が示すように、アクティブトレーダーにとっては、10月半ばに株価が力強く上昇し、22.75ドルを超えて24.50で新高値を更新したときが最初の買いチャンスとなった。ここで株価は少し下げて22ドルを付けたが、最初のブレイクアウトである21ドルに置いた防御的ストップには達していない。そして、再び24.50ドルの水準まで2～3回上昇したあとは、25ドルをブレイクしたところが次の仕掛け（または買い増す）ポイントになった。株価はこのパターンをそのあと数回繰り返し、2007年4月まで続く上昇トレンドラインを形成していった。そしてこのトレンドラインをブレイクした5月に、こ

図4.6　ヘインズブランズ

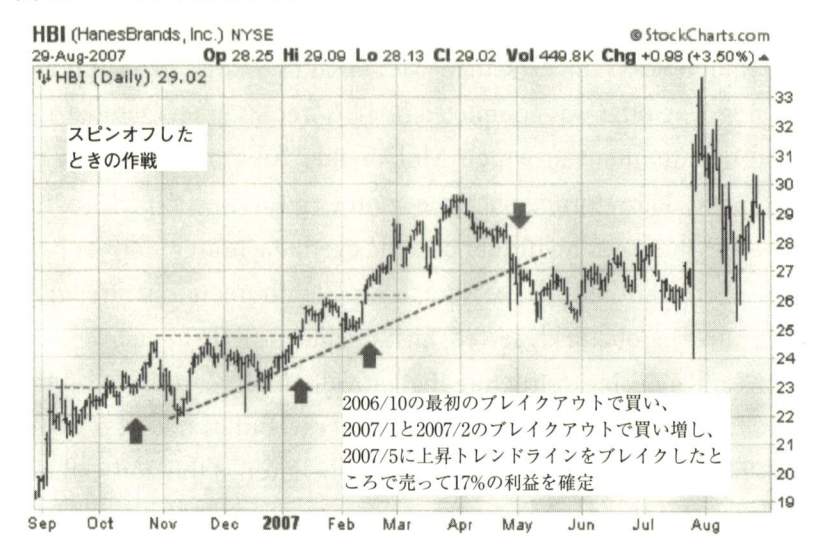

スピンオフしたときの作戦

2006/10の最初のブレイクアウトで買い、2007/1と2007/2のブレイクアウトで買い増し、2007/5に上昇トレンドラインをブレイクしたところで売って17%の利益を確定

のIPOのトレードは実質的に終わったが、最初の買値から見ると17%の利益になっていた。

　この期間のほぼすべてにおいて、ヘインズブランズの決算発表は明らかなマイナス材料だったが、投資家たちはあまり人気が出ないうちに、この銘柄を保有したがった。コーチの成功が強力な動機だったが、1社で多くのアパレルブランドを保有できることも魅力だった。2007年8月には新しい経営陣が次の2～3年で17%の成長率を達成するため、社内の立て直しに取りかかった。これは儲かりそうに見えなかったり、最初からリスクをとらなかったりしても、IPOで利益を上げられるという見本のようなケースになった。こういう銘柄は最初のいくつかのブレイクアウトで買って防御的ストップを置き、あとは懸念の壁に対抗しながら、知識に基づく買いの波に乗っていけばよい。

エンバーク

　2006年5月半ばに、スプリント・ネクステルが地域電話部門を2万人の社員とともにスピンオフしたエンバーク（EQ）は、非ベル系のテレコム会社として発足した。業界の観測筋は新会社の見通しを冷笑し、この事業は多くの競合企業の攻撃にさらされるだろうと予想した。ライバルのAT&Tやベライゾンが一部の市場で有線のビデオネットワークをサポートするための光ファイバーのインフラに多額の投資を行い、ワイヤレス通信が大流行するなかで、エンバークは将来の投資計画もない行き詰まった会社だとみなされていた。

　これは、機関投資家も個人投資家もチャンスだとは思っていなかった典型的な例と言える。この銘柄が公開されたのはマーケット全体も苦しい時期だっただけでなく、親会社の株主の多くが自分はワイヤレスの投資家だと思っていたからだ。彼らの多くは、一見成長の可能性がない地域電話会社への投資にはまったく関心がなかった。フォーブス誌は、1対20の配当でこの銘柄を受け取ったスプリント・ネクステルの株主に関する記事のなかで、「収益も加入者も減ると予想されている会社を保有したい人がいるだろうか」と書いている（http://www.forbes.com/2006/05/04/sprint-nextelembarq_cx_df_0505sprint.html、フォーブス誌、2006年5月5日、ダン・フロマー記者、『Can Embarq Take Off?』）。結果は予想どおりで、株主たちはこの銘柄が証券口座に入るのとほぼ同時に売り払ったため、株価はすぐに下落した。そのため、エンバーク株は、みんながまだその存在さえ知らないときに、すでに大幅にディスカウントされ、適正価格ではなくなっていた。

　ただ、新会社にとってプラス材料がひとつあった。スタンダード・アンド・プアーズが、S&P500の構成銘柄としてエンバークを採用し、アプライド・マイクロ・サーキットと入れ替えると発表したからだ。

図4.7　エンバーク

（チャート内の注記）
スピンオフしたときの作戦

IPO直後に下落したが、一連のブレイクアウトの最初で買えば35％以上の利益になった

　これで少なくとも一定の買い手は確保された。マーケットの見通しにかかわらず、インデックスファンドの保有を義務付けられているファンドの投資家たちだ。そのうえ、有線事業には驚くほどのキャッシュフローがあり、これが過去の事業だなどという考えは実はまったく間違っていた。

　図4.7が示すとおり、最初の売りが一段落すると、マーケット全体の回復とともにエンバークの株価も８月に跳ね上がって高値を付け、正当な評価も理解もされていないこの銘柄の、賢明な仕掛けポイントになった。そして次の年も、ブレイクアウトと新たな上昇トレンドラインまでの下げを繰り返しながら、新しいポジションを建てたり、買い増したりするチャンスが続いた。株価はトレンドラインを割り込んで決定的に下落したときでも、最初のブレイクアウトから見れば37％も上昇していた。

もうそろそろ分かったと思うが、スピンオフは本当に金融界のロドニー・デンジャーフィールド（癖のあるコメディアン）で、あまり尊敬されることのない株だ。しかし、尊敬されていないからこそ、テクニカルに徹してトレンドラインに達したり、ブレイクアウトで買えるリスク許容型のアクティブ投資家に適した環境を提供したりしてくれている。スピンオフには決まったスケジュールはないため、素早く情報を得るためには無料のグーグル・ニュース・アラートを設定しておくとよい（http://google.com/alerts、日本語版 http://www.google.com/alerts?hl=ja&gl=）。情報を受け取るには画面の「Search Terms」（検索用語）に「spin-off」（スピンオフ）、「Type」（タイプ）に「news」（ニュース）と入力し、「Frequency」（頻度）は「once a week」（1週間に一度）を選択したら、最後に電子メールのアドレスを入力する。こうしておけば、グーグルアラートから将来のスピンオフ事業に関するニュースが1週間に一度まとめて電子メールで送られてくる。次はこれらの銘柄の別の分野の例を見ていこう。

株式併合

　ある期間、株式会社に悪いことが続くと、それが戦略的判断の間違いでも、業界全体に対する嫌悪感でも、株価はかなり安くなることがある。ドットコム銘柄が崩壊して底を打った2000～2002年には、かつて100ドル以上だった株が5ドルや1ドルまで落ち込むことも珍しくなかった。
　もちろん、株価がこれほど落ち込むことは大株主にとって困惑することだが、実はこれには投資的に重要な意味がある。たとえ企業の業績が改善しても、やっと新製品が完成しても、長年かかった契約がまとまっても、一度5ドル未満まで下がった株を買ってもらうのは難しい。実際、多くの投資信託では投資契約書のなかで、5ドル未満の株

の保有を除外すると規定している。5ドルや、ひどいものでは3ドル未満という株はいわば緋文字（過去の過ちの烙印）なのだ。このような銘柄について、関心を持ってリサーチを提供してくれるブローカーを見つけるのも、テレビの金融番組で最近の進展を紹介してもらうのも、大手機関投資家に流動性が高まるくらい保有してもらうのも極めて難しい。もし企業が真剣に再び投資家に好意的に受け入れてもらうことを考えているのなら、超安値は絶対に克服すべき障害と言える。

それでは、8四半期連続で1株当たり利益を50％増加させる（実際、これには時間もかかる）以外に、どうすれば株価を上げられるのだろうか。答えは、株式併合という小技だ。これは、成功した企業が高くなった株を半分に分割して発行済株数を2倍にする株式分割と基本的には同じだが、やることはその逆で、発行済株数を減らすことによって、株価を上げる効果が得られる。通常の分割は2対1または3対2の比率で行われるが、株式併合の場合はそれよりもずっと大きい1対10や1対20といった比率で行われることが多い。ただ、これをしても、企業の時価総額は変わらず、株数と株価だけが変わる。

株式併合は、企業が何も変わっていないのに、株価をより価値があるよう見せかけるための言い訳だということを投資家は知っているため、典型的な悪いサインと考えられている。また、株式併合が上場廃止を避けるための手段であることも知っているため、これらの銘柄には近づかないようにすることが多い。

しかし結局、現実はもっと複雑で、株式併合が実施されるまでには、企業が自社の運命を好転させる手立てを見つけだしていることも多い。また、まったく新しい事業戦略や製品ラインや新しい経営陣や企業のライフサイクルにとって重要な出来事などと同じタイミングで実施される場合もある。このような変化はときにはまったくのインチキもあるが、非常に前向きなケースもある。企業や株価が最高に悲観的な時点で、株式併合と同時に、純粋に収益や利益やキャッシュフローを増

やす新しい挑戦を始めようとしている場合もあるのだ。つまり、株式併合は、外部者がこれをまったくの毒だと思っているかどうかを知るための指標になることもある一方で、インサイダーや熟練の独立系リサーチャー、バリュー株中心の逆張り投資家などはこれを「今すぐ買え」という巨大なネオンだと判断するのかもしれない。

株式併合を前向きに考える理由を、あといくつか挙げておこう。

- **1株当たり利益（EPS）が大きく増える**　株式併合が行われると、発行済株数は明らかに減るため、1株の収益力が大幅に上昇したように見えることがある。例えば、収益が10％上昇したときに1対2の株式併合を行って株数が50％減れば、報告EPSは＋20％と魔法のように2倍になる。
- **端株が生む誤解**　前述のとおり、株式併合になると株主の多くが端株のポジションを抱えることになる。例えば、300株保有している銘柄が1対7の株式併合を実施すると、持ち株は42.8株という半端な株数に変わる。しかし、端株はあまり好まれないため、多くの株主がすぐにこのポジションを売ってしまう。そこで、株式併合した銘柄は、実施直後に短期間だけファンダメンタルズとは関係なく弱含む。
- **株価動向が活発になる**　発行済株数が減ると、株価は上がりやすい。例えば、マイクロソフトは100億株以上発行されているため、1ドル以上動くことは最近ではめったにない。針を揺らすためには、大量の買いが必要だからだ。反対に、500～1000万株しか発行されていない銘柄なら、株価も簡単に動かせるため、ボラティリティを利用して利益を上げるチャンスも大幅に増える。

株式併合を行った企業に本当に強さがあるかどうかを見極めるためのファンダメンタルズについて、ここで細かく述べるつもりはない。

われわれトレーダーは、すべては株価の動きに表れていると考えるからだ。それではいくつか具体例を見ていこう。

エイビス・バジェット・グループ

1990年代半ばの大相場のひとつが、消費者サービスのトップブランドをいくつも抱えるコングロマリットのセンダントだった。この会社は、20年の歴史を持つダイレクトメールとタイアップ販売のCUCインターナショナルとアメリカ最大のホテルフランチャイズや不動産ブローカーを傘下に持つホスピタリティ・フランチャイズ・システムズが合併して誕生した。経営陣はさまざまな部署を組み合わせて相乗効果が生まれる新しいタイプの複合企業を作り出したと絶賛され、株価もインターネット時代のスター銘柄だったヤフー！やアマゾン・ドット・コムが登場したときと同じくらいの人気が出た。しかし、災難が襲った。主要部門のCUCインターナショナルが不正会計で告発されたことで会社全体が影響を受け、時価総額が100億ドル以上下落したのだ。そして、やっと立ち直りかけた2001年、今度は９月11日の同時多発テロで旅行業界が不況に襲われ、2003年にはマーケットとともに回復したものの、２～３年間は狭いレンジで株価がほとんど動かない状態が続いた。

経営陣は何か劇的なことをして運勢を変えなければならないという結論に達し、投資銀行に相談した。そこで出たのが、主要部門である旅行、ホテル、不動産をそれぞれ独立させ、レンタカーのエイビスとバジェットだけを残すというスピンオフだった。そして、仕上げに残った本体をエイビス・バジェット・グループ（CAR）と社名変更し、１対20の株式併合で化粧をほどこしたうえで、新会社はキャッシュフローに集中的に取り組むと宣伝するという計画だった。

スピンオフと社名変更が2006年９月６日に行われ、**図4.8**が示すと

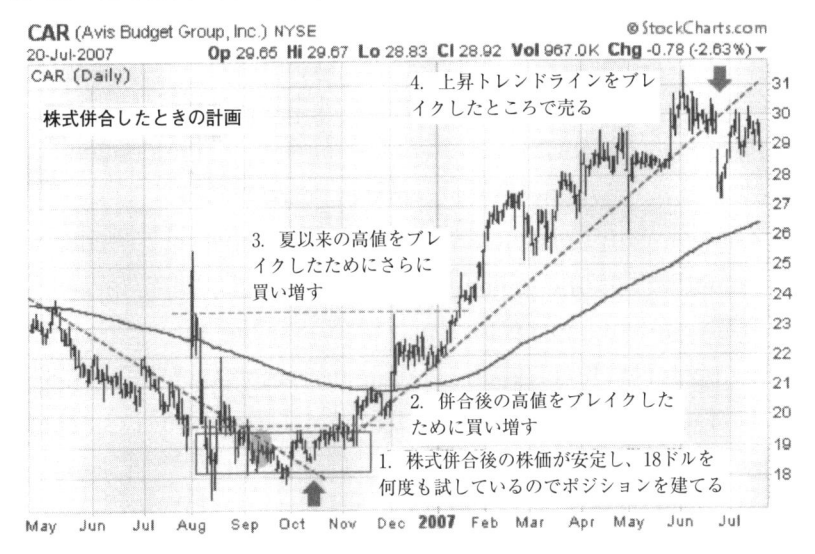

図4.8　エイビス・バジェット・グループ

おり株価は安定してきた。株価は何度か18ドルまで下げたが、そのたびに春から続いている下降トレンドラインまで上昇しているため、ここでポジションを建てるべきだろう。複数年にわたる安値で買うリスクはあるが、株式併合のあとで株価は安定し始めているし、これが良い環境下のプラス材料であることは分かっている。そして、11月に併合後の高値をブレイクすると、新しく買い増すチャンスが生まれた。2007年1月に夏の高値を超えたときも、やはり買い増すと良かった。そして最後に、6カ月後の6月に株価が上昇トレンドラインを下回ったところで売って利益を確定するシグナルが出た。このときの株式併合がもたらした価格動向は40～55％で、株価は約19ドルから約30ドルに上昇した。これは、自動車事故のようにほとんどの投資家が避けたいリスクをとったトレードとしてはなかなかの利益だと言える。

フォスター・ウイーラー

エンジニアリング会社のフォスター・ウイーラー（FWLT）は、1997年から2004年半ばにかけてアスベスト訴訟から信用危機まで財務上の苦難が続き、株価は99％近く下落した。一度は倒産の可能性もあった同社だが、石油とガスの巨大処理施設や天然ガスの液化プラント、発電所計画、化学工場建設など同社の技術力を必要とする需要が高まったことで危機を脱した。何度かの組織変更のあと、経営陣は1対20の株式併合を発表した。実施は2004年11月30日で、株価はその週の終わりには14ドルに急上昇した。これはそれまでの1ドル以下という水準と比較すると、ものすごく改善したことになる。

前述のとおり、株式併合の直後は端株が増え、大量の売りが出ることが多い。また、瀕死の企業の最後の手段だと見られることもあり、近づかないようにしている投資家も多くいる。しかし、実際には株式併合が長期間にわたる順調な組織変更の締めくくりと、株価の新時代を飾る場合も多い。フォスター・ウイーラーもまさにこのケースだった。株価はほんの数回息継ぎ程度の下げはあったが、2007年8月までに700％上昇した。

積極的なデイリートレーダーには、株式併合の魔力が有利に働いて力強く上昇する株に乗るチャンスが数多くある。**図4.9**を見ると、フォスター・ウイーラーが14ドル台に初めて登場したときが最初の売り騒ぎだったが、これはすぐに収拾し、その1カ月後に端株の売りが衰えると最初の仕掛けポイントが現れた。また、次の売りポイントは、良くも悪くもこのような銘柄の区切りとなることが多い75週（約1年半）移動平均線を上回ったところになる。そのあとはこの支持線まで押したり、株価回復後の高値をブレイクしたときに、新しく買ったり、買い増したりしていけばよい。この銘柄は短期間でヤギからヒーローに変身したが、その間、昔の投資家たちはずっと不満いっぱいで騒ぎ

図4.9　フォスター・ウイーラー

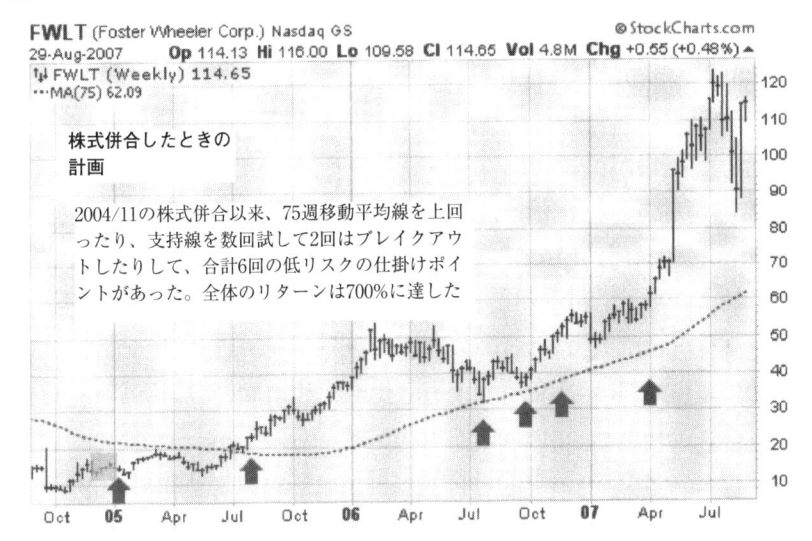

株式併合したときの計画

2004/11の株式併合以来、75週移動平均線を上回ったり、支持線を数回試して2回はブレイクアウトしたりして、合計6回の低リスクの仕掛けポイントがあった。全体のリターンは700%に達した

立てていた。

マイクロストラテジー

　異論も多いビジネスインテリジェンス・ソフトウエアメーカーのマイクロストラテジー（MSTR）も、1990年代末の株式公開から2000年半ばまでに、買いと空売りのトレードチャンスをたくさん提供してくれた。この会社はドットコム時代の初期に登場し、最初に高騰した銘柄のひとつだった。1998〜2000年にかけては売り上げと収益が「驚くべきペースで成長している」と伝えられ、株価は10倍近くに急騰した。しかし、2000年になると、マスコミが創設者でCEO（最高経営責任者）のマーク・セイラーに対して粉飾決算疑惑の追及を始め、3月に同社が利益の認識方法が積極的すぎたと認めたあと、株価は1日で61％下

落した。この銘柄はそのあとも下げ続け、結局、次の２年間で時価総額の98％を失った。

　ただ、ほかのドットコム企業と違い、マイクロストラテジーは本物の顧客が使うソフトウエアを実際に作成していた。同社のデータベースソフトは、企業が自社の事業を分析したり、観察したりするのに役立つ優れた製品だった。一連の修正や組織変更、そしてSEC（証券取引委員会）の査察問題が解決したあと、マイクロストラテジーは１対10の株式併合を発表し、2002年７月30日に実施した。もし株主に苦痛を与える冷酷な過去を持つ企業があるとしたら、マイクロストラテジーがそうだろう。つまり、株式併合の発表が必ずしも大成功につながったわけでないことは想像がつくと思う。最悪のベア相場を10年間も耐えてきたなかで、だれが48セントの株を買おうと言うだろうか。しかし、マイクロストラテジーは３四半期連続で黒字を記録し、その後の見通しも良さそうだった。実は、このひどいマーケットでファンダメンタルズを偽装しようとしたこともある嫌われた銘柄こそが、株式併合で成功する素晴らしいセットアップだったのだ。

　ほかの株式併合のケースと同様、マイクロストラテジーも結局はタイミングが素晴らしかった。併合が企業の成長見通しの本当の復活時期と重なり、2000年のベア相場の最後のあがきもあったが、マイクロストラテジーは併合後の4.50ドルレベルからすぐに上昇し始め、１年間で678％、４年半では2500％も上げたあと、2007年半ばに再び崩壊した。

　図4.10の週足チャートを見ると、2002年８月半ばに株価が長期の下降トレンドラインをブレイクし、これが「査察」銘柄の最初の仕掛けポイントとなった。ここではこのトレードに充てる予定資金のうち、10～25％程度を投入すればよいだろう。成功するトレーダーはこのようなトレードには検証を求め、最初の試しはそのあと９月の数週間にわたる下げが10月のプラスの「カギ」となる反転の週にあった。これ

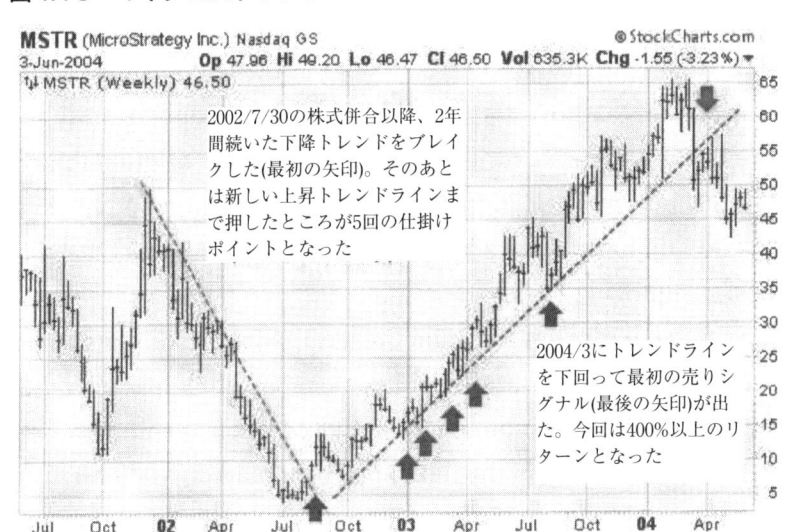

図4.10　マイクロストラテジー

2002/7/30の株式併合以降、2年間続いた下降トレンドをブレイクした(最初の矢印)。そのあとは新しい上昇トレンドラインまで押したところが5回の仕掛けポイントとなった

2004/3にトレンドラインを下回って最初の売りシグナル(最後の矢印)が出た。今回は400％以上のリターンとなった

は週の高値と安値が前週の高値と安値をそれぞれ上回るパターンで、さらに終値も前週を上回っていた。次の仕掛けポイントは10月半ばに株価が８月の高値を上回ったときで、そのあとは2003年の初めから新しい上昇トレンドに乗りながらも力強く上昇して、仕掛けポイントが続いた。

　ただし、ベア派はこの間ずっと、マイクロストラテジーがまた下落すると確信して、空売りしていた。そして、彼らが買い戻すたびに、それが上昇を後押しすることになった。新しい週足の上昇トレンドライン（点線）は、2004年３月まで破られることなく400％上昇した。そして、非常に割高になったあと、2004年半ばに再度崩壊したが、結局、この18カ月間は株式併合で成功する道のりとなった。この銘柄は、評論家には冷笑されたり、攻撃されたりしてきたが、これを支持する機関投資家たちの砲撃力のほうが明らかに上回っていたことは株価の

安定的な上昇を見れば分かる。

　もちろん、株式併合が常にうまくいくわけではないため、アクティブトレーダーでもやみくもに買ってはならない。まず、低位株はすべて避けるべきで、10ドル未満から始まる併合はやめておこう。また、株式併合が意図した効果を上げたかどうかを、テクニカルサインで確認する必要もある。仕掛けるのは下降トレンドのブレイクなど、これまで紹介してきた通常のシグナルのみに基づき、次に回復後の新高値や新しい上昇トレンドまでの押しなど、新しいシグナルで再確認する。そして、週足の上昇トレンドをはっきり割り込んだら売る。さらに、客観的な立場に徹し、すべてがうまくいくとは期待しないでほしいが、そのうえでそれぞれがトレード人生最大のトレードのつもりで取り組んでほしい。

倒産企業

　悪い呪縛にかかったような企業のなかでも、不運なビジネスプランや、戦略の失敗、ひどいタイミングなどから、企業にとっての死刑とも言える破産に陥る以上に悪いことはない。株式会社も人間と同じで、あらゆることをしてこの運命を避けようとする。しかし、ときには選択の余地がないこともある。通常、倒産は長く悲しい道のりの末に起こる。その間には、債権者が支払いを迫り、社員は失業の恐怖にやる気をなくし、顧客は納入されないことを恐れて撤退し、サプライヤーは未払いを恐れて関係を絶とうとする。

　そして、痛みが最高に達した時点で、企業は連邦破産法第7章を申請し、会社を清算して抹消するか、連邦破産法第11章の下で再生手続きをとる。前者の第7章の申請は、会社がすでに死に体ということなので興味はない。しかし、後者は違う。第11章は要するに執行猶予ということで、破産裁判所が選任した管財人が規定の方式に基づいて資

産を分配し、それ以外の債券や契約に関しては救済処置を講じて企業が再出発できるようにすることを意味している。多くの場合、株主の権利が最初に消滅する一方で、担保付きの債権や上位社債の保有者には１ドルにつき最大50セントまで返済される。この制度はひどい経営陣の悪行はほとんど追及しないなど、さまざまな意味で手ぬるいが、それは優れたロビイストを雇っているということでもある。

　弁護士と管財人が自分たちの資産を確保して、騒ぎも収まると、新しい事業体として倒産から立ち上がるための話し合いが始まる。通常、倒産前の株式は無効になるため、以前に持っていた株券はまったく価値がなくなり、再生後は新しい株式が発行される（古い債券は効力が続くことが多く、正しく処理すれば非常に価値があるが、これについては本書の範疇ではない）。企業はこの時点でプレスリリースを流し、新しい株式の取引開始日を発表する。筆者は、マーケットにこそこそと戻ってくるこれらの株を「スニーカー」と呼んでいる。

　倒産から立ち直った企業の最も良い点はかつて多くの株主を怒らせてしまったため、昔からの支持者には新しい見方ができないことだ。たとえ手に負えない人件費など、巨額に上る契約上の義務が署名ひとつで消滅していても、彼らの見方は変わらない。つまり、もともとのファン層自体が消滅してしまい、新しく発行された株をにらみつけるだけの存在になってしまうのだ。さらに、これが例えばテキサコのような巨大企業でもないかぎり、証券会社のアナリストが分析してくれるまでにもかなりの時間がかかる（テキサコはライバル２社の合併を阻止するために巨額の買収を試みて失敗し、1987年に破産法第11章を申請した）。要するに、かつて倒産した会社を主要な顧客に推奨したいブローカーなどほとんどいないということだ。これらの企業はまずは自立して、顧客とサプライヤーを確保し、四半期の結果を出さなければ、再びアナリストの分析対象にすらならない。

　そして、この見方は大部分において正しい。破産株の多くは二度目

の寿命をスタートしても、すぐに急落する。2002年の経営破綻から立ち直ったユナイテッド航空（UAUA）の株価は2006年1月に43ドルで売買を再開したが、半年で半分に下がった。同様に、その1年後の2007年5月に24ドルで再デビューしたノースウエスト航空（NWA）も、3カ月後の8月半ばには14ドルまで急落している。残念ながらひどい結果だ。

　しかし、ここでも短期や中期の素晴らしい銘柄を探しているアクティブなトレーダーは、すべての破産株がだめだとは考えていない。われわれが探しているのは疑念の目のなかでも堅調な新ビジネスプランと債務削減によって立ち直り、何よりもテクニカル的に見れば素晴らしいIPOのように展開していく銘柄だ。投資業界にはこれらの銘柄の不幸を願う連中がたくさんいて、空売りを浴びせて叩きのめそうと待ち構えているが、一度買うと決めれば、醜い過去が「混雑」を避ける役に立つ。ここまでがステップ1で、ステップ2はこれまでのパターンのまとめとして、出来高の上昇、新高値、定期的な揉み合いから上昇トレンドへと続いていく。

ミラント

　意外な分野だが、破産後に成功した好例に、大手電力会社のミラント（MIR）がある。これはもともと老舗の電力会社だったサザン・カンパニー（SO）からスピンオフした会社で、エンロンの破綻に巻き込まれて2003年7月14日に倒産に追い込まれた。それから2年半、弁護士と経営陣は債権者とともに債務と契約を再構成し、2006年1月3日に新たな事業体として再生が認められた。それと同時に、以前からの債券保有者と優先株主は、同社の株を買うことができる長期のコールオプションに似たワラント債が割り当てられた。

　図4.11が示すとおり、ミラントは24ドルから売買が始まり、一時

図4.11　ミラント

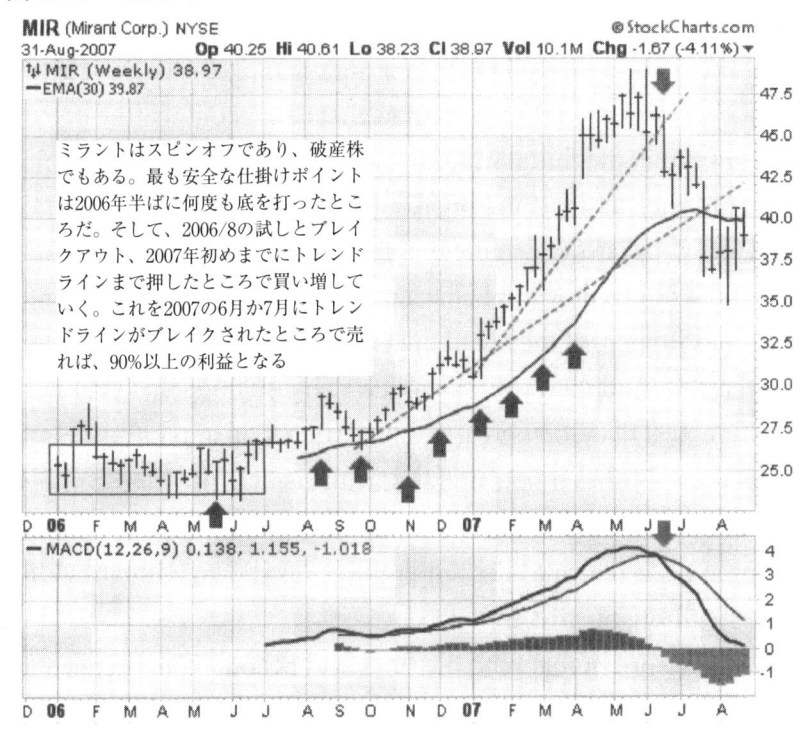

ミラントはスピンオフであり、破産株でもある。最も安全な仕掛けポイントは2006年半ばに何度も底を打ったところだ。そして、2006/8の試しとブレイクアウト、2007年初めまでにトレンドラインまで押したところで買い増していく。これを2007の6月か7月にトレンドラインがブレイクされたところで売れば、90%以上の利益となる

的に28ドルまで上げたあとは7カ月間27.50～24ドルのレンジにとどまっていた。そうなると、これまでのケースと同様、新しい株（スピンオフでも、株式併合でも、IPOでも）は底が設定され、次はそれを何度も試す。この過程はベア派にとってはどこまで株価を下げられるかが分かり、ブル派にとっては本当のファンダメンタルズ的価値と信じて攻防買いをする水準が分かるため、「株価発見」の時期と考えることもできる。最初は底が分かりにくいが、同じ水準で3～4回の試しがあると、独立系のトレーダーはそれが底だと考えるようになる。

　ミラントのケースでは週の終値を最初の5カ月間、週足の終値を一度もブレイクすることなく、24.50ドルの水準を8回も試したため、

5月半ばに再びこの水準まで下げたときは、間違いなく勇敢なトレーダーがこの大いに嫌われていた銘柄に挑戦するチャンスとなった。株価は、筆者が最初の「買い」の矢印を付けたポイントのあとも、さらにこの水準を2～3回試した。ここでも、破産株の最初の買いは最終的なトレード予定額の10～50％とする。

　アクティブトレーダーにとって、ミラントの次の買い場は株価がレンジを抜け出た8月になる。もう分かると思うが、ブレイクアウトはこのまま上昇する可能性があるが、再度下げてこのブレイクアウトの水準を試す可能性も高い。そして、9月半ばに4週間連続して下落したあと、それは起こった。しかし、いずれは上昇するため、これでがっかりしてはならない。次のトレードは3番目の矢印を付けたブレイクアウトの水準で、そのあとは新しいポジションがほかの素晴らしい破産株やスピンオフのように、上げと揉み合いから新しい上昇トレンドを素早く形成することを期待しながら見守ってほしい。もしさらに買い増す資金が残っていれば、2007年1月から4月初めまでの矢印が示すように、上昇トレンドラインまで押すたびに買い増していけばよい。

　この年の4月半ばまでに、この銘柄はそれ以上は追いかけられないほど上昇した。6月に買い増しても良かったが、そのころには横ばいになり始め、下のチャートのMACD（12-26-9）が示すように、モメンタムもなくなっていた。ここはMACDを最初にはっきりと交差し、株価が週足の上昇トレンドラインを最初にブレイクしたところでもあるポイントで売るのが、トレーダーとして適切な判断だろう。結局、破産株のミラントは、罵倒されていた株が少しずつバリュー投資家やモメンタムトレーダーの支持者を集め、12カ月で90％のリターンを提供するという典型的なパターンを踏襲した（この間のマーケット全体のリターンは約15％）。

第4章　水曜日

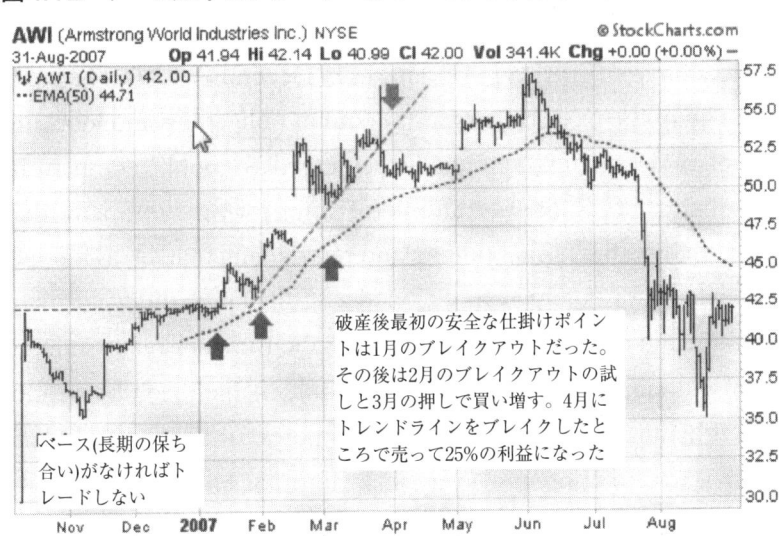

図4.12　アームストロング・ワールド・インダストリーズ

破産後最初の安全な仕掛けポイントは1月のブレイクアウトだった。その後は2月のブレイクアウトの試しと3月の押しで買い増す。4月にトレンドラインをブレイクしたところで売って25％の利益になった

「ベース（長期の保ち合い）がなければトレードしない

アームストロング・ワールド・インダストリーズ

　製造過程でアスベストを使用していた床材メーカーのアームストロング・ワールド・インダストリーズ（AWI）は厳しい集団訴訟に直面した結果、2000年12月に破産を申請し、賠償金を無効にして資産を保全した。そして、それからの6年間を債務処理と議会の救済策を求めるロビー活動に費やし、2006年10月に株式会社として再生を果たした。この時期、住宅ローン金利の高騰と差し押さえ物件の急増で住宅建設セクターはすでに不況に突入していたため、住宅建設や改装などにかかわる市場は非常に厳しい状況に陥っていた。アームストロング・ワールド・インダストリーズも、破綻に遭った昔の株主には恨まれ、非常に不安定な事業環境に突入するなかで新しい株主となるような支持基盤もないという2つの不運に苦しんでいた。

ここまで来れば、これが逆張り的発想のアクティブトレーダーにとって理想的な環境であることが分かると思う。そして、少なくともしばらくの間は実際そうなった。**図4.12**が示すとおり、アームストロング・ワールド・インダストリーズは新しい会社として初日に巨大な利益を上げたあと、すぐにそれを失った。株価はピーク時の42.50ドルから11月には35ドルまで下がった。再生後はほぼ同時期のミラントと違い、アームストロング・ワールド・インダストリーズの株価がベースやトレーディングレンジを形成することは一度もなく、30ドル台の安全な仕掛けポイントはなかった。ただ、これまで見てきた多くのIPOやスピンオフと同様、アームストロング・ワールド・インダストリーズも2007年1月半ばになってやっと以前の高値である42.50ドルをブレイクアウトし、それがある程度安全な仕掛けポイントになった。トレーダーはすぐさまこの不遇の株で2.50ドルを稼ぎ、2月の始めにはブレイクアウトの水準を試したことで買い増しのチャンスが訪れた。そのあとは、3月の横ばいだけが唯一の妥当なチャンスだった。しかし、3月末になると、モメンタムが下がるなかで直近の上昇トレンドラインが劣化してきたため、賢いトレーダーはこの時点で売ってしまった。

　破産後のアームストロング・ワールド・インダストリーズは比較的短いトレードだったが、お払い箱だった会社が再び土俵に上り、低リスクの良いチャンスをもたらすケースとなった。ミラントのような素晴らしいケースはほんのわずかだが、アームストロング・ワールド・インダストリーズのようなトレードが毎年いくつかできれば、アクティブトレーダーとしてうまくやっていけるだろう。

シリコン・グラフィックス

　2000年半ばに世界で最も不運で、最も革新的だった会社のひとつが、

シリコン・グラフィックス（SGI）だ。この会社は超高性能コンピューターのハードウエアとソフトウエアのメーカーで、SGIの技術はハリウッドで革命を起こした特殊効果を作り出すのに不可欠だし、ほかにも科学者向けに物理学の最先端機器や、敵国を研究するための防衛分析システム、店舗の複雑な混雑パターンを解析するためのビジネスインテリジェンスシステムなどに使われていた。脚光を浴びていた当時はシリコンバレーでも最も優秀な技術者が集まっていたシリコン・グラフィックスだが、分散コンピューティングの波によって、同社の製品は競合他社と比較して割高になっていった。

　数年間に及ぶ改革とリストラの末、シリコン・グラフィックスは2006年5月8日に連邦破産法第11章を申請した。それから6カ月、同社は不動産を売却し、重荷となっていた契約から逃れ、人員を削減し、同年10月に再生した（新シンボルはSGIC）。しかし、最悪の時期が過ぎても、投資家はシリコン・グラフィックスに大した期待をかけておらず、株価は最初の2カ月で20ドルから17.50ドルに下がってしまった。ほんの何年か前に同社の製品を褒めそやしていたアナリストたちも、もうこの会社を顧客に勧めようとは思わなかった。再生しても苦境に陥る典型的なケースだ。しかし、12月になると運命が変わり始めた。アメリカ国防省や国際的な放送局、大学の研究者などと新しく契約したことが公表されたからで、これで収益がやっと上向き始めるかに見えた。

　図4.13が示すとおり、10月に売買を再開したシリコン・グラフィックスだが、アクティブトレーダーにとって妥当な仕掛けポイントはなく、やっと展開し始めた11月にも底を形成するほどのベース（保ち合い）はなかった。そして、いつものパターンが現れたのは、10月の最初のブレイクアウトを超えた12月半ばになってからだった。積極的なトレーダーは、ここで最初の4分の1のポジションを建てるとよいだろう。それから半月の揉み合いで株価はブレイクアウトのポイント

図4.13　シリコン・グラフィックス

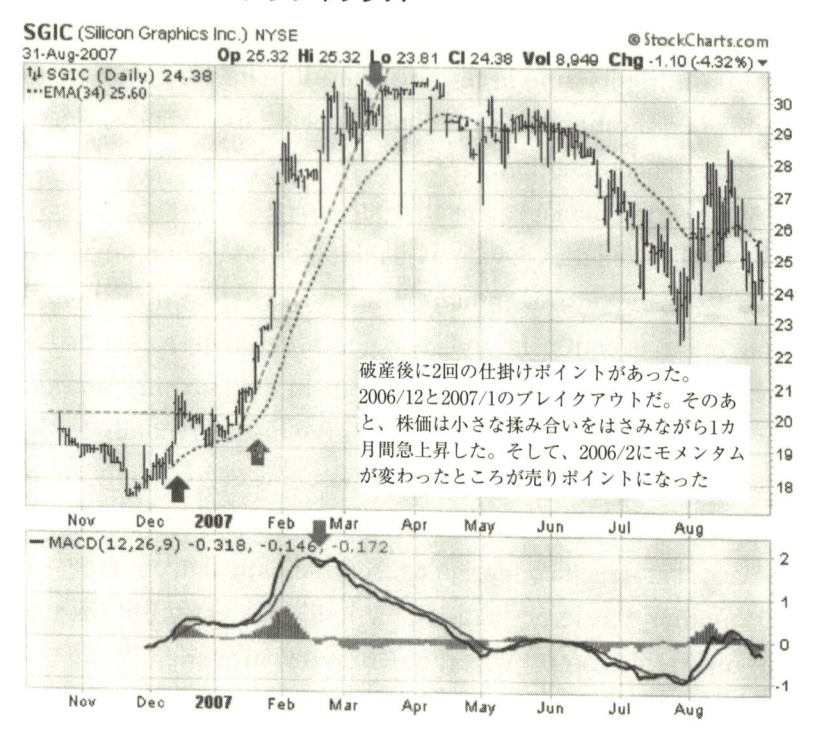

破産後に2回の仕掛けポイントがあった。2006/12と2007/1のブレイクアウトだ。そのあと、株価は小さな揉み合いをはさみながら1カ月間急上昇した。そして、2006/2にモメンタムが変わったところが売りポイントになった

を下回ったが、これは腹は立っても落胆することではない。いずれにしても、この下げは34日指数平滑移動平均線（EMA）で止まったため、典型的な新しいモメンタムの動きと考えてよい。

　1月半ばにシステムの好調な販売が報道されると株価は再び高騰し、この驚くべき二度目のブレイクアウトポイントはアクティブトレーダーにとって買い増すチャンスとなった。そのあと、空売り筋があわただしく買い戻したり、シリコン・グラフィックスが同社を成功に導く有能なCEOを新たに雇ったという噂が駆け巡ったりして、株価は1カ月近く派手に上昇した。ほんの短い揉み合いはあったが、結局2月末に買い手がいなくなるまでに低リスクの仕掛けポイントはなかった。

そして、3月に入ると、株価はだらだらとした横ばいが続いた。これは普通の揉み合いに見えるかもしれないが、12－26－9MACDを見るとそうではないことが分かる。モメンタムが極めて買われ過ぎの状態から下落にはっきりと変わっているからだ。ただ、売るのは2月半ばでも3月初めでも、2カ月半で約40％のリターンと結果はあまり変わらない。

シアーズ・ホールディング

これまでこのセクションでは手堅い銘柄を紹介してきたが、破産株の世界でトップに君臨する株といえば、恐らくシアーズ・ホールディング（SHLD）だろう。会社名にシアーズが入っているため間違いやすいが、シアーズ・ホールディングの前身は安かろう悪かろうのディスカウントショップ、Kマートだ。ここから話は少し複雑になるが、我慢して聞いてほしい。Kマートは全米3位のディスカウント小売店だったが、売り上げと信頼の急激な落ち込みによって2002年1月に破産を申告した。数百人もの社員を解雇し、忠実な社員と顧客が保有していた株は無効になった。ただ、同社には素晴らしい不動産資産があり、Kマートの名前も広く浸透していたため、コネチカット州のヘッジファンドマネジャーであるエドワード・ランパートが同社の社債を二束三文で買い集めていった。

資本家から小売業に転じたランパートが支配権を握ると、かつての債権者による批判と疑念の猛攻撃のなかで、同社は2003年4月に再度株式を公開した。このとき、株式市場は新しいブル相場が始まったところだったが、Kマートは最初の3カ月間、横ばいに推移し、素晴らしいベース（保ち合い）を形成した。図4.14が示すとおり、アクティブトレーダーにとって最初の堅実な仕掛けポイントは、先のベースを6月にブレイクしたところ以外に考えられない。株価はその後、上

図4.14　シアーズ・ホールディング

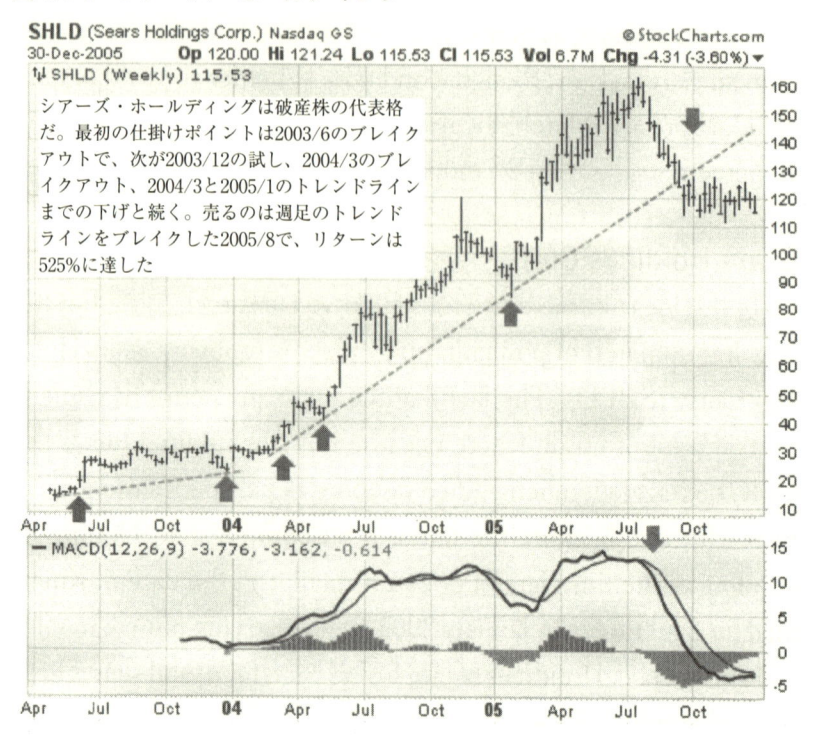

> シアーズ・ホールディングは破産株の代表格だ。最初の仕掛けポイントは2003/6のブレイクアウトで、次が2003/12の試し、2004/3のブレイクアウト、2004/3と2005/1のトレンドラインまでの下げと続く。売るのは週足のトレンドラインをブレイクした2005/8で、リターンは525%に達した

方に傾きながらも横ばいに推移し、12月に先のブレイクアウトを試した。次の素晴らしい仕掛けポイントは2004年3月のブレイクアウトで、その次は5月の新しい上昇トレンドへの試しだった。そのあとはバリュー指向のファンドやモメンタム指向のファンドによる強力な買い集めの対象となり、それから9カ月間、株価が週足の上昇トレンドラインまで下げることはなかった。

　2004年11月、Kマートは最大のライバルであるシアーズ・ローバックを114億ドルで買収して、この有名な社名を使うと発表した。このときも、メディアや投資家の最初の反応は批判的で、株価は100ドルから85ドルに下がった。しかし、この85ドルは上昇トレンドのほんの

さわりで、そこで買った人たちが次の6カ月間で70ドルの利益を得たことはけっして偶然ではなかった。2005年夏になると、シアーズ・ホールディングは非常に買われ過ぎの状態からモメンタムを失い、週足の12-26-9MACDは決定的な売りシグナルでそれを確認した。上昇トレンド最後のブレイクは2005年秋の初めになってからだったが、売るのは8月でも9月でも最初のブレイクアウトから見た上昇率は500％で、一時はぼろぼろに落ちぶれた株としては悪くないポジションだった。繰り返しになるが、トレードの手法はけっして変わらない。いつも、日足か週足チャートのブレイクアウトか揉み合いで買い、上昇トレンドをはっきりとブレイクするか、売られ過ぎの状態からモメンタムが激しく下がるまで売らないようにすればよいだけだ。

IPO

　若さとはとても気ままで、何ごとも新鮮にはっきりと感じられる。野心と夢は大きく膨らみ、毎日が可能性にあふれている。そして、初めて株式市場に株を売り出す企業も、これと同じ気持ちを持っている。彼らはさまざまな理由の下、IPO（新規株式公開）で資金を調達する。よくあるのは「一般的な業務目的」で、これなら漠然としていて何にでも使える。これらの資金の多くは工場を拡大したり、販売要員を増やしたり、研究費、他社の買収、創業者が投資の一部を資金化するチャンスを提供したりするために使われる。

　目的が何であれ、大部分のIPOは期待を裏切られ、夢破れた冥府への旅から始まる。多くの研究によって、大部分のIPOが最初の2～3年間はひどくつまずき、収益目標や売り上げ目標が達成できず、機関投資家や個人投資家の関心を得ることもできないことが分かっている。もし素晴らしい空売りチャンスを探しているのなら、手始めに最近のIPOリストから探せばよいだろう。

もちろん、素晴らしい成功を収めるIPOも、ほんのわずかだが存在する。これまで見てきたスピンオフ（IPOの変形）、株式併合、破産株などと同様、ここでも最近の例をいくつか挙げて、アクティブトレーダーの正しい買い方を考えていこう。

ダナオス

　貿易がグローバル化した原動力は何かと6人の専門家にたずねたとしたら、この素晴らしく複雑な質問に対する6つの博学な答えが返ってくるだろう。しかし筆者はこれについて、地味だが標準化された運送用コンテナの役割が大きいと思っている。よく貨物船や貨車やトラックに積み上げられている約12メートルの長さの箱のことだ。これがあるおかげで、世界中のメーカーや貨物会社と荷物のサイズや形について相談しておかなくても、上海からシアトル、スコットランドまで、iPodや椅子や自動車部品を送るのに、とんでもない高い費用とものすごい面倒がかかることはなくなった。

　これらのコンテナを運ぶのは簡単なことのように見えるが、実際にそれができる会社は少なく、ここには大きな需要に対して少ない供給しかない。例えば、2007年にこれらのコンテナの供給がどれほど制限されていたかと言えば、バルチック海運指数（穀物や容器など、いわゆる「乾化物」の運賃を取りまとめた総合指数）が最初の半年だけでも40％と大幅に上昇している。高騰した理由のひとつは港のひどい混雑で、長い待機時間がコストを押し上げた。そのうえ、運行している船舶数もぎりぎりの供給しかない。ファイナンシャル・タイムズ紙によれば、世界のサプライチェーンの主要港のひとつであるオーストラリアのニューキャッスル港では、2007年4月に待機を余儀なくされた船舶の数が史上最高の72隻に達した。ちなみに2006年の平均は26隻だった。このため、大量の船舶が外洋に足止めされ、それが需要と運賃

図4.15　ダナオス

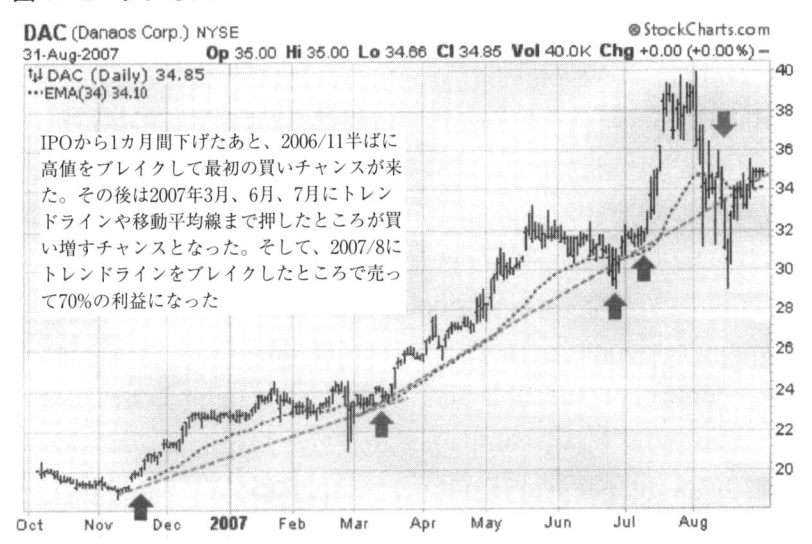

IPOから1カ月間下げたあと、2006/11半ばに高値をブレイクして最初の買いチャンスが来た。その後は2007年3月、6月、7月にトレンドラインや移動平均線まで押したところが買い増すチャンスとなった。そして、2007/8にトレンドラインをブレイクしたところで売って70％の利益になった

をさらに押し上げることになった。

　運送会社の多くが、非公開企業だったり、政府所有だったり、国際的なコングロマリットの一部門だったりする関係で、重要性が増すコンテナ輸送会社をうまくトレードするチャンスは長いことなかった。しかし、2005年と2006年に２つの会社が上場して投資家にチャンスをもたらした。カナダのバンクーバーに拠点を置くシースパン（SSW）と、ギリシャのアテネが拠点のダナオス（DAC）だ。ここでは、テクニカル的に非常にうまくいったダナオスに注目したい。

　IPOに打って出た企業には、ほとんど必ずといってよいほどさまざまなエピソードがある。彼らは宣伝モード満開で、夢を黄金に変えようと張り切っている。しかし、だからこそテクニカルに注目することが重要で、トレーディングパターンがウソをつくことはめったにない。ダナオスの場合、図4.15が示すように、株価は最初の１カ月下落して、買い手にはチャンスがなかった。しかし、11月半ばになると、

図4.16　ファースト・ソーラー

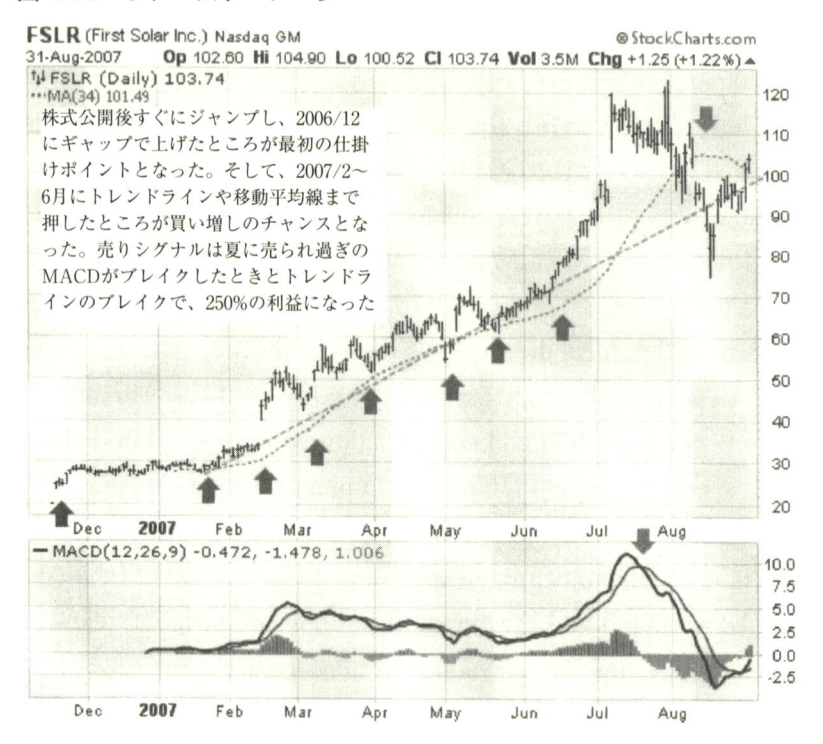

株式公開後すぐにジャンプし、2006/12にギャップで上げたところが最初の仕掛けポイントとなった。そして、2007/2～6月にトレンドラインや移動平均線まで押したところが買い増しのチャンスとなった。売りシグナルは夏に売られ過ぎのMACDがブレイクしたときとトレンドラインのブレイクで、250％の利益になった

IPO後の高値を付け、最初の妥当な仕掛けポイントとなった。そこから、株価は安定的に上昇して、理想的な階段状の上昇と揉み合いを繰り返しながらしっかりとしたトレンドラインを形成し、いくつかの買い増すチャンスを提供した。最初の大きな売りシグナルは8月半ばで、マーケット全体が衰えを見せるなか、ダナオスも日足が上昇トレンドラインを下回った。この時点で売れば、11月半ば以降の利益は70％となり、これこそ順風満帆と言える。

ファースト・ソーラー

　2006年後半は代替エネルギー銘柄が大人気で、ソーラー関連製品を扱う会社がいくつか株式を公開した。ファースト・ソーラー（FSLR）は、太陽光を電気に変換する薄膜太陽電池のデザインと製造をする企業で、IPOで調達した資金を使ってアリゾナ州の工場を拡張し、オハイオ州とドイツにも製造施設を建設した。アナリストは大口と小売り両方の需要に加え、政府の助成も受けて拡大するこの市場で、ファースト・ソーラーこそ株価、価値、技術すべてにおいてリーダーだと考えていた。**図4.16**が示すとおり、この銘柄は2007年12月半ばに公開するとすぐに上昇したが、これはそう頻繁にあることではない。リスクが最も低い最初のトレードはIPOの2～3日後に高値を付けたときで、そのあとは階段状の揉み合いと新高値が最初のポジションで買い増す十分なチャンスを提供している。

　この銘柄は最初の動きが驚くほど強いモメンタムを見せたため、2007年3～6月は株価が比較的活発に上昇していたにもかかわらず、MACDは下落した。ただ、これで強さを確認できない（売りサイン）というわけではない。本当の売りサインは、株価が極めて買われ過ぎのレベルに達し、MACDが10を超えたあと、株価の勢いが衰えて下向きの横ばいになったときで、最初の下矢印で記したブレイクで売れば、最初の仕掛け以来、300％近い利益を得ることができる。ただ、8月に日足の上昇トレンドラインがはっきりとブレイクされるまで待っても、早い時期にリスクをとっていた買い手なら250％は確保できる。

　2006年と2007年にデビューした200以上のIPOのなかから2つの銘柄を紹介した。ほかにも、ミンドレー・メディカル・インターナショナル（MR）、エージャン・マリン・ペトロリアム・ネットワーク（ANW）、アトラス・エネルギー（ATN）、ニュー・オリエンタル・エジュケーション・アンド・テクノロジー・グループ（EDU）など、

図4.17

Company Name	Symbol	Date	Underwriter	Offer Price	First Day Close Price	Current Price	Total Return	Aftermarket Return
First Solar	FSLR	11/16/2006	Credit Suisse	$20.00	$24.74	$103.74	418.7%	319.3%
Riverbed Technology	RVBD	9/20/2006	Goldman Sachs	$9.75	$15.30	$44.40	355.4%	190.2%
New Oriental Education	EDU	9/6/2006	Credit Suisse	$15.00	$20.88	$52.95	253.0%	153.6%
Mindray Medical International	MR	9/25/2006	Goldman Sachs	$13.50	$17.55	$35.49	162.9%	102.2%

10～20は魅力的な銘柄がある。これらはダオナスやファースト・ソーラーとまったく同じ特性を示している。緩やかに始まったあと、上昇トレンド中にはっきりとした買い集めと揉み合いが見られ、上昇していく。つまり、それ以外の約175のIPOは横ばいか、下落か、落ち込んでいったということだ。もしこれらを空売りしたければ、これまでのアドバイスの反対を行き、ブレイクダウンで空売りし、抵抗線まで上げたらさらに売り増せばよい。要するに、IPOの分野でアクティブトレーダーとして資金を投入するときは、非常に注意して銘柄を選ぶ必要がある。ただ、この分野にはさまざまな動きの銘柄があり、この種のトレードを望むなら、高ボラティリティの買いと空売りのチャンスは毎日のようにある。

IPOを探し、観察する

これらの銘柄をどのように探し、追跡していけばよいのだろう。第2章で紹介したような直接的な手法のひとつは、そのセクターやETFのレラティブストレングスを観察することだが、もちろん違う点もある。IPOの場合は次のように進めていく。

図4.18

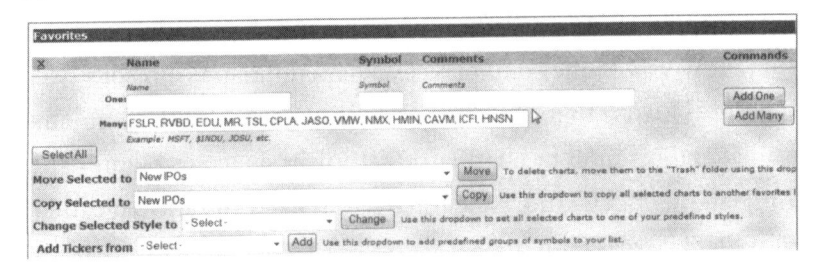

　まず、ルネッサンス・キャピタルのウエブサイトの http://www.IPOhome.com/（IPOホーム、http://www.ipohome.com/）を開き、画面右下の「IPO Top Performers」（IPOトップパフォーマー）をクリックする。ここで表示される画面（http://www.ipohome.com/marketwatch/performance.asp?sort=offer&order=DESC）には、過去12カ月のIPOが流通市場のリターンの多い順に表示される（**図4.17**参照）。2007年9月のある日、このリストには240のIPO銘柄が掲載されていた。この画面を印刷したら、次は http://www.StockCharts.com/（ストックチャート）を開く。

　この時点ではストックチャートをすでに購読しているはずなので、ホームページ左のナビゲーションバーから「SharpCharts」（シャープチャート）をクリックし、次の画面で「Your Favorite Charts」（お気に入りチャート）、最後に画面中央の「Create New List」（新しいリスト作成）を選ぶ。すると、新しいリストの名前を入力するためのダイアログボックスが表示されるので、何か名前（例えば「New IPO's」）を入力する。新しく表示される画面中央に、「Favorites」（お気に入り）というタイトルバーがあり、その下に「Many」（複数）と書かれたテキストボックスがあるので、このなかに、先に印刷した

図4.19

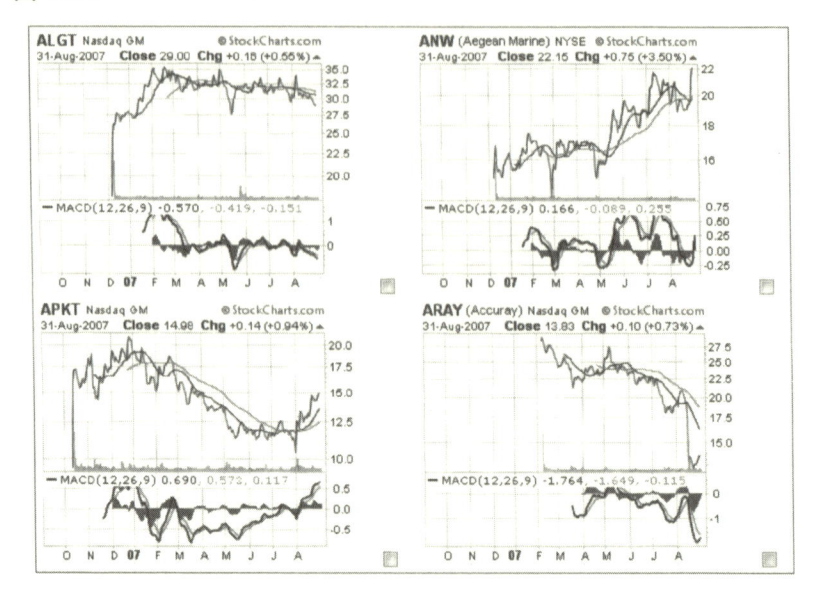

IPOホームの画面のシンボルをコンマ（,）とスペースで区切って入力していく。この作業には30分ほどかかるかもしれないが、その価値はある。最初の6銘柄ほど入力すると、図4.18のようになる。そのまま続けて約225のシンボルをすべて入力していこう。

次に、「Add Many」（複数に追加）をクリックすると、先ほど入力したシンボルが表示される。最後に、画面上部の中央にあるドロップダウンボックスの「Edit」（編集）で「10 Per Page」（1画面に10銘柄表示）に変えると、ついに過去1年間のすべてのIPOのチャートが表示される。チャートはアルファベット順に10ずつ表示され、画面上部の「Next」（次へ）をクリックすれば次の10チャートが表示される。もし別のスタイルのチャートが見たければ、編集に戻り、「Select All」（すべて選択）を選んだあと、「Change Selected Style」（スタイル変更）の横のドロップダウンメニューで希望のスタイルを

選ぶ。選択肢のなかには、日足、週足、月足、さまざまな移動平均線、MACDやRSI（相対力指数）などのテクニカル指標が含まれている。

この設定には少し時間がかかるが、これで250のIPO（とスピンオフ）を10チャートずつ25画面で素早くスキャンして、過去に成功したトレーディングパターンを探すことができるようになった。このリストをさらに速く見たければ、1画面に10銘柄ではなく、「CandleGlance」（ローソク足一覧）を選択し、表示された画面で「Duration」（期間）を「One Year」（1年）、「Indicator」（指標）を「MACD」（あるいはそのほかの希望の指標）に変えてもよい。1画面に30の小チャートが表示されるため、さらに速くスキャンすることができる。CandleGlanceの画面の一部を**図4.19**に載せてある。慣れてくれば、毎週水曜日の午後にトレード可能なパターンを探すとき、ほんの2～3分で7画面に目を通せるようになる。

ストックチャートに250のIPOを設定してから2カ月後、IPOホームに戻って今度はホームページの「Recent IPO Pricings」（最近のIPOの株価）を選ぶ。この画面には、過去60日間に公開されたIPOのリストが表示される。これを印刷して、再びストックチャートのお気に入りリストを開き、編集機能を使って以前に作成したリストに新しい銘柄を入力してから「Add Many」（複数に追加）をクリックすれば、新しいIPOが追加される。この作業は2カ月ごとに行う。

これでしばらく様子をみてほしい。実際、これまでの章でも述べたことだが、もしスピンオフや株式併合、破産株、IPOなどの分野で、毎日トレードするだけの十分な銘柄が見つからなければ（買いでも空売りでも）、ほかの仕事や趣味を見つけたほうがよい。マーケットは毎日たくさんの利益チャンスを提供してくれている。あとは、それをつかんで走るだけだ。

第5章

Thursday

木曜日

モデルのふるまい

　週の半ばの休憩時間に、スピンオフ（分離独立企業）や株式併合といった西部開拓地のように刺激的で、儲けも上がる世界を見たあとは木曜日の午後の1時間を、これまで試練を経てきた実績ある手法に費やしてほしい。ここでは、定量モデルと呼ばれるマーケットの行動パターンを利用した投資モデルを紹介していく。

　この任務を果たすためには、MSN Money（MSNマネー）というウエブサイト内にある「StockScouter」（ストックスカウター）という株式レーティングシステムにかなりの時間を割く必要がある。まず、簡単に背景を説明しておこう。筆者は、インターネット時代の夜明けに当たる1997年、ウエブ最大の人気を誇る金融ポータルサイトと、編集長兼コラムニストとして契約した。そして、同サイトのトッププログラマーが開発したツールを使い、収益、利益、株価モメンタムなどを基にした強力な株価予想モデルを構築した。このモデルは、クオンツ（計量アナリスト）に言わせればまだまだ未熟だったが、株式市場が活況だった時代には毎年50〜100％も上昇する銘柄を体系的に探すのに、大いに役立った。ただ、当時は非常に便利だったこのモデルも、結局そう長くは持たなかった。それから間もない2000年に、ベア相場

が始まったからだ。それまで成功していた成長率とモメンタムだけで銘柄を選択する手法(筆者のだけでなく、由緒あるバリューラインやザックスのシステムも含めて)は明らかに機能しなくなっていた。また、同じころにさまざまなスキャンダルが起こり、伝統的なファンダメンタルズアナリストや証券会社の信頼性は大きく傷ついた。

筆者はこのとき、まったく新しいタイプの株価ランキングシステムを開発すべきだと考えた。これまでのように潜在リターンだけに注目するのではなく、リスクとボラティリティの回避を主要な要素として含む初めてのシステムだ。通常、ファンドマネジャーは保有するポジションのセクターや資産クラスを分散して、ポートフォリオレベルのリスクを考慮している。しかし、筆者は、リスク管理を個別銘柄のポジションにまで掘り下げるべきだと考えた。新システムは2001年6月に開始され、システムの選択した銘柄を運用したベンチマークポートフォリオはマーケットの7倍の利益を上げて大成功を収めた。毎月上位50銘柄を売買して2007年10月までにベンチマークポートフォリオが250.3％上昇したのに対し、同期間のS&P500の上昇率はわずか34.4％だったのだ。筆者の前著『スイングトレーディング(Swing Trading)』には、このストックスカウターを利用して50銘柄のポートフォリオを6カ月間運用する方法を紹介してある。そこで、今回はこのシステムで10銘柄のポートフォリオをもう少し短期間運用する方法を説明していく。これを使えば、単純に毎月上位10銘柄を運用していくだけでも、2001年6月の開始以来、2007年10月までに384％上昇し、マーケットと比べてリスクは少し高いが、利益は11倍という好成績を上げている。

それにもうひとつ、やはり筆者が開発した別のモデルも簡単に紹介したい。「Core Select」(コアセレクト)という名前は迫力ないが、これは過去10年間のうち9～10年上昇した銘柄だけをトレードする手法で、下落した1年の損失も9％未満としている。これも定量モデル

のひとつで、少しあとで述べるとおり、毎日(あるいは毎週)トレードできる素晴らしい銘柄を探すことができる。

ストックスカウター

　筆者のチームがデザインしたストックスカウターは、対象銘柄のパフォーマンスがマーケット全体を上回る可能性があるかどうかを素早く分析し、評価することができる個人投資家向けのレーティングシステムだ。機関投資家のマネーマネジャーを対象とした金融工学の最先端を行く独立系のリサーチ会社であるグラディエント・アナリスティックと共同で開発したこのシステムは、高パフォーマンスを上げるアメリカの証券について統計的に予想可能な特性を見極め、それに該当する証券を探し、調べ、保有して、売るための体系的な方法を教えてくれる。

　ストックスカウターは、ウォール街のプロが使っている年間数千ドルかかるシステムと同様、数学とソフトウエアと革新的な測定の組み合わせと歴史的検証によって、アメリカの3つの主要な証券取引所に最低6カ月以上上場しているすべての企業の、短期と長期の予想を目指したシステムで、2007年半ば時点では約5500銘柄が対象となっている。

　このシステムは株価の見通しを10段階の強弱で評価していくが、ここに主観的な判断は入らない。その代わりに、ストックスカウターは企業のファンダメンタルズとテクニカルの質を比較し、株価を過去にパフォーマンスが予想可能だったベンチマークと比較する。次に、銘柄ごとに統計に基づいて6カ月の予想リターンを算出し、それを予想ボラティリティと対比させる。この予想リターンと予想ボラティリティ(リスク)の比率がその銘柄の最終的な総合評価となる。

　予想リワードと予想リスクのバランスはストックスカウターとほか

の株式評価システムを区別する重要な概念で、予想リターンが高い銘柄でも、そのリターンのボラティリティが高ければ、評価は下がる。つまり、このシステムで理想の銘柄は活発にまっすぐ高値を目指す銘柄であって、活発なだけではだめだ。

もちろんストックスカウターも完璧ではないし、そのような評価システムは存在しない。ただ、このモデルは最高のプロの基準も満たすまで、徹底的に検証してある。単独で使っても、これまで紹介したほかのリサーチツールと併用しても、トレード候補を優れた10銘柄程度に絞り込むことで、毎日思慮深い選択をする助けとなってくれる。

ストックスカウターは対象となる銘柄を１から10（10が最高）で評価する。レーティングはベル曲線になっており、評価10の銘柄数は評価９よりも少ないし、評価９は評価８よりも少ない。また、同様に、評価１は評価２よりも少ないし、評価２は評価３よりも少なくなっている。要するに、中間の評価を受ける銘柄数が最も多いため、評価４～７の銘柄はマーケットとほぼ同じパフォーマンスを上げることになる。レーティングは毎日最新のテクニカル、ファンダメンタルズ、所有権、査定データなどに基づいて再計算し、更新している。このシステムを使い始めて６年後、筆者は評価７以下の銘柄をすべて無視することにした。今では、考慮するのは評価８～10の銘柄のみで、たいていは評価９と評価10だけに注目している。

このモデルを使った手法を紹介する前に、スコアの算出方法についてもう少し説明しておきたい。ストックスカウターのレーティングは、グラディエント社のリサーチチームが企業のファンダメンタルズの質や投資家の熱意を反映する４つのキーファクターの分析結果に基づいて算出している。各ファクターは、成績表のようにＡ、Ｂ、Ｃ、Ｄ、Ｆの５段階で評価される。４つのキーファクターと、そのなかの重要項目を見ておこう。

- **ファンダメンタルズ** このファクターは、企業の過去と将来の収益成長率と証券会社のアナリストが出したコンセンサス予想を上回る可能性があるかどうかを査定する。通常、高評価を得るためには、企業はある程度速いスピードで成長してアナリストの成長予想を上回るとともに、将来も堅調に収益成長が続くと思わせる必要がある。ただ、直近の収益が予想外に増加したり、熟練したアナリストが予想を大幅に引き上げたりした場合、ファンダメンタルズがさえないように見える企業でも、評価が押し上げられることがある。
- **所有権** このファクターは、経営陣や取締役が保有する株の割合を査定する。高評価を得るためには、相当数の株式が上位の経営陣や重要な取締役に保有されているか、少なくともインサイダーによる大量の売りの心配がないことが条件となる。
- **評価** このファクターは、株価が現在の売り上げや収益や予想収益成長などの水準に対して高いか、それとも安いかを査定する。直感とは反するかもしれないが、われわれの調査では、大企業の株価なら高評価を受けている同業者よりも多少高くても仕方がないという結果が出ている。ただ、予想どおり小企業の株価は高評価を受けている同業者よりもずっと安くなるべきだという結果も出ている。
- **テクニカル** このファクターは、株価のトレンドがプラスかマイナスかを査定する。高評価を得るためには、中期と短期の株価が全般的に加速しながら上昇している必要がある。ただ、10週トレンドラインよりもかなり安い銘柄は極めて売られ過ぎの状態から反発する可能性が高いと判断されれば、高い評価が付くこともある。

ストックスカウターのファクター評価は上の項目を単純に平均したものではなく、銘柄の株数やセクターに応じて加重比率が決められている。また、最終評価におけるファクター評価の扱いも、単純合計や平均ではなく、グラディエント・アナリスティックの金融エンジニア

が独自に開発した方法に基づいて加重されている。

　ファクターを構成する項目の測定と加重がすべて終わったら、ストックスカウターは各銘柄の核となるコアレーティングを行う。そして、コアレーティングと、過去12カ月のリターンの標準偏差（ボラティリティ）とのバランスを考慮して、最終的な評価が決定する。つまり、最終レーティングは、期待リターンと期待リスクが均衡するポイントと考えれば分かりやすい。通常、期待リターンも期待リスクも高い銘柄は、予想リターンが控えめでも予想リスクも非常に低い銘柄よりも低い評価になることが多い。ストックスカウターを指針としてポートフォリオを管理する場合、システムは評価8～10の銘柄を買って最大6カ月まで保有するよう勧めるが、その間のレーティングの変化は重視していない。

　ただ、株のパフォーマンスは、個別銘柄の実力以上にたくさんの要素がからんでいることはもちろん分かっている。そこで、ストックスカウターでは1～6カ月間の株価を押し上げたり妨げたりする傾向がある3つのマーケットの嗜好も査定している。われわれの研究では、マーケットが好意的な銘柄はそれが続く間、強力なパフォーマンスを上げる傾向がある。第2章でも述べたように、好まれれば追い風、そうでなければ向かい風を受けると考えてもよい。ストックスカウターのデータベースはこれらの情報も毎週更新している。マーケットの嗜好には次の3つの分野がある。

● **セクター**　株の世界は、テクノロジー、ヘルスケアなど、連邦会社番号によって、12の工業セクターに分かれている。通常、ある時点で投資家に人気があるのはこのうちの3分の1以下で、それらは「人気株」と呼ばれている。そして、それ以外は不人気株か、無人地帯の「中立」ということになる。広く認められている学術的研究やプロのリサーチによれば、株のパフォーマンスの60％はそのセクター

の強さや弱さによって決まるという。
- **●時価総額** 株の世界は4段階の時価総額に分類できる。時価総額で上位約400社は「大型株」、次の約1000社は「中型株」、その次の2500社は「小型株」、そして残りは「超小型株」となる。通常、特定の時点で投資家に好まれるのはこのうちの1つか2つのグループだけであることが多い。われわれはこれらのグループを「人気株」と呼び、それ以外は不人気株か中立とみなしている。
- **●スタイル** この世界はPSR（株価売上高倍率）によって2つの投資スタイルに分かれ、値嵩株は「グロース」スタイル、低位株は「バリュー」スタイルとして分類されている。通常、投資家は同じスタイルで1年以上トレードしていく。われわれはここでもスタイルごとに人気株か、不人気株か、中立かを評価している。

　われわれの調査によれば、6カ月間保有するのに最適な株式は、評価が8か9か10で、マーケットに好まれている分野に1つか2つ、できれば3つ属している銘柄が良いということが分かっている。このシステムでは短期トレードなら、評価10で追い風の分野が1つの銘柄よりも、評価8か9で追い風の分野が3つあるほうを選ぶべきだとしている。しかし、セクターも時価総額もスタイルも人気がない場合は、追い風も中立の銘柄が良いとしている（**注**　セクターと時価総額とスタイルの分類は安定性を重視して月に一度見直しているが、マーケットの嗜好は情報の鮮度を保つために毎週更新している）。

　グラディエント社のチームが、過去20年間のマーケットデータを使い、このルールに基づいて選んだ10銘柄のポートフォリオの運用結果を調べた。このときの運用はもし評価とマーケットの嗜好が同じならば、期待リスクの小さいほうを自動的に選択することと、終値が買値から20％下落した場合はその銘柄をポートフォリオから外して（20％の損失を計上してから）、5年物の米短期国債と入れ替えるというル

ールで行った。

システムの使い方

それでは積極的なトレーダーとして、このシステムをどのように使えば大金を得ることができるのだろうか。それにはいくつか方法があるが、幸い、そのどれも50銘柄のポートフォリオを毎月見直したりするようなものではない。まず最初に、オンラインブローカーのhttp://www.Foliofn.com/（フォリオエフエヌ）にトレード口座を開設してほしい。この会社は株を「バスケット」でトレードしたいとき、業界で最も安くて効率的なブローカーだと思う。ここでは手数料の代わりに毎月29ドルの購読料を支払うと制限なくトレードできるうえ、いくつかの銘柄を簡単にセットで売買できるようになっている。

また、MSNマネーでストックスカウターの上位10銘柄を調べるために、「Screener」（スクリーナー）の使い方を覚え、毎月初めに上位10のリストを入手できるようにしておく必要もある。ただ、このリストをもっと簡単に入手したいなら、筆者の投資顧問会社が発行している『ストラテジックアドバンテージ』というニュースレターを購読すれば、毎月、月初に上位銘柄を掲載してある。

もしこんなにうまくいくわけがないと感じ、これ以上読むのをやめたいのなら、残念だが仕方ない。ただ、この手法は過去6年間、マーケットが良いときも悪いときも非常にうまく機能し、少なくとも、好況や不況も戦争も不景気も洪水もハリケーンも信用危機も乗り越えてきた。これに従い、低コストのトレード口座で非課税の複利運用を目指せば、もちろん保証はできないが、人生を変えるような大きな利益を上げる確かなチャンスがある。

ただ、これに従うと、ひどいと思う10銘柄を新たに買ったり、ときには大好きで手放すなんて考えられない銘柄を売ったりするなど、つ

らいことも多い。そのときどきで、トップランクの銘柄に懸念を持つことがあるのはほぼ間違いないだろうし、苦労して稼いだ資金を感情のないシステムに委ねるのにも抵抗があるだろう。

　信じてほしい。ストックスカウターを考案し、運用開始以来、その成果に毎日驚いている筆者でさえ、ときどきトップランクの銘柄を見て「まさか」と叫ぶときがある。しかし、システムに組み込まれた柔軟性と、何百時間にも及ぶ検証の裏づけによって、これまでもストックスカウターは一見奇妙な銘柄を選択してきたが、結局それらは素晴らしい成功を収めている。例えば、2001～2002年のベア相場でみんなが大型ハイテク銘柄の復活を信じて執着しているときに、ストックスカウターは小型の地方銀行株と不動産投資信託に注目して、好成績のポートフォリオを次々と生み出していった。これらの地方銀行株は巨大な利益を生み出した反面、大部分のハイテク株は結局復活しなかった。

　数字は嘘をつかない。６カ月間保有システムに従って上位10銘柄を2001年１月から2007年８月まで保有したポートフォリオは毎年平均25.9％上昇した。ちなみに、同じ期間のS&P500（$SPX）の上昇率は4.0％、ナスダック総合指数（$COMP）は6.1％だった。このようなリターンによって、資金は６年間で３倍以上に増えることになる。もし2001年に10万ドルで運用を開始すれば、2007年９月の残高はストックスカウターなら約48万8000ドルになるが、S&P500のみなら**表5.1**のように、約11万2500ドル程度にしかならない。

　もちろん、問題点もある。周知のとおり、実際のトレードではスリッページやスプレッドなどさまざまな理由で記録されたデータとまったく同じ株価で執行するのは難しいため、このような定量的投資モデルのリターンは現実というよりは理想に近い数字になってしまう。もし実際に、１日の出来高が10万株未満の小型株で、その日の株価が10.20ドルの上位銘柄を１万人のトレーダーが買おうとした

表5.1　6年で資金を3倍に*

年	SS10リターン	SS残高	S&P500リターン	S&P500残高
2001	13.80%	$113,819.06	–13.00%	$86,957.31
2002	17.00%	$133,155.85	–23.40%	$66,638.89
2003	82.70%	$243,212.75	26.40%	$84,218.50
2004	21.20%	$294,884.92	9.00%	$91,792.65
2005	20.40%	$355,020.49	3.00%	$94,547.37
2006	19.50%	$424,273.79	13.60%	$107,424.18
2007†	15.00%	$487,914.86	4.80%	$112,580.54
累積リターン	388%		12.58%	

*2001/1/2に10万ドルで運用を開始し、SS10(ストックスカウターのトップ10銘柄)に均等に投資して、6カ月ごとに新しい上位10銘柄に資金を再配分した結果
†8月31日まで

ら、株価が需要に左右されてポジションを建てる段階では10.40ドルとか、10.65ドル、10.80ドル程度を支払うことになるだろう。同じことは、期末の売りに関しても言える。また、リターンは手数料によっても減るし、非課税口座で保有しなければ、政府の取り分が、6カ月間の利益すべての再投資を阻む。それらを考慮すれば、6年後の投資資金は3.4倍ではなくて、2.5～3倍程度になるというほうが「現実的」な数字かもしれない。しかし、それは問題ではない。大事なのはストックスカウターの上位10戦略が運用開始以来マーケットを圧倒し、その威力は衰える気配がないということなのだ。

　魔法のレシピとはどのようなもので、筆者はなぜこれを公開しようとしているのだろう。実は、この手法は、2001年に筆者がMSNマネーに掲載していたコラムで書いたり、著書の『スイングトレーディング（Swing Trading）』で紹介したりした戦略と何ら変わっていない。

唯一の違いはさらに検証を重ねて改良した結果、当初の50銘柄ではなく、上位10銘柄を推奨できるようになったことだ。これらの銘柄は1カ月間保有してもよいし、積極的にトレードしたければ、時期をずらしながら6カ月間ずつ保有していってもよい。そして最後に、この上位10銘柄を、ひとつの素晴らしい分野として、スイングテクニックを使いながらトレードしていくこともできる。

前述のとおり、2000〜2002年にこのシステムは小さな銀行とREIT（不動産投資信託）を選んで大成功した。この強力なトレンドがあるセクターと時価総額のグループに注目する手法は2003年に最高潮に達し、83％近いリターンを記録した（表5.1参照）。この時期はマーケット全体も好調だったが、その3倍以上の成果を上げたことになる。ただ、迫り来るイラク危機によって一般投資家の信頼も株価も落ち込むなか、2003年1月に株を買うのは気持ちのうえで非常に難しかったということも思い出してほしい。実は、このような時期こそ、体系的なアプローチの価値は大いに高まる。

筆者は、ストックスカウターのポートフォリオの利用方法を多くの人に明かしてしまうことに関してはあまり心配していない。それは、この戦略を完全に実行する規律を持つ人がそれほど多くないことを知っているからだ。みんなつい、なじみのない銘柄を外そうとしてしまうもので、これはもう人間の摂理と言うほかない。それでも試してみたければ、マーケットで成功するためには多くの場合、不快な行動を強いられるということを覚えておいてほしい。6カ月ごとに必ずポートフォリオを見直し、株価が恐ろしいほど落ち込んでいた2006年7月1日でも新しい銘柄を買うのにはどれほどの勇気がいったかを考えてみてほしい。しかし、多くの評論家がベア相場が再開すると予想するなかで、ストックスカウターが選んだ上位10銘柄は約16.9％のリターンを上げた。パフォーマンスを牽引したのは6カ月間で30％も上昇したFTDグループ（FTD）、クレアス・ストア（CLE）などだった。

あるいは、毎月投資する方法なら、2007年3月1日に高成長を遂げてきた中国市場の崩壊危機という恐怖のなかでマーケットが4％下げたとき、いつもどおりにポートフォリオの見直しができただろうか。当時は、多くの人にとって、株を買うのは非常に難しい時期だったが、それでもわれわれの10銘柄のポートフォリオは次の6カ月間に13.7％の利益を上げた。このときは、30％上昇したクレジットコープ（BAP）とペルビアン銀行、そして40％上昇した半導体メーカーのサイプレス・セミコンダクター（CY）が大きく貢献した。また、マーケットが1カ月間で5％下落した直後の2007年8月1日はどうだろう。このときもわれわれのポートフォリオは1カ月半で9.5％上昇した。貢献したのは、GPS機器メーカーのガーミン（GRMN）の36％、油田サービス会社のオーシャンエンジニアリング（OII）の35％、石油貯留層を解析する特殊技術を持ったコアラブ（CLB）の20％などだった。

本書はトレーディングの本なので、筆者はストックスカウターを最も積極的かつ体系的に使う方法を説明していく。そして、その過程でもう少し掘り下げ、このモデルで数日から数週間トレードする方法も一緒に学んでいく。

ストックスカウター10のリストを作成する

毎月、ストックスカウターの上位銘柄リストを確実に入手するには、前述のとおり筆者が提供している「ストラテジックアドバンテージ」というニュースレターを購読する方法が最も信頼できる。筆者は、毎月月末にこのリストの特別バージョンを「フラッシュ」レポートとしてまとめ、1カ月の経過とともに購読者に電子メールで送っている。しかし、自分でリストを入手したければ、いくつか方法がある。まずは、MSNマネーの「Top 10 Picks」（上位10銘柄）の画面（http://moneycentral.msn.com/investor/StockRating/srstopstocksresults.

図5.1

Symbol	Company name	Overall rating	Core rating	Price	Market cap market prefs	Sector market prefs	Growth vs. value market prefs
FCX	FREEPORT MCMORAN COPPER & GOLD INC	10	10	108.67	In favor	In favor	Neutral
RIO	CIA VALE DO RIO DOCE	9	9	30.45	In favor	In favor	Neutral
NEM	NEWMONT MINING CORP NEW	9	8	47.56	In favor	In favor	Neutral
ABX	BARRICK GOLD CORP	8	8	40.06	In favor	In favor	Neutral
VZ	VERIZON COMMUNICATIONS INC	8	8	44.38	In favor	In favor	Neutral
AAPL	APPLE INC	10	10	144.15	In favor	Neutral	Neutral
CSCO	CISCO SYSTEMS INC	10	10	32.30	In favor	Neutral	Neutral
JNPR	JUNIPER NETWORKS INC	10	10	35.91	In favor	Neutral	Neutral
LEH	LEHMAN BROTHERS HOLDINGS INC	10	10	62.70	In favor	Neutral	Neutral
NOK	NOKIA CORP	10	10	37.05	In favor	Neutral	Neutral

aspx?sco=49）から入手する方法だ。2007年9月22日の画面の一部を**図5.1**に挙げてある。

この10銘柄の「バスケット」トレードを始めるには、フォリオエフエヌで自分のトレード口座の画面を開き、10銘柄に分配したい金額を入力したあと「Submit」（送信）ボタンをクリックすれば準備は完了する。例えば、10銘柄に2万ドルを投入する場合、フォリオエフエムのプログラムが各銘柄を2000ドルずつ買ってくれる。この金額で買えるのはフリーポート・マクモラン（FCX）なら18株、バル・ド・リオ・ドーセ（RIO）なら65株、ニューモント・マイニング（NEW）なら42株などとなる。

もしストックスカウター10システムで積極的にトレードしたければ、まずは6カ月間の投資額を決めてほしい。例えば、切りの良いところで12万ドルを投資するとしよう。この資金はいずれ全額を投資することになるが、一度に投入するわけではない。前述のとおり、最初は2万ドルでその時点の上位10銘柄を買い、残りの資金はマネーマーケットファンドか、バンガードFTSE・オール・ワールド・エクセプ

トUS（VEU）などの低コストでマーケット全体に投資するETF（上場投資信託）に投資しておく。そして、翌月以降はマネーマーケットファンドやETFから資金を引き出して、ストックスカウターの次の10銘柄に投資していく。この戦略なら、すべての資金を投資しながら、毎月少しずつリターン（とリスク）を追加していくことができる。

　この作業を6カ月間続けると、ストックスカウターに投入予定の資金はすべて投資し終わる。7カ月目は最初の月に買った株をすべて売り、その代金で次の上位10銘柄を買う。8カ月目は2カ月目に買った銘柄をすべて売り、その代金で次の上位10銘柄を買う。あとはこれを、お金持ちになるまで続ければよい。2001年1月から2007年8月までの期間で、この手法による平均利益は22.1％だった。ちなみに、同期間のS&P500の平均利益は3.3％で、大きく差がついたのは、2001年の＋12.4％（マーケットは－13％）、2003年の＋61％（マーケットは26.4％）、2005年の＋23％（マーケットは3％）などだった。

　独自に10銘柄のリストを作り、どうしても少し調整したい場合は、MSNマネーの「Investment Toolbox」（投資ツールボックス、http://moneycentral.msn.com/investor/controls/cabx.asp?Redir=True&）を利用するとよい。画面の指示に従ってダウンロードしたら、同サイトの「Investing Home」（投資ホームページ、http://moneycentral.msn.com/investor/home.asp）の画面左にあるナビゲーションバーから「Stock Screener」（銘柄スクリーナー）をクリックすると、「Deluxe Screener」（デラックススクリーナー）の画面が表示される。ここで、条件を設定していけば、MSNマネーの数千銘柄に及ぶデータベースを、注目したい10銘柄に絞り込むことができる。

　まず、スクリーナーのなかの「Field Name」（分野）にカーソルを置くと、フライアウトメニューで14の選択肢が表示される。ここは「StockScouter Rating」（ストックスカウターレーティング）を選ぶ。そして、次に現れたメニューでは「Ratings」（レーティング）をクリ

ックする。これで、ストックスカウターレーティングが第1条件に設定された。次に、右側の「Operator」（オペレーター）をクリックして、「＞＝」を選択し、「Value」（バリュー）の欄は8を選ぶ。次に、スクリーナーの2行目に移り、先ほどと同様、ストックスカウターレーティングのなかから「Return Expectation」（期待リターン）を選ぶ。オペレーターはここでも「＞＝」だが、バリューは「Very High」（非常に高い）を選ぶ。3行目も同様に、ストックスカウターレーティングの「Market Cap Market Preferences」（人気の時価総額）を選び、今回はオペレーターを「Display」（表示）、バリューは空欄としておく。次の2行は分野をストックスカウターレーティングの「Sector Market Preference」（人気のセクター）と「Growth vs. Value Market Preference」（グロースとバリューの人気があるほう）として、オペレーターとバリューはすぐ上の行と同じにする。また、画面右上の「Return Top 25 Matches」（トップリターン）をデフォルトの25から100に変更する。そのうえで「Run Search」（検索）をクリックすると、**図5.2**のような画面が表示される。

　次に、スクリーナーのメニューバーから「File」（ファイル）、「Export」（エクスポート）、「Results to Excel」（結果をエクセルに）を選択する。こうしておけば、システムが自動的にエクセルを開いて検索結果を入力してくれる。あとはエクセルのワークシートを使ってまず時価総額の人気で並び替え、「In-Favor」（人気有り）の分野がすぐ分かるようハイライト表示する。同じ作業を人気セクターと、グロースかバリューの分野でも行う。そして最後に、人気分野が最も多い銘柄のなかから上位10銘柄を選ぶ。3つの分野すべてで人気がある銘柄が最高で、次は2つ、もし1つしか人気分野がなければ、このリストの上位10銘柄を採用すればよい。また、すべてが「中立」なら、エクセルに書き込まれた上位10銘柄を選ぶこともできる。もし**図5.3**のように3銘柄は人気分野が2つあるが、残りはすべて1つの人気分野しかない

図5.2

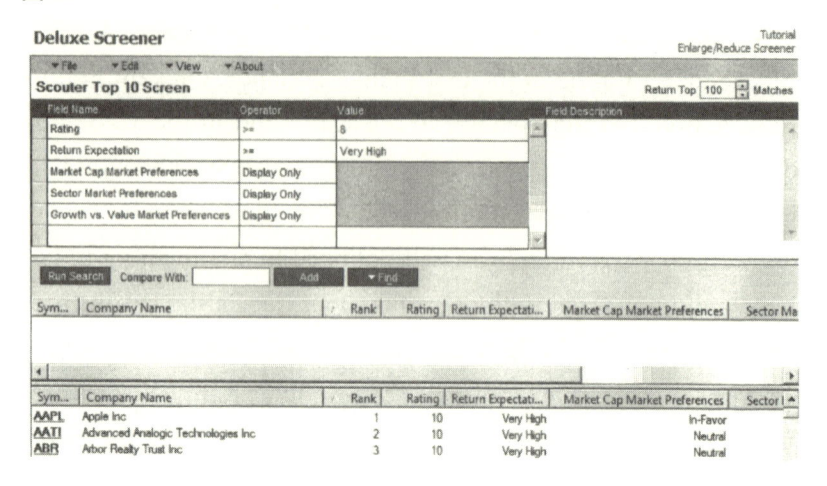

Sym...	Company Name	Rank	Rating	Return Expectati...	Market Cap Market Preferences
AAPL	Apple Inc	1	10	Very High	In-Favor
AATI	Advanced Analogic Technologies Inc	2	10	Very High	Neutral
ABR	Arbor Realty Trust Inc	3	10	Very High	Neutral

場合は、最初の3つは決定で、残りはそれぞれの人気分野から半分ずつ選べばよい。

　7月22日、システムは2つの分野で人気のある3銘柄と、セクターだけが人気の7銘柄、そして時価総額だけが人気の16銘柄を選び出した。筆者は「選択」銘柄として、最初の3銘柄と人気セクターの最初の4銘柄、そして人気の時価総額の最初の3銘柄を太字表示にした。ここでは細かい違いはあまり気にしなくてよい。分析のこの過程では次の6カ月に上昇する銘柄ということにおいて、ストックスカウターはどれもほぼ同等だとみなしている。1日の平均出来高が3万株未満の銘柄だけ除外しておけばよいだろう。このようにして、最終的に絞り込んだ10銘柄はMSNマネーの「Top 10」（トップ10）画面のリストとは違うかもしれないが、このシステムではその差はわずかだとみなしている。どちらかのセットを選んで買っても問題はない。

　ここまで読めば、このシステムが過去7年間にどのような銘柄を選んだのか知りたくなるだろう。すべて紹介してもよいのだが、銘柄は

図5.3

Symbol	Company Name	Rating	Return Expectation	Market Cap Market Preferences	Sector Market Preferences
FCX	Freeport McMoRan Copper & Gold	10	Very High	In-Favor	In-Favor
OTE	Hellenic Telecom Depository Receipt	10	Very High	In-Favor	In-Favor
PEG	Public Srvce Ent Ord Shs	10	Very High	In-Favor	In-Favor
BG	Bunge Ord Shs	10	Very High	Neutral	In-Favor
CMP	Compass Minerals International Inc	10	Very High	Neutral	In-Favor
HSC	Harsco Corp	10	Very High	Neutral	In-Favor
KALU	Kaiser Aluminum Corp	10	Very High	Neutral	In-Favor
KGC	KINROSS GOLD CORP	10	Very High	Neutral	In-Favor
MERC	Mercer International Inc	10	Very High	Neutral	In-Favor
PCH	Potlatch Corp (Holding Co)	10	Very High	Neutral	In-Favor
AAPL	Apple Inc	10	Very High	In-Favor	Neutral
ADI	Analog Devices Inc	10	Very High	In-Favor	Neutral
AXP	American Express Co	10	Very High	In-Favor	Neutral
CME	CME Group Inc	10	Very High	In-Favor	Neutral
COP	ConocoPhillips	10	Very High	In-Favor	Neutral
CSCO	Cisco Systems Inc	10	Very High	In-Favor	Neutral
JNPR	Juniper Networks Inc	10	Very High	In-Favor	Neutral
KLAC	KLA Tencor Corp	10	Very High	In-Favor	Neutral
LEH	Lehman Brothers Holdings Ord Shs	10	Very High	In-Favor	Neutral

かなり重複している。ストックスカウターが選ぶ銘柄は明らかに優れたものもあれば、少し変わったものもあり、大部分はうまくいっているが、われわれの注意を促すかのようにいくつかの失敗もある。最近の例で詳しく説明するため、ストックスカウターが2007年1～9月に選んだ銘柄を見ていくことにしよう。ちなみに、このときのマーケットは住宅用不動産の価格や住宅建設、小売り、クレジットデリバティブについて歯ぎしりしたり、眉をひそめたりしたくなることが多い時期だった。いくつかのケースについては、選択した銘柄が成功した背景について、ファンダメンタルズやビジネス、社会、そして文化的変化などについても解説していく。

　もしマーケットに難しい時期があるとしたら、これこそがそうだった。しかし、結果はただ見事というほかなかった。ストックスカウターを操る見えない手が感情を排除して投資家をマーケットの問題から完全に引き離し、主にテレコム、外国株、テクノロジー、エネルギーなどのセクターに導いてくれたのだ。これから出てくる3つの表の

表5.2 2007年1月

ストックスカウター10	ティッカー	評価	買値	売値	変化*
フィリピン・ロング・ディスタンス・テレフォン	PHI	10	$49.64	$57.20	15.23%
モバイル・テレシステムズ	MBT	10	$50.38	$60.57	20.23%
アトランティック・テレネットワーク	ATNI	10	$28.60	$28.64	0.14%
CTコミュニケーションズ	CTCI	10	$23.48	$30.51	29.94%
ミリコム・インターナショナル	MICC	10	$61.98	$91.64	47.85%
AGLリソース	ATG	9	$39.23	$40.48	3.19%
DTEエナジー	DTE	9	$48.61	$48.22	-0.80%
PG&E	PCG	9	$47.62	$45.30	-4.87%
センターポイント・エナジー	CNP	9	$16.67	$17.40	4.38%
センプラ・エナジー	SRE	9	$56.33	$59.23	5.15%
平均					12.04%
S&P500	$INX		1,418.30	1,503.35	6.00%

＊2007年6月29日まで

「Chg」(変化)のコラムは上位銘柄として買ってから6カ月後に売却するまでの株価の変化率を示しているが、それ以降の表は9月22日(本章を執筆している時点まで)の取引終了までの変化率になっている。ちなみに、この数字に配当は含まれていないが、実際にはそれがかなりの金額になる銘柄も多数ある。

2007年1月のストックスカウター上位10銘柄

2007年1月の上位10銘柄を**表5.2**に示してある。

2007年は投資家の楽観ムードから始まったが、株価は出足からつまずいた。評論家は以前から住宅建設や金融株の危機を訴えていたが、最悪の時期はまだ先だった。いつものことだが、コンパスがなければ行くべき方向を見極めるのは難しい。しかし、だからこそストックスカウターが役に立つ。システムが膨大な分析作業をすべてやってくれ

るからだ。1月に、ストックスカウターは外国のテレコム会社やワイヤレス通信会社や公共事業会社に注目していた。これらに共通していたのは高い配当利回りで、例えば1位のフィリピン・ロング・ディスタンス・テレフォン（PHI）は1年で7％の利回りを上げたし、ロシアの携帯電話会社のモバイル・テレシステムズ（MBT）は2.5％、アトランタにある天然ガス配給会社のAGLリソース（ATG）も4.3％だった。

　ストックスカウターなしに、自分でこのようなポートフォリオを構築できるだろうか。恐らく無理だろう。公共事業5社とテレコム5社では、どこから見ても分散されなさすぎている。しかし、分散は臆病者のためのもので、リスクバランスのとれたリターンを目指すならば、上位銘柄に集中してプレーするのがわれわれのやり方だ。今回のストックスカウターの上位10銘柄は6カ月間で12％のリターンをもたらし、アメリカ市場全体の2倍の成果を上げた。それでも、まだこのシステムに疑問があるだろうか。

　トレーディグのテーマと「生態系」については、次章で詳しく述べる。ただ、2007年1月の時点でワイヤレス通信はまったく新しいものではなくなっているが、そのユビキタス性はさまざまな意味で新しいということだけここでは記しておきたい。考えてみれば、ワイヤレス通信は車に乗っても、仕事の合間にも、エレベーターに乗ってもそばにあり、みんなすぐに手を伸ばす。現代人にとって、携帯電話はタバコ、コーヒーに次いで今や第3の常習性のある物質になっている。そして、2007年にはたくさんの人たちが個人的な人間関係よりも携帯電話を優先するほど手放せないものになってしまった。

　携帯電話は、その美しい光沢と手触りの良さと神秘性と洗練された雰囲気とともに、われわれを世界と結びつけてくれるが、その代わりにほんの1メートル先にいる人との関係を絶ってしまうこともある。この何年かの間で、携帯電話は1940年代末の開発当時には考えもしな

かった方法で、個人や社員やメーカーやセラピストなどのあり方を変えていっている。

そして、その代償もはっきりしてきた。これは毎月の請求書だけでなく、携帯電話の使い過ぎはほかの有害な依存症と同様、ロシアのモスクワでも、アイダホ州モスクワでも大きな社会問題になっている。携帯電話が何十万人もの人たちの1対1の人間関係を妨げ、現実から逃避させているのだ。極端な考えだと思うかもしれないが、実際に、レストランでは男性が食事中ずっと携帯電話で話し続けて一緒にいる子供たちを無視しているし、車では妻がずっと携帯電話でおしゃべりして夫を無視している。学生は学校から家までの間ずっとテキストメッセージに夢中で、周りを歩いている友だちと話すこともない。

これはただ感じが悪いだけなのか、それとも病気なのだろうか。言い方は悪いかもしれないが、いずれにしてもストックスカウターは投資チャンスをかぎ分ける。次章で改めて紹介するが、工業社会学者のジム・ウィリアムズは携帯電話への依存はますます孤立していく現代人の症状のひとつだと言っている。デューク大学の行った研究によると、アメリカ人の4分の1が個人的に最も重大な問題を相談する相手がいないという。ウィリアムズは携帯電話や電子メールやインスタントメッセージの利用が拡大しても、現代人には親の時代ほどたくさんの友人がいないと考えている。「情報が増えれば英知が劣ってくるように、インターネットや携帯電話を介した知り合いが増えると、本当の友人が減る」とウィリアムズは言っている。

もし携帯電話が本当にこのような効果をもたらすとすれば、それはこの機器が驚くほど普及したからだろう。考えてみれば、つい1987年には携帯電話はわずか100万台しかなかったのに、2007年には約2億人のアメリカ人がこれを携帯している。アメリカでは全世帯の4分の3に最低1台は携帯電話があり、多くは3〜5台を契約している。また13〜16歳の子供の約半分が携帯電話を所有しているなど、有線電話

の台数をはるかに超えている。そして、アジアやアフリカの発展途上国では有線電話を設置しないでいきなりワイヤレス時代に突入している。最も急成長しているインドと中国ももちろん例外ではない。携帯電話の契約件数は、8月だけでもインドが約600万件、中国も約500万件に上っている。

　また、スペインでは4100万人の人口に対して、3500万台の携帯電話があり、政府は強迫性にかられた行動がティーンエージャーの精神の安定を乱して苦しめていると訴えている。新聞には、子供たちが授業中に電話をしたり、テキストメッセージを送ったり、インターネットに夢中になって進級できなくなっているという記事があふれているし、通信社は、同国のティーンエージャーの15％がベッドに携帯電話を持ち込んで、夜中でも応答できるようにしていると報じている。そして、ときには1000ドルにも上る料金を支払うために、犯罪に手を染める子供までいるという。また、オーストラリアにあるクイーンズランド大学の研究者は携帯電話への依存の原因について、多くのユーザーがこれを気持ちを落ち着けるための「お守り」だと考えているからだとしている。彼らにとって、携帯電話は自尊心を高めるためのもので、携帯電話を身近に置くことに対して脅迫観念に近い必要性を感じていると結論付けているのだ。もしかしたら、2007年にデジタルカメラ付き携帯電話が3億台以上売れたのはこのせいかもしれない。ちなみに、この数字はデジタルカメラ単体の売り上げをはるかに上回っている。

　もしこの急速かつ広範囲な普及には利便性や安心感以上の何かがあると思ったなら、それは正しい。ひとつには、携帯電話会社が莫大な費用をかけて広告を展開し、これまでとは桁違いの販売攻勢をかけているからかもしれない。アメリカでは、携帯電話のマーケティング費用が自動車やタバコや洗剤などあらゆる製品を上回っている。アドバタイジング・エイジ誌の調査によれば、2005年の広告における「メガブランド」の上位3社はベライゾン・コミュニケーションズ、

AT&T、スプリント・ネクステルで、3社が費やした広告費は1年間で65億ドルに上ったという。これ以外で同水準の広告費を使っているのは、ゼネラル・モーターズとフォードとプロクター・アンド・ギャンブルくらいしかない。そしてその結果、アメリカでも外国でも携帯電話の利用は毎月安定的に増加し、2006年の平均的なアメリカ人の使用料は49.30ドル、1年間で約600ドルに上り、携帯電話会社の歴史的利益達成に貢献した。

　これらのことが、2007年1月のストックスカウターの選択銘柄の基盤となった基本的なビジネスと文化の変化だった。体系的なアクティブトレーダーとして、これらのことを知らなかったとしても、すべては株価やトレーディングパターンやインサイダーの行動や収益成長のなかに潜んでいる。また、外国ではこれがさらに顕著で、フィリピン、アフリカ、南米、ロシアなどの巨大市場は現在、アメリカやヨーロッパよりも何年か遅れているものの、急速に追いつこうとしている。

　ここで、トップランクのフィリピン・ロング・ディスタンス・テレフォン（PHI）のチャートを見てみよう。名前は長距離電話だが、主な事業は携帯電話だ。図5.4が示すとおり、2006年末までの3年間の週足チャートは前章までに見てきたような理想的な展開だ。価格モメンタムは細かく変化して、34週や13週移動平均線よりも、9週移動平均線に沿って推移している。この銘柄は上昇するセクターとレラティブストレングスから簡単に買いの候補になるが、ストックスカウターでもトップにランクされたことで、もう間違いない。実際、株価は次の6カ月でアメリカ市場の2倍以上に当たる15％上昇した。つまり、システムとしてストックトレーダー10を使うつもりがなくても、このケースでは同じ銘柄がブルフラッグから上昇して完璧なスイングトレードの候補となった。

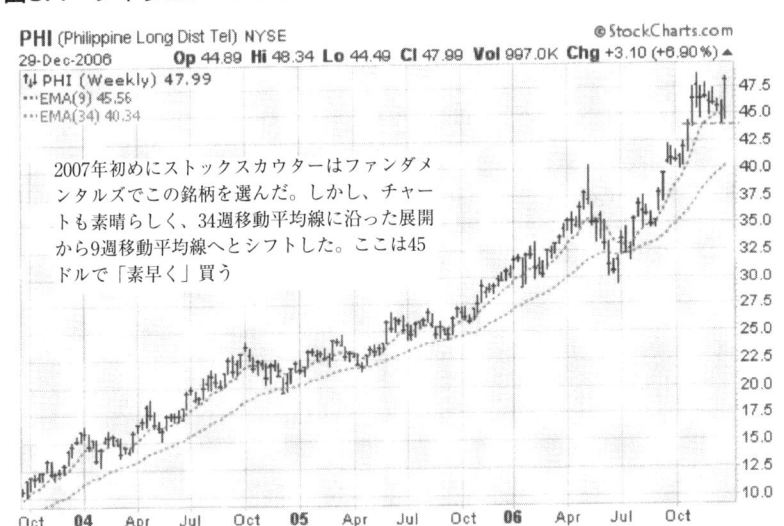

図5.4 フィリピン・ロング・ディスタンス・テレフォン

2007年初めにストックスカウターはファンダメンタルズでこの銘柄を選んだ。しかし、チャートも素晴らしく、34週移動平均線に沿った展開から9週移動平均線へとシフトした。ここは45ドルで「素早く」買う

2007年2月のストックスカウター上位10銘柄

2007年2月の上位10銘柄を**表5.3**に示してある。

2月に入っても、外国とアメリカのテレコム会社に対するストックスカウターの関心は残っていて、インドのマハナガー・テレフォン（MTE）などを選んでいたが、大きな注目分野は商品と外国貿易に移っていた。このことからも、ストックスカウターがひとつのテーマに感情的に縛られないことが分かるだろう。このシステムはただひたすら数字を追い、次にうまくいくのがどの銘柄かを解明していく。この月は韓国の鉄鋼会社のポスコ（PKX）、アメリカのアルミメーカーのアルコア（AA）、化学メーカーのセラニーズ（CE）、チリの航空会社のラン航空（LFL）、ギリシャのドライバルク船（乾貨物船）を運航するジェンコ・シッピング・アンド・トレーディング（GNK）な

表5.3　2007年2月

ストックスカウター10	ティッカー	評価	買値	売値	変化率＊
マハナガー・テレフォン	MTE	10	$7.46	$7.31	−2.01%
リバティ・メディア・インタラクティブ	LINTA	9	$24.06	$20.95	−12.93%
リバティ・メディア・キャピタル	LCAPA	8	$101.67	$114.45	12.57%
アシュランド	ASH	8	$69.12	$61.06	−11.66%
ポスコ	PKX	8	$86.84	$142.45	64.04%
アルコア	AA	10	$31.80	$38.20	20.13%
リアネア・ホールディング	RYAAY	10	$43.57	$41.49	−4.77%
ラン・エアラインADR Repl	LFL	10	$11.82	$16.01	35.48%
セラニーズ	CE	10	$26.02	$37.50	44.12%
ジェンコ・シッピング＆トレーディング	GNK	10	$30.87	$56.33	82.47%
平均					22.74%
S&P500	$INX		1,455.27	1,455.27	1.18%

＊2007年7月31日まで

どが最高の見通しを示していた。そして、狙いはまた当たった。上位10銘柄は次の6カ月で22.7％上昇した一方で、アメリカ市場のリターンはわずか1.2％しか上がらなかったのだ。

　ジェンコに関するストックスカウターの見方は特に優れていて、最初は上位10銘柄、2006年夏には上位銘柄に選んでいる。しかし、この銘柄のどこに注目したのだろう。前にも述べたとおり、システムは厳密に定量的視点で選択しているが、そこには深いファンダメンタルズの強さが考慮されている。ジェンコは、ギリシャの海運業界の大立者であるピーター・ジョルジオポルスの考案した会社だ。もし石油タンカー株を保有したことがあれば、ゼネラル・マリタイムの創業者兼会長でもあるこの名前に聞き覚えがあるかもしれない。ゼネラル・マリタイムは2001年に10ドルで公開されたあと、すぐに下落して、2002年末には2.35ドルまで下げたが、2007年には10倍以上の32ドルまで上がった。若いころ、かつてはジャンクボンドのキングと呼ばれたドレク

セル・バーナム・ランバートで働いていたジョルジオポルスは、当時は人気がなかったものの合併と合理化の期が熟していた小さな石油タンカー会社に目をつけた。いくつかの会社の一部をつなぎ合わせて14億ドルの黒字会社を構築した彼の成功は今では伝説となっている。ゼネラル・マリタイムは現在では約60隻のタンカーを所有している。

　ジョルジオポルスはジェンコについても同じことを試み、同じような経緯をたどった。2005年半ばに株式を公開したジェンコは最初の15ドルからすぐに下落して年末には12.85ドルまで下げたが、その後は安定的に弧を描きながら上昇して、2007年９月には65ドルに達した。第４四半期と翌2008年の成功のカギを握るのは、中国とインドの鉄鉱石や石炭や穀物に対する急速な需要の拡大だった。このことは一部の投資家にとっては2007年２月までに語り尽くされたテーマかもしれないが、それでも無視できない現象であることに変わりはない。2007年半ばまでに、中国の都市部の人口は６億人を超え、総人口の割合で見れば1978年の23.9％から47％に増加した。ものすごい勢いで都市部へ人口が移動したということはそれに見合うよう都市のインフラを大幅に改善し、膨大な個人需要を生み出す必要がある。中国の都会に住む人たちの消費は、今では国全体の消費の60％以上を占めている。言い換えれば、今日、世界経済におけるドライバルク船の主な役割は、鉄鉱石や石炭や穀物をブラジルやオーストラリアやインドネシアやアフリカから中国に運ぶことにある。それによって中国のメーカーは鉄を生産し、それで道路、空港、工場などを建設することで、非効率で人員不足の農場をあとにした人たちに食物を供給することができているのだ。

　ちなみに、これらの船はたいてい帰りは空で運行している。中国も豊富な資源がある大国だが、この国の鉄鉱石は鉄の含有量が外国のものよりも劣っているし、炭鉱は効率が悪くて危険なうえ、何年にも及ぶ渇水によって、作物は大打撃を受けているからだ。研究者は、危険

な炭鉱を閉鎖して、低コストで高エネルギーの石炭をオーストラリアから輸入するほうが中国にとって安くつくと言い、そこにジェンコの出番がある。ジョルジオポルスの最初の計画では、中国の運輸業者から比較的新しい船舶16隻を買い入れるつもりだった。しかし、当時は長期の用船料率が高かったため、彼はカーギルやBHPビリトン（BHP）といった素材供給会社のために15隻を1～2年契約で運行することにした。ところが、そのあとすぐに料率が下がったため、結局これは非常に賢い戦略となった。

ドライバルク船の運航企業は数多くあるが、2006～2007年における2年間のチャーター便ではジェンコが抜きん出ていた。これが安定的な高配当につながり、その間に料率が上がり始めたスポット市場にも、ある程度のエクスポージャーを維持していた。この保守的なアプローチのもうひとつの特徴は、ジェンコが設立資金の4億5000万ドルを10年間の回転信用枠を使ってLIBOR＋95ベーシスポイントで調達していたことで、この資金は船舶の購入に充てられるようになっていた。このため、ジェンコは株式の売却で自己資本を希薄化させることなく、成長のための資金を調達できた。ゼネラル・マリタイムもかつて同じ戦略を使い、新株を発行することなく船舶数を16隻から50隻まで拡大していた。これはなかなかの手腕だ。

基本的に、船会社は有利な条件で船を買ったり資金調達したりして、それを高くチャーターすることで価値が高まる。そして、ストックスカウターも、これがなかなか優れたビジネスプランだということをなぜか探し当てた。**図5.5**を見ると、ストックスカウターが2月の上位10銘柄にジェンコを選んだ日の前日の様子が分かる。その時点から、ジェンコの経営陣は安そうな大型船を次々と購入し、次々と高い料率でチャーターしているという発表が続いたため、株価はみるみる上昇していった。相関関係が分かってきただろうか。料率の高さに驚いたアナリストたちは、予想と目標株価を何度も上げざるを得なくなった。

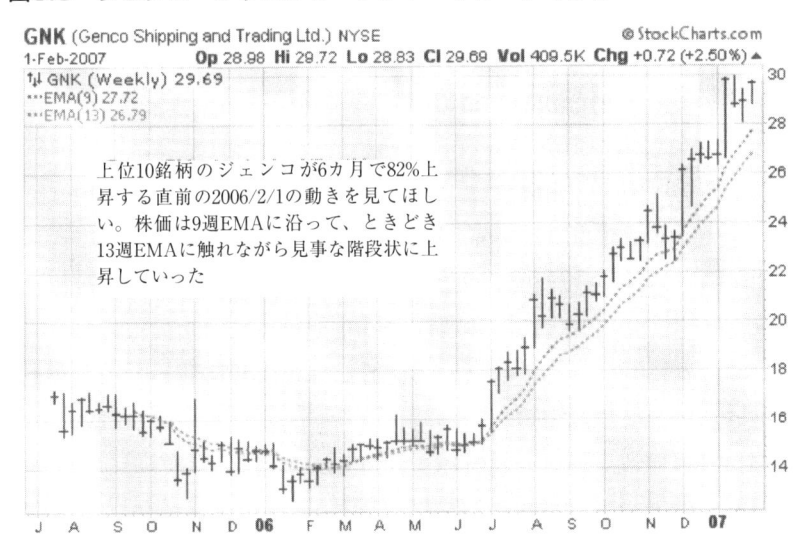

図5.5　ジェンコ・シッピング・アンド・トレーディング

上位10銘柄のジェンコが6カ月で82％上昇する直前の2006/2/1の動きを見てほしい。株価は9週EMAに沿って、ときどき13週EMAに触れながら見事な階段状に上昇していった

そして2006年半ばには、ジェンコが所有する船舶の94％は2007年のチャーターが決まっており、60％は2008年も決まっていたため、これが配当と、将来の高い料率の全面的な裏づけとなった。ストックスカウターはこの銘柄を独自の超人的手法で選び出し、これを信じたトレーダーは6カ月間で82％の利益を上げた。

2007年３月のストックスカウター上位10銘柄

2007年３月の上位10銘柄を**表5.4**に示してある。

2007年３月、ストックスカウターは視点をそれまでとはまったく違うハイテク株と金融株に移した。通信機器を買っていた会社から、それらを作る会社に静かに移行していたのだ。人気が高まっていたのは、中規模のワイヤレスと有線の通信機器メーカーであるハリス（HRS）、

表5.4 2007年3月

ストックスカウター10	ティッカー	評価	買値	売値	変化率*
ハリス・コープ	HRS	10	$50.37	$60.83	20.77%
アンフェノール・コープ	APH	10	$33.92	$36.11	6.47%
MSCインダストリアル・ダイレクト	MSM	10	$45.47	$51.80	13.92%
BMCソフトウエア	BMC	10	$32.00	$30.62	-4.31%
マイクロチップ・テクノロジー	MCHP	10	$37.49	$38.52	2.75%
サイプレス・セミコンダクター	CY	10	$19.98	$25.04	25.33%
レイモンド・ジェームズ・ファイナンシャル	RJF	10	$31.41	$32.79	4.39%
ハッチンソン・テクノロジー	HTCH	10	$23.52	$23.01	-2.17%
クレディコープ	BAP	10	$50.43	$61.35	21.65%
マカフィー	MFE	10	$31.65	$35.75	12.95%
平均					10.18%
S&P500	$INX		1,406.22	1,473.99	4.82%

＊2007年8月31日まで

アンフェノール（APH）、サイプレス・セミコンダクター（CY）、工業機器販売のMSCインダストリアル（MSM）、そしてコンピューターウイルス対策ソフトのマカフィー（MFE）などだった。また、金融セクターも上位グループに登場し、ペルーの銀行であるクレディコープ（BAP）にもチャンスが到来した。当時、このシステムに従えば、2007年最初の大ショックとなった急激な下落相場のなかで、これらの銘柄を買わなければならなかった。しかし、リスクをとった人たちには利益が与えられた。このときの10銘柄も、次の6カ月間でマーケットの2倍に当たる10.2％上昇したのだ。

2007年4月のストックスカウター上位10銘柄

2007年4月の上位10銘柄を**表5.5**に示してある。

4月になると、ストックスカウターは公共事業とテレコムへの関心

表5.5 2007年4月

ストックスカウター10	ティッカー	評価	買値	売値	変化率＊
ミラント	MIR	9	$40.94	$41.32	0.93%
DCPミッドストリーム・パートナー	DPM	9	$39.09	$44.89	14.84%
アクア・アメリカ	WTR	8	$22.31	$23.87	6.99%
コンソリデイティッド・コミュニケーション	CNSL	8	$19.88	$18.90	−4.93%
オキシデンタル・ペトロリアム	OXY	10	$50.30	$64.41	28.05%
ユニット・コープ	UNT	10	$51.50	$50.54	−1.86%
スタット・オイル	STO	10	$27.74	$34.62	24.80%
ダイネジー・クラスA	DYN	10	$9.47	$8.86	−6.44%
インペリアル・オイル	IMO	10	$37.58	$50.14	33.42%
パートナー・コミュニケーション	PTNR	10	$14.75	$16.01	8.54%
平均					10.43%
S&P500	$INX		1,420.86	1,525.75	7.38%

＊2007年9月21日まで

を維持しつつも、今年初めてエネルギーに注目し始めていることが分かる。このなかで筆者が驚いたのは、9カ月間に及ぶ下落と横ばいのあとで人気を回復した原油に注目していることだった。図5.6が示すように、原油価格は2006年半ばに1バレル当たり79ドルに上がったあと、2007年初めに50ドルまで下落している。この間、上位10銘柄にエネルギー株は入っていないが、4月になると、原油価格はそれまで支持線となっていた50週移動平均線を初めて超えた。そしてこの月に、ストックスカウターは石油とガスの大型株5銘柄を選択した。これらの銘柄は次の6カ月間、1バレル当たり80ドル前半まで高騰した原油価格とともに、上昇していった。繰り返しになるが、特別なプログラミングで商品価格を確認したりしなくても、モデルが変化を感じ取って独自に分析してくれている。

　ここで面白いのはこのモデルが多岐にわたるエネルギー株を選んでいることで、このなかには国際的な石油採掘と化学精製のオキシ

図5.6　原油

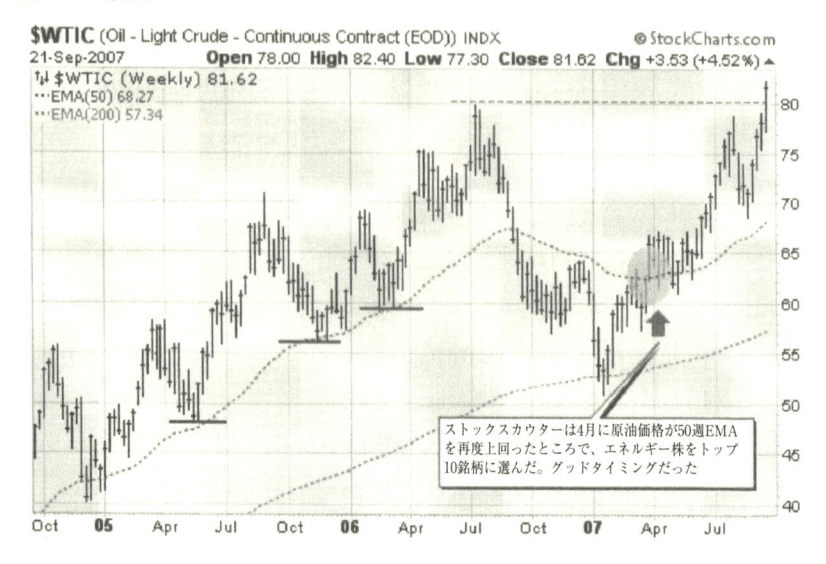

ストックスカウターは4月に原油価格が50週EMAを再度上回ったところで、エネルギー株をトップ10銘柄に選んだ。グッドタイミングだった

デンタル石油（OXY）、オクラホマ州にあるガス掘削会社のユニット（UNT）、カナダの巨大総合エネルギー企業のインペリアル・オイル（IMO）、ノルウェーのやはり巨大総合エネルギー企業のスタット・オイル（STO）などが含まれている。このとき、ストックスカウターの小さなアルゴリズム脳で、何が起こっていたのだろう。実は大したことではなくて、単純に計算をしていただけだ。ただ、普通のトレーダーが１週間熟考して独自のポートフォリオを構築していたら、おそらく中国の影響を受けていただろう。

　ここで、デニス・ガートマンというベテランのグローバル・マクロアナリストが示した当時の見通しの一部を紹介しておこう。ガートマンによると、1990年代初めの中国はエネルギー面で独立しており、巨大な大慶油田が国内需要をまかなったうえで、多少は同盟国にも輸出できる量の原油を産出していた。1985年の１日当たりの産出量は270

万バレルで、消費は200万バレルだった。しかし1995年になると、中国経済は、原油の輸入が必要になるところまで成長していた。この年、1日当たりの産出量は300万バレルになっていたが、需要は320万バレルに増加していた。そして2000年になると、需要は440万バレルまで上がり、2005年には国内の産出量が370万バレルに増えても需要は700万バレルに達していた。これを率に直せば、1985年から2005年にかけて産出量の増加が37％だったのに対し、需要は250％も増えていたことになる。

現在、中国はアンゴラ、サウジアラビア、イラン、カナダ、ロシア、オマーン、コンゴ、イエメン、ベネズエラなどから石油を輸入している。それまでヨーロッパとアメリカに向かっていた石油が、今では中国に流れているということについて少し考えてみてほしい。そして、急成長している東ヨーロッパや南アジア、中央アメリカの国々では膨れ上がる中流階級のライフスタイルを支えるために、原油とガスを必要としている。われわれの目の前で、将来の歴史の本のページが破り取られているのだ。しかし、ストックスカウターモデルを使えば、われわれはトレーダーとしてこの状況を自動的に利用する独自のチャンスに恵まれることになる。

2007年５月のストックスカウター上位10銘柄

2007年５月の上位10銘柄を**表5.6**に示してある。

５月になると、ストックスカウターはテクノロジーとエネルギーに加えて小売り、メディア、運輸などの新しい分野を選択した。この変更が５カ月たってもあまりうまくいっていなかったのはキャラクター製品とメディアのマーベル・エンターテインメント（MVL）がつまずき、ティーンエージャー向け衣料メーカーのアバクロンビー・アンド・フィッチ（ANF）も横ばいだったからだ。ただ、ポートフォリ

表5.6　2007年5月

ストックスカウター10	ティッカー	評価	買値	売値	変化率*
アバクロンビー・アンド・フィッチ	ANF	10	$83.39	$79.83	-4.27%
コバット・オイル&ガス・コープ	COG	10	$36.88	$36.54	-0.92%
ファステナル・コープ	FAST	10	$41.65	$44.87	7.73%
ハートランド・エクスプレス	HTLD	10	$13.08	$14.86	13.61%
インテュイット	INTU	10	$29.11	$29.70	2.03%
ナショナル・セミコンダクター	NSM	10	$26.72	$26.43	-1.09%
タイドウオーター	TDW	10	$66.26	$67.00	1.12%
マーベル・エンターテインメント	MVL	10	$29.60	$22.76	-23.11%
チョイス・ホテル・インターナショナル	CHH	10	$38.58	$39.03	1.17%
AVXコープ	AVX	10	$16.52	$16.00	-3.15%
平均					-0.69%
S&P500	$INX		1,482.37	1,525.75	2.93%

＊2007年9月21日まで

オがほぼ横ばいだったのに対してマーケットの上昇率は3％なので、これがマイナス要因になったわけではない。すべて勝てるわけではないし、それは期待すべきではない。このグループの低パフォーマンスで面白いのは、5月1日が少なくとも気持ち的には年間で最も簡単に新しいポートフォリオを始められる時期だったことだ。株価は3月の卒倒状態から完全に回復し、4月には派手な展開なしに安定して上昇していった。ここでも、ポートフォリオを始めるなら最も不快な時期が最適で、反対に、無敵だと思うときには注意しなければならないということが分かる。

2007年6月のストックスカウター上位10銘柄

2007年6月の上位10銘柄を**表5.7**に示してある。

6月になると、ストックスカウターは小売りとエンターテインメン

表5.7　2007年6月

ストックスカウター10	ティッカー	評価	買値	売値	変化率＊
BMCソフトウエア	BMC	10	$31.85	$31.50	-1.10%
ENSCOインターナショナル	ESV	10	$61.52	$56.79	-7.69%
アナログ・デバイス	ADI	10	$35.70	$36.60	2.52%
アップル	AAPL	10	$118.77	$144.15	21.37%
コーフ	COHU	10	$20.61	$20.32	-1.41%
ハリス・コープ	HRS	10	$49.65	$58.05	16.92%
インテュイット	INTU	10	$30.53	$29.70	-2.72%
FMCテクノロジーズ	FTI	10	$37.88	$56.74	49.79%
オーバーシーズ・シップホールディング	OSG	10	$79.31	$75.74	-4.50%
プライド・インターナショナル	PDE	10	$35.90	$36.39	1.36%
平均					7.45%
S&P500	$INX		1,530.62	1,525.75	-0.32%

＊2007年9月21日まで

　トはさほど流行らなかったとして、再びエネルギーとテクノロジーに関心を移した。この選択によって、マーケットが非常に困難な時期にも4カ月で7.45％上昇し、ほぼ横ばいだったマーケット全体を大きく上回った。テクノロジーセクターで大勝したのは、新型iフォンやマッキントッシュやiPodの新モデルをリリースして予想収益成長率を大きく押し上げたアップル（AAPL）だった。

　実は、6月にはもうひとつスター銘柄があった。石油とガス業界用の設備のFMCテクノロジーズ（FTI）という過小評価されている会社だ。これはフィリップ・A・フィッシャーの有名な著書『フィッシャーの「超」成長株投資──普通株で普通でない利益を得るために』（フォレスト出版）にも取り上げられている伝統企業で、適正株価の成長株発掘のパイオニアであるフィッシャーは、収益が落ち込んだときにFMCテクノロジーズを買い、それを30年保有して大儲けしたというエピソードがある。このケースで特に面白いのは**図5.7**が示すと

図5.7　FMCテクノロジーズ

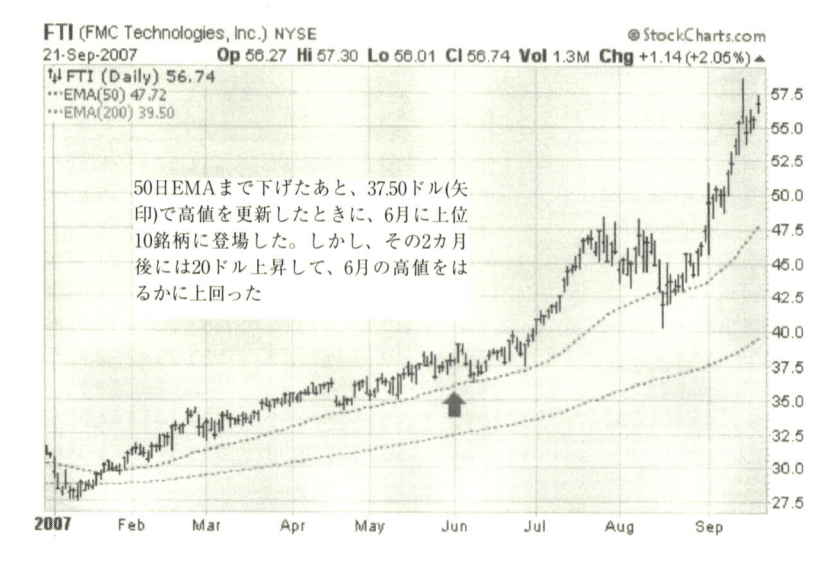

50日EMAまで下げたあと、37.50ドル(矢印)で高値を更新したときに、6月に上位10銘柄に登場した。しかし、その2カ月後には20ドル上昇して、6月の高値をはるかに上回った

おり、われわれのモデルがFMCテクノロジーズを史上最高値を付けたときに選んだことだ。多くの投資家にとってこの時期に買うのは難しい。利益はすべて出尽くした気がして、遅れて買うのは愚か者のように感じるからだ。しかし、ここでもストックスカウターは、このエネルギー探査企業向けの海中プラットフォームメーカーの収益と利益とキャッシュフローが再度上昇することを突き止め、株価は史上最高値を繰り返し更新しながら4カ月後には約50％上昇していた。たとえ新高値や新安値を付けていても、ストックスカウターの上位10銘柄を買うのをやめるべきでないことはこのケースからも分かるだろう。このモデルは、少なくとも将来の展望を開く助けとなる十分な10銘柄を教えてくれる可能性が高い。

表5.8　2007年7月

ストックスカウター10	ティッカー	評価	買値	売値	変化率＊
カル・ダイブ・インターナショナル	DVR	10	$16.50	$15.47	-6.24%
ノルスク・ハイドロADR	NHY	9	$38.00	$43.26	13.84%
ユナイテッド・マイクロ	UMC	9	$3.52	$3.53	0.28%
ブレイトバーン・エネジーLP	BBEP	8	$33.99	$33.54	-1.32%
ペトロリアム・デベロップメント	PETD	8	$48.47	$44.68	-7.82%
ペン・バージニアGP	PVG	8	$30.85	$37.60	21.88%
アナダルコ・ペトロリアム	APC	10	$51.54	$53.55	3.90%
コーフ	COHU	10	$21.89	$20.32	-7.17%
プライド・インターナショナル	PDE	10	$37.01	$36.39	-1.68%
アトウッド・オーシャニック	ATW	10	$67.54	$80.57	19.29%
平均					3.50%
S&P500	$INX		1,503.35	1,525.75	1.49%

＊2007年9月21日まで

2007年7月のストックスカウター上位10銘柄

　2007年7月の上位10銘柄を**表5.8**に示してある。

　もし株を買うときにホーマー・シンプソンばりに頭をたたきながら大声で「ドッオウ」と叫びたくなるようなときがあったとすれば、それは2007年7月だろう。マーケットは3月末から盛り上がり、みんな意気揚々としていた。ところが、7月中旬になると突然、投資家のあいだでサブプライムローンの懸念が高まり、世界的な信用危機もあって混乱したグローバルマクロ系のヘッジファンドマネジャーがみんなポジションを売り始めた。

　しかし、だからこそマーケットの神様はわれわれのために定量的手法を発明してくれた。ここは周りの大騒動には目と耳を閉じて、キーボードに株価コードを打ち込んでほしい。サイレンの歌声に惑わされず進んでいったオデッセウスのように、運命とか、悲観的な声に耳を

傾けないで、すべきことをすればよい。トレーダーは自分のモデルを守っていれば、モデルもトレーダーを守ってくれる。

表5.8にあるとおり、ストックスカウターは7月もエネルギー株に固執し、あとは若干のテクノロジー株が加わっていた。今回も分散のなさがむしろ印象的だ。この月のリストには、ヒューストンの掘削会社でメキシコ湾や中東の浅瀬や深海で海中建設にかかわるサービスを提供しているカル・ダイブ・インターナショナル（DVR）や、ノルウェー企業で北海で石油とガスを産出しているが、最大の事業はヨーロッパとカナダとオーストラリアのアルミ製造というノルスク・ハイドロ（NHY）、ペンシルベニア州のマスター・リミテッド・パートナーシップ（共同事業体のような形式の会社）で、主に炭鉱の管理や天然ガスを集めて処理するペン・バージニア（PVG）、ヒューストンにある掘削装置と掘削請負会社で南米やアフリカ沖、ヨーロッパ、アメリカ南部、中東などの石油とガスの探索にかかわるプライド・インターナショナル（PDE）などが含まれている。

7月のリストのなかで、エレクトロニクスは9月まではあまり有望には見えなかったが、先のことは分からない。筆者は、ストックスカウターが素晴らしい潜在力を秘めた銘柄を、大衆よりも先に見つけだす能力にはいつも驚いている。ユナイテッド・マイクロ（UMC）は回路、デジタル・アナログ混載IC、メモリーチップ用のシリコンウエハー・メーカーで、成長著しい台湾の電子業界最大手のひとつだ。携帯電話端末の販売回復や開発が進む太陽光チップを使った高級パソコンなどによって、テキサス・インスツルメンツ（TXN）をはじめとする顧客が活気を取り戻すなか、ユナイテッド・マイクロにも素晴らしい展開が待っているかもしれない。先のことは分からないのだから、いやな予感がするとか、チャートの形が悪いなどという理由でリストから除外するのはやめたほうがよい。

表5.9　2007年8月

ストックスカウター10	ティッカー	評価	買値	売値	変化率＊
ADCテレコム	ADCT	10	$19.07	$20.73	8.70%
アリス・グループ	ARRS	10	$15.00	$14.26	−4.93%
アポロ・グループ	APOL	10	$60.75	$58.72	−3.34%
セラダイン	CRDN	10	$76.19	$74.58	−2.11%
ガーミン	GRMN	10	$79.90	$108.70	36.05%
オーシャニアリング・インターナショナル	OII	10	$54.80	$73.85	34.76%
クアルコム	QCOM	10	$41.67	$40.83	−2.02%
アルベマーレ・コープ	ALB	10	$39.88	$42.67	7.00%
コア・ラボラトリース	CLB	10	$102.67	$123.53	20.32%
アップル	AAPL	10	$143.85	$144.15	0.21%
平均					**9.46%**
S&P500	$INX		1,455.27	1,525.75	4.84%

＊2007年9月21日まで

2007年8月のストックスカウター上位10銘柄

2007年8月の上位10銘柄を**表5.9**に示してある。

8月になって、信用危機が悪化しても、ストックスカウターは引き続きエネルギーとテクノロジーの中型株と大型株に注目し、ほかの分野はなくなってしまった。ときには集中するのもよいことだ。今回のポートフォリオは2007年8月1日から9月22日までと短期間の運用だったが、オーシャニアリング・インターナショナル（OII、**図5.8**）とコア・ラボラトリース（CLB）が素晴らしい利益を上げた。

このとき、本当は何が起こっていたのだろう。ガソリン価格は史上最高値に迫っていたことで、事業価値の創造には関心がない一般消費者と違い、われわれにとってはこの商品の歴史的高騰に便乗するチャンスとなった。今日、世界中の市場では精製油製品が不足していて、人々はかつてのすべてが豊富だった良き時代には二度と戻れないとい

図5.8　オーシャニアリング・インターナショナル

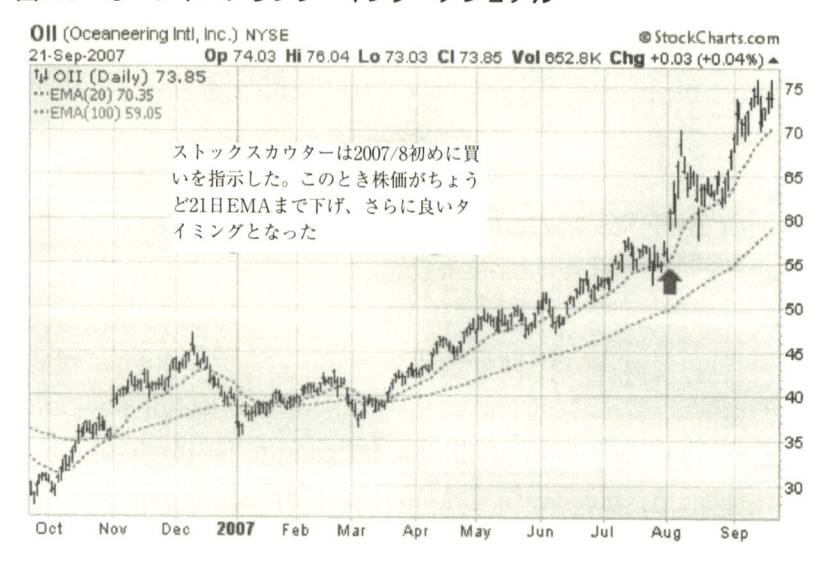

> ストックスカウターは2007/8初めに買いを指示した。このとき株価がちょうど21日EMAまで下げ、さらに良いタイミングとなった

うことを理解し始めている。

　ガソリンスタンドでの価格が上昇するのは単純に経済の問題でしかない。アメリカの精製業者のガソリン生産能力は１日当たり1700万ガロンだが、需要は2200万ガロンに上る。その差を埋めるために、外国の精製業者から買い入れれば、ガソリンスタンドの価格は輸入価格に近くならざるを得ない。アメリカの石油製品の需要は、２月の気温が例年よりも低かった影響もあって、2007年初めから2.7％上昇している。しかし、ガソリンやそれ以外の精製油製品を輸入する国はほかにもたくさんあり、われわれがこの価格についてとやかく言える立場にはない。原油と同様、ガソリンも世界中で競り勝った買い手に渡る。ドルが弱いうえに、中国で生産したiPodやコスタリカで生産したＴシャツに対するアメリカ人の欲求が外国経済を力強く成長させているなかで、われわれは供給を維持するために高い価格を払うしかないとい

うだけのことだ。アメリカでは厳しい環境規制もあって、新たな設備投資が進まず、精製能力がおそろしく低い現状ではサプライチェーンのほんの少しの変化でも、驚くほど大きな影響を及ぼすことになる。

　もし2007年半ばから暴動が起こっているナイジェリアからの石油の輸入が一時的に中断したり、精製所で処理能力に支障をきたすような事故があったりすれば、アメリカの消費者向けガソリンとディーゼル燃料は劇的に減少する。そして、そうなれば価格がこの乏しい資源の配分を決めることになる。2007年夏のどこかの時点で、アメリカのガソリンの在庫は史上最低レベルの20日分まで下がることもあるかもしれない。

　石油会社を責めることがあるとしたら、石油価格が暴落した1980年代と1990年代の長期にわたる怠慢で、精製所を適切に維持しておかなかったことだろう。このときの投資不足が、2005年に15人の死者を出したBP（BP）のテキサスシティ製油所の爆発事故や、大手精製会社のバレロ・エネルギー（VLO）が運営するマッキー製油所の火災の一因になっている。優秀な精製エンジニアが驚くほど少ないことによる維持管理の悪さといくつかの不運に、2007年の混乱が重なって、アメリカの大手精製所数カ所は処理能力が半分程度まで下がっている。ガソリンの1日当たりの生産能力が50万バレルも低下しているのだ。

　その間の政府の対応も、称賛に値するとは言いがたい。それにはさまざまな理由があるが、そのひとつに、農家が使用している超低硫黄ディーゼル燃料に関する新しい連邦規則が、通常のパイプラインによる国内輸送を難しくしたことがある。農家は地元で精製され販売される価格の高いディーゼル燃料への切り替えを余儀なくされ、安いディーゼル燃料は輸送規則の緩い外国に送られることになった。それでは、ブッシュ大統領が代替燃料として推し進めているエタノールはどうだろう。トウモロコシからできる夢の燃料ということになっているが、これはもう悪い冗談としか言いようがない。ドイツ銀行のアナリ

ストが指摘したように、エタノールはメタドン（ヘロイン依存症の治療薬）のようなもので、一時的に症状を緩和してくれるが、治癒してくれるわけではない。現在、エタノールの生産と輸送には多額の租税補助金がかかるうえ、外国へのエネルギー依存を減らすという意味ではほとんど影響がない。原料となるトウモロコシの栽培は石油で動くトラクターを使い、ガスが原料の肥料と、石油が原料の殺虫剤で育てている。ドイツ銀行のレポートはさらに、エタノールはガソリンと比較して30％燃費が悪いとも記している。これは、自動車ならエタノール1ガロンの走行距離がガソリンの約3分の2しかないということを意味している。

　解決策が見えない状況で、短絡的にガソリンスタンドの職員に文句をつけるのは簡単だが、それは的外れだ。個人経営のガソリンスタンドのオーナーは、卸値とクレジットカードの手数料が上がり、顧客からは恨まれ、消費者と同じくらい被害を被っている。消費者は文句を言うよりも、この展開を利用して利益を上げる方法を考えるべきだろう。そして、ここでもストックスカウターがその方向を示してくれている。

2007年9月のストックスカウター上位10銘柄

　2007年9月の上位10銘柄を**表5.10**に示してある。
　波乱と緊張の8月が過ぎると、ストックスカウターはそれまでのカードをすべて捨て去り、資本財、テレコム、金融、公共事業、エネルギー、ヘルスケアなど、セクターから勝つための銘柄を新たに選択した。これは今年最も分散したポートフォリオで、少なくとも初めて一貫性のあるリストとなった。攻撃の先頭に立つのは石油とガスのプラットフォーム建設サービスのマイケル・ベーカー（BKR）だが、そのすぐ後ろに、北京の超音波機器メーカーのチャイナ・メディカル・

表5.10　2007年9月

ストックスカウター10	ティッカー	評価	買値	売値	変化率＊
テクストロン	TXT	10	$56.79	$62.33	9.76%
シェナンドー・テレコム	SHEN	10	$19.79	$22.40	13.19%
ナビゲーターズ・グループ	NAVG	10	$53.29	$54.33	1.95%
パブリック・サービス・エンターテインメント	PEG	10	$85.87	$89.03	3.68%
コカ・コーラ・フェムサ	KOF	10	$39.85	$39.31	−1.36%
ユナイテッド・ファイア＆カジュアリティ	UFCS	10	$38.47	$39.29	2.13%
キャピタル・トラスト	CT	10	$33.50	$36.63	9.34%
ラテンアメリカ・エクスポート・バンク	BLX	10	$18.45	$18.42	−0.16%
マイケル・ベーカー・コープ	BKR	10	$40.93	$51.45	25.70%
チャイナ・メディカル・テクノロジース	CMED	10	$34.60	$39.55	14.31%
平均					**7.85%**
S&P500	$INX		1,473.99	1,525.75	3.51%

＊2007年9月21日まで

テクノロジース（CMED）、ニューヨークにある不動産投資信託のキャピタル・トラスト（CT）、バージニア州の地域電話サービス会社のシェナンドー・テレコム（SHEN）、建設重機メーカーのテクストロン（TXT）などが続いている。今回のポートフォリオは、分散が非常によく機能し、最初の3週間で7.85％上昇した。ちなみに、同時期のマーケット平均は＋3.5％だった。

　ここでの教えは、ストックスカウターの計算がユーザーの代わりにチャンスを探し当ててくれるということだ。積極的なトレーダーでも、6カ月間保有しているあいだに、数学と複利が魔法をかけてくれる。次は、過去12年間、筆者の調査でも、実践でもうまくいったもうひとつのモデルを紹介しよう。

コアセレクト——継続性の王者

　通常、継続性は株の特性として語られる要素ではないが、毎年、それを達成している企業がわずかだがある。世界にある時価総額１億ドル以上の銘柄5500強のうち、2007年までの10年間、総合リターン（値上がり＋配当）が毎年プラスだったのはわずか15銘柄しかない。また、９年間プラスで残りの１年の損失が９％未満だったものも19銘柄しかなかった。

　過去10年間に完勝した企業はたいてい目立たないところで素晴らしい業績を上げていて、名前が知られている企業は少ない。そして、これらの企業には堅実なビジネスプランがあり、株や社債の発行で運転資金を調達する必要がないため、投資家に対して売り込みをかけることがない。つまり、引き受け手数料を稼ぎたいブローカーにとっては魅力がない銘柄ということになる。そしてブローカーは自分たちのサービスを必要としていない企業のリサーチ（マーケティングともいう）はしない。この業界の影の部分とも言えることだが、真実だ。

　しかし、有名ではなくても長期パフォーマンスを誇る無敵の銘柄の多くには持久力がある。これらの銘柄は10年間連続で上昇していれば、11年目も上がる可能性が高い。筆者の研究ではこのタイプの銘柄を買って、いずれ後退するときに備えて20％下にストップを置いておけば、平均で年率24％の利益を上げるという結果が出ている。

　トレーディングという観点から言えば、この「コア」銘柄の最大のポイントは現在うまくいっていれば、さらに買っても強力で安定した支持基盤があることだ。そしてさらに、これらの銘柄はマーケットが圧迫されているときも、それが終わった直後も、機関投資家にとって「大黒柱」の株となっている場合が多い。

　機関投資家向けの強力なデータベースなしに、高品質の株のリストを作るのは難しい。筆者はこのリストを毎年、１年の最後の週にニュ

図5.9 ウエストパック・バンキング

過去10年間、毎年強さを増し、オーストラリア経済にとってもこの銘柄自体の継続性という意味でも頼りになる存在だ

ースレターの「ストラテジックアドバンテージ」に掲載している。トレーダーにとって、このリストの最高の使い方は押したところか、ブレイクアウトでポジションを建て、あとは年初から強力な上昇トレンドに乗っている銘柄か、年が明けてから上昇トレンドが始まった銘柄にいつもどおり集中することだ。これらの企業は国際的な輸送サービスからカナダの銀行、バイオテクノロジーまで、さまざまな事業を展開している。いくつか名前を挙げると、エクスペディター・インターナショナル・オブ・ワシントン（EXPD）、ウエストパック・バンキング（WBK）、ギレアデ・サイエンス（GILD）、ニュージャージー・リソーシス（NJR）、ストライカー（SYK）、ステリサイクル（SRCL）などがある。オーストラリアの大手銀行であるウエストパックのチャート（**図5.9**）が示すとおり、これらの銘柄はほかの銘柄に期待が持

てないときでも、毎日（あるいは毎週）トレードして数カ月保有できる銘柄として当てにできる。ブル相場でも、ベア相場でも、動きがなくても、危機に陥っているときでも、いつも頼りにできる友人のような存在だ。

　次はアクティブトレーダーのための最後の分野で、経済や社会や文化やビジネスの根本的な変化にかかわりながら、優位に立つ株のグループを見ていこう。これらは犬ぞりを引いてアラスカの荒野を走り抜けるハスキー犬のように、協力し合いながら活発に動いている。

第6章

Friday

金曜日

Nパワーと生態系

　多くのビジネスにおいて、金曜日の午後は休息と乾杯の時間だが、アクティブトレーダーは1週間最後の日の終わりを集中して考える時間に充てたい。取引時間終了のベルがなったら、まずは走ったり泳いだりしてから机に戻り、その週に行ったトレードや利益、成功、発見などがまだ記憶に新しいうちに、翌週の戦略を考えてみてほしい。

　金曜日の熟考の理想的な課題は、これまで学んだことと過去5日間のニュースで、これらの整合性をどうとるかがポイントとなる。本当に新しいのは何かということを、意図的に状況を踏まえて熟考すれば、日々のトレーディングについて翌週だけでなく、今後2〜3カ月、あるいはそれ以上の見通しを得ることができる。また、これによって株や指数の最も強力なトレンドやセクターの動きに焦点を合わせ、多くのデイトレーダーの勝率を低下させるランダムなノイズを減らすこともできる。

　株価を動かす最も強力で、最も理解されていない力のひとつに、製品サイクルやビジネスプランや経営や価格の根本的な変化がある。新しい経営陣、新しいサービス、新しい製品、そして極めてマーケット的に言えば新高値や新安値などの要素は投資家の関心を引き、ほんの

少しだが彼らに企業や業界の価値を見直すきっかけを与える。筆者が「Nパワー」と呼ぶこの力は株やセクターの大きな動きの影にある秘密の原動力で、そのカギを握る展開を認識できるようになれば、デイリートレーダーにとって計り知れないほど大きな助けになる。

結局、大事なのは変化が現在の文化や視点を脅かすということを認識することだ。変化は危険で不安で不快なことから、多くのマーケット参加者はこれを単純に無視しようとする。しかし、変化が引き起こす強い影響力を認識し、ライバルが受け付けられない概念としてどこかに押し込めてしまおうとする間に自分は適応することができれば、それを利益とすることができる。マーケットや政治や経済や文化について何が新しいのかをよく考え、自分の見方と他人が見過ごしていることの差にアービトラージのチャンスがないか探す訓練をぜひしてほしい。伝説的ヘッジファンドマネジャーであるマイケル・スタインハルトも言っているように、トレーダーにとって、世界について正確に「異なった視点」を持つこと以上の価値はない。本当に巨大な利益を得るためには大衆よりも先に変化を感じ取り、長期ポジションを建てたら、あとは世界が自分のポジションの方向に殺到するのをゆっくり待てばよい。

投資家に対して、人間の基本的な思考過程を理解することで優位に立つ方法を助言している天才のひとりに、マサチューセッツ州にあるウイリアムズ・インフェレンス・センターのジム・ウィリアムズがいる。彼はヘッジファンドマネジャーから消費者向けブランドのマネジャーまでさまざまな顧客に、社会や政治や企業トレンドや行動における変化の早期警告サインとしてアノマリーを認識するための手助けをしている。周りがみんな環境の一部だと思っていることに自分だけが気づくようになるためには、禅にも近い質が求められる。これはなかなか難しい。ウィリアムズはこの過程を詩人のロバート・フロストのエッセイを引用して「詩人は意図的に何にも固執しないようにしてい

るが、野原を歩いているとまとわりついてくる草のように向こうから来るものはそのまま受け入れる」と説明している。すべてのニュース報道や出版物に目を通すのは現実的に不可能なため、ウィリアムズはアノマリー、つまり変化の兆しを一見普通に見えるニュースのなかから見つけだす手助けをしている。

　本章で紹介する例の多くは、ウィリアムズが四半期ごとに顧客に送っているニュースクリップ集のなかから見つけたアイデアで、このクリップ集には、トレンドやムードや文化などの潜在的な変化を感じ取るためのヒントがあふれている。例えば、アノマリーが認識できるようになる過程で、彼は顧客にデジタルカメラとカメラ付き携帯電話の驚くべき影響を見つけだす手助けをしてくれた。これらの機器がイーストマン・コダックなどの大手企業のビジネスモデルを崩壊させ、サンディスク、オムニ・ビジョン、マイクロン・テクノロジースなどの新しいビッグビジネスを生み出したトレンドとしてみんなが理解する数年前のことだ。また、彼が2002年の段階で、すでにエタノール燃料の潜在的な影響について顧客の理解を促してくれたおかげで、筆者も早い段階で、現在大きく展開しているアメリカのトウモロコシと肥料業界に注目することができた。さらに、中国とインドがアメリカのビジネスに与える影響の拡大や急速に変化している天然ガスの重要性、海上輸送の驚異的な伸び、富裕層が経済に及ぼす巨大な影響、消費者向けトップブランドの価値が高まっている理由などについても、彼の研究によって非常に早い時期に理解することができた。これらの洞察は、すべて「何が新しいのか」ということを研究した成果だが、この一見たわいもない言葉はうっかりしていると簡単に見過ごしてしまう。

　しかし、変化の本当のすごさは、それが単独で起こることはめったにないことだ。重要な転機が訪れると、企業はすぐそれに対応して融合し始める。変化は大企業や小企業を動かし、小さな協同組合とでもいうような形が出来上がっていく。そこで、何が新しくて驚くべきこ

とかが分かったら、これらのアイデアや製品やサービスがビジネスの「生態系」にどのように適合していくかを考えてほしい。変化は、セクターや地域や業界のニッチ分野などのなかで波のように起こることが多く、素材生産者やメーカーやサービス企業やコンサルタントはその恩恵を受けようと、それぞれが独自に画策する。トレーダーとして、この生態系に飛び込むことで、勝率は高くなる。ポートフォリオの分散度は低くなるが、成功する確率は高くなるのだ。

これから見ていくように、好例のひとつが2006年と2007年にエタノールの新たな需要がもたらしたトウモロコシ栽培に対する関心の高まりだ。肥料、種子、製粉、工場の公害管理などトウモロコシ栽培に関連する多くの企業が、筆者が「トウモロコシコンビナート」と名づけたグループを形成し、生まれたばかりのエタノール業界にサービスを提供するため、お互いの成功を賭けて株の生態系に融合していく。ここにかかわる企業の種類から、これが農業関連セクターだけのビジネスではなく、納入、販売、メーカー、サービス、銀行など、もっと幅広い分野に及ぶチャンスだということが分かる。同様に、ボーイングの新しい航空機である787ドリームライナーも、チタンメーカー、鍛鋼部品メーカー、着陸装置やコックピットメーカーなどによる生態系を生み出した。本章ではこれらの生態系を見つけ、そこに飛び込んで、デイリートレードで毎週のように利益を上げる方法を学ぶ手助けをしていく。

そこで、いくつかの例を詳しく見て、2000年半ばの展開を学んでいくことにしよう。もちろん、これらはすべて過去のことだが、今、世界で形成されつつある生態系を見つける役に立つ。生態系はすぐ近くにある。あとはこれを見つけ、感じられるように自分自身を律しておけばよい。そして、それが見つかったら、以前に紹介したスクリーニング用ソフトや手法を使って関連銘柄の全体リストを作成する。あとは週足チャートでタイミングを見ながら、筆者が薦めるテクニカルの

仕掛けと手仕舞いの手法で高リターンの可能性を秘めたトレードを実行すればよい。

軽量の長距離用民間ジェット機

ときには、たったひとつの製品が企業を次の段階に押し上げることもある。スティーブ・ジョブスの言葉を借りれば、「ひとつのとてつもなく素晴らしいアイデア」が顧客や投資家の想像力に語りかけ、株価を複数年にわたって上昇させるのだ。アップルにとってのそれはiPodとiTunesのセットだし、チポトレ・メキシカン・グリルにとっては100％有機素材のブリトー、クロックスにとっては一部にはファッション性がないという意見もあるが軽量のプラスチックの靴だった。

そして、ボーイング（BA）にとっては、この10万倍くらい大きい787ドリームライナーという次世代型旅客機がそれに当たる。ただ、先の3つの例とボーイングにはジャンボジェットほどの違いがある。アップルとチポトレとクロックスがそれぞれの革新的アイデアの恩恵を受けたのは、それが発表され、大衆に歓迎されたあとだった。ところが、ボーイングの場合はそれらとは対照的で、目標の軽量化を達成した機体がまだ一機も完成してもいないうちに、4年間で株価が150％も上昇したのだ。

バカげていることは分かっているが、ウォール街とはそういうところだし、トレーダーは卵が孵化する前に鶏の数を数えるような連中だ。一年以内に公開と聞いただけで、投資家の頭の中にはさまざまな疑問が炸裂する。ドリームライナーの史上最も複雑な組み立てラインで問題は起こらないのか、サプライチェーンや技術的な問題で生産が遅れることはないのか、などと考えるのだ。

これらの課題に対しては長い間肯定派も否定派も莫大な金額を賭けてきたが、大半はボーイングに対して肯定的だった。投資家にとって、

図6.1　ボーイング

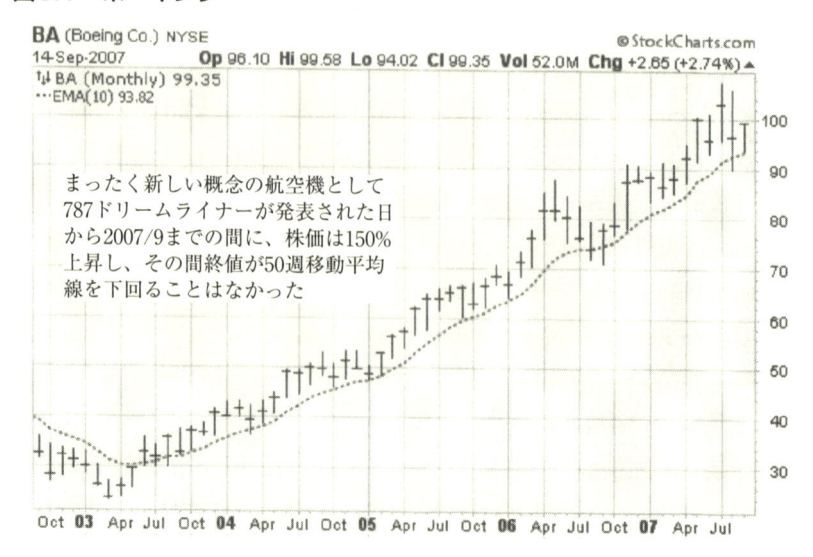

```
BA (Boeing Co.) NYSE                              ©StockCharts.com
14-Sep-2007      Op 96.10 Hi 99.58 Lo 94.02 Cl 99.35 Vol 52.0M Chg +2.65 (+2.74%)▲
↑↓BA (Monthly) 99.35
··· EMA(10) 93.82
```

（チャート内の注記）
まったく新しい概念の航空機として787ドリームライナーが発表された日から2007/9までの間に、株価は150%上昇し、その間終値が50週移動平均線を下回ることはなかった

ボーイングはそもそもアメリカ史上最も優秀なメーカーで、アメリカや外国のライバルをすべて撃墜したたぐいまれな企業ということになっている。アメリカ政府のいつもの独禁法取り締まりの追及を逃れ、革新と利益の限界に挑む企業なのだ。結局、ドリームライナーの開発計画が発表された2004年4月から、2007年第3四半期までに、ボーイングの株価はマーケットの4倍以上も上昇した（図6.1参照）。

しかし、確かに史上最高のメーカーなのかもしれないが、ドリームライナーは信じられないほど無謀なギャンブルでもある。機体を重金属の代わりに軽量の複合素材にしたり、違うメーカーのエンジンを交換して使えたり、旅客機用としてはこれまでで最大の窓が装備されたり、イタリアや日本など世界中から部品を調達して、ワシントン州の格納庫で組み立てたり、これまでより静かに長い距離を、少ない燃料で飛行できたり、3日で1機というかつてないスピード生産で量産が

可能になったりすることが本当に可能なのだろうか。このプログラムはどこを見ても、新聞の見出しのように「新しい、新しい、新しい」とがなりたてている。

2004年から2007年にかけてボーイングがこのアイデアを顧客に売り込んでいる間に、ドリームライナーは航空機史上最も成功した新型機となり、受注額は800億ドルに達した。少なくとも、触ることも試乗することもできない顧客に1億7500万ドルの製品を売ったセールス部隊には敬意を表すべきだろう。ボーイングに対抗できるアメリカのトップメーカーと言えば、ゼネラル・エレクトリック、ユナイテッド・テクノロジーズ、3M、インテルの4社しかないが、そのうちのどれもこれほど大きなリスクをとって、これほど困難なグローバルビジネスを完全に支配したことはない。

ボーイングがこの歴史的成功を利用して前進していくという期待のなかで、投資家が下した株価は多くの人を驚かすことになった。もちろん、ボーイングではドリームライナー以外にもさまざまな計画が進行しているし、CEO（最高経営責任者）のジム・マクナーニは諸経費を削って利ざやを拡大するよう幹部に圧力をかけている。議会で多数派となった民主党による支出削減の懸念はあるが、軍用機用の支出の長期見通しも引き続き好調だし、株価は過去10年で同社の収益がピークに達したときよりは低いが、20％以上増加した2008年の予想収益の14〜17倍で推移している（過去に、ボーイングの株価収益率は最高で20台前半から半ばに達している）。

この時点でトレーダーとして理解しなければならないことは、現在の機体交換サイクルが1980年代や1990年代よりも長いということだ。理由は、新興国の顧客数の大幅な増加と世界中の航空機リース会社の存在にある。筆者はトレード関連の出版物をオンラインで探しているうちに、空港の環境と騒音の規制によって、多くの航空会社は今後2〜3年のうちに古い機体を耐用年数に達していなくても破棄しなけれ

ばならないことを知った。そして現状は過去のサイクルよりも低率で資金借り入れが可能で、機体購入のための社債も発行しやすくなっている。これもアノマリーのひとつと言ってよいだろう。

そして、独禁法の問題もある。過去のサイクルでは、ボーイングはエアバスを製造するヨーロッパのジョイントベンチャーと競合していた。しかし、この一団は技術面と販売面の失敗で苦境に陥り、その間にボーイングは大きくリードを広げた。経営陣はこのリードを守りたいところだ。次に、強力なライバルがブラジルと中国に登場したが、競合したのは低価格の機体だけだった。この間に、ボーイングは新鮮で魅力的で効率的なデザインの機体を目指して、巨額の研究開発費を投じていった。

つまり、ボーイング787が民間ジェット機のデザインや製造や販売を構造的に転換させ、周辺の利益生態系を引き付けることが非常に早い段階で明らかになった。1920年代に、木から布、アルミへと移行したように、複合材料を航空機の素材として選択することで、ボーイングとエアバスだけでなく、関連会社すべてが多大な利益を上げることになるということだ。

2005年までに明らかになったボーイングを中心とする新しい生態系のなかには、最先端の音響装置や新しい複合材料、照明、ブロードバンド接続、幅広の座席、特大の頭上荷物入れ、新しくて大型の窓、新しいコックピットなどのメーカーが含まれている。ちなみに、新しい機体用の複合材料を使えば、機内の圧力と湿度を上げることが可能になり、新型の電子空調設備とともに乗客の快適性が大きく向上するという。

ドリームライナーの販売資料によると、この航空機は大量のチタンとアルミと炭素繊維複合材や新しいソフトウエアシステムで結ばれたグローバルなサプライチェーンにこれまで例がないほど依存することで、燃費の良さと製造コストの合理化を実現したと記してある。従来

のチタンの供給元は主要な金属の大部分を世界に供給しているものの経済的にも政治的にも不安定なロシアだが、ボーイングはこの供給が途絶えることを恐れ、ロシアに次の30年間で270億ドルを投じて、技術と素材の開発に当たるとしている。ただ、ボーイングにチタンを供給する会社はアメリカにも最低3社はあり、これらの株価は生態系が発展する間の4年あまりで大きく上昇している。この話についてもう少し掘り下げ、生態系によって可能になったトレードについて見ていくことにしよう。

アレゲーニー・テクノロジース

　ここでは、チタンに関する洞察がトレーダーにとってカギとなる。チタンはコストの高さと用途が限られていることから、長年利用の限られた工業用金属だったが、ボーイングとエアバスが次世代型航空機に大量に使用することになると、その価値が大きく変化する。複合材料を使った機体は従来のアルミと比較していくつかのメリットがあるが、そのなかに強度が上がることと、軽量化できることがあり、これは燃料と維持費の節約につながる。チタンは複合材料を接合するのに不可欠で、特に高応力と耐荷力が求められる部分で使用されている。

　チタンはその物理的性質によって、急速に元素周期表の人気者になった。鉄と同程度の強度がありながら重さは約45％しかないし、アルミの2倍の強度ながら60％重いだけだ。また、アルミは炭素繊維と接すると腐食するが、チタンはハイテクの炭素複合素材とも相性がよい。さらに、高温や腐食に対する耐久性も高い。

　チタン業界は驚くほど統合されていて、5社で世界中の生産量の83％を担っている。大部分は二酸化チタンとして、練り歯磨きやペンキの漂白剤などといった平凡な用途に使われているが、残りは合金の材料となっている。この後者の需要が、航空機セクターによって近年、

急速に拡大している。ドイツ銀行のアナリストの予想では、グローバルな移動とジェット燃料価格の高騰で新型の効率的な旅客機の人気が高まるなか、全体的なチタン需要は2006〜2010年に47％増加して10万7000トンに達するという。

各社が新世代型旅客機を設計するなかで複合材料の使用が増えるのに伴い、チタンの使用量も増加した。ボーイング737で使われているチタンはわずか20トンだが、新型の787には120トンが使われる。また、エアバスA380は80トン、A350XWBは100トンを使っている。

2005年末には、エアバスもボーイングも大量の受注残高があることがニュースの報道で明らかになっていた。ドイツ銀行のアナリストの予想では受注は4300機に上り、もしそうなら次の2〜3年で15万トンのチタンが必要になる。ボーイング737だけでも、2007年半ばまでに受注は1442機に上り、製造には5年がかかる。もしこれからボーイング787ドリームライナーを注文したら、納品は最も早くて2013年になる。アノマリーが積み重なっていくのが分かるだろうか。

受注の大部分は経済成長の進むアジアと中東からで、世界の航空輸送の約3分の1を占めるアメリカの航空会社は今回の注文サイクルでは横ばいで推移している。しかし、これも変わり始めている。2007年初めに、これらの航空会社が主要な国際路線で運行している2通路の旧型機をまず入れ替えるための大量発注を、メリルリンチのアナリストが待っていることに、トレーダーたちは気づいていた。アナリストたちは、2013年までにアメリカ製の2通路機のうち60％以上の使用年数が20年を超えることになると予想していたのだ。

チタンメーカーは、需要に応えるための大掛かりな準備を進めている。ある出版物によると、今後数年間、生産能力を高めるために20億ドル以上の投資が行われるという。なかでも、アレゲーニー・テクノロジーズ（ATI）は単独でほかをはるかに上回る5億ドルを投じ、積極的な拡大策によって、チタン大手5社のひとつに躍り出ようとして

図6.2　アレゲーニー・テクノロジーズ

2004/4のボーイングの発表以降、特殊金属メーカーとして5倍に上昇した。デイリートレーダーには押しで買って儲けるチャンスが何度もあった

いる。

　そして、それから４年間、同様の内容が何度も伝えられたことで、われわれはこの生態系におけるアレゲーニーの役割を確信するようになった。例えば、2006年末には２～３年後の生産水準が10倍の年間１万7800トンに増えることが判明したが、これは現在閉鎖しているオレゴン州の工場の再開と、ユタ州の新しい工場の建設で可能になる。別のレポートは、もし需要が拡大すれば、能力はさらに50％上昇することも可能としている。これらの計画が発表されたとき、みんなは冷笑したが、2007年半ばにはアレゲーニーは見事な透視力を持つ会社とみなされるようになっていた。ただ、新たな生産量はすでに特定の顧客に割り当てが決まっていて、市場に出回ることはない。アレゲーニーはボーイングと９年間で25億ドルの契約を結んでいるため、株価の上昇は当分続くだろう。

図6.3　チタン・メタル

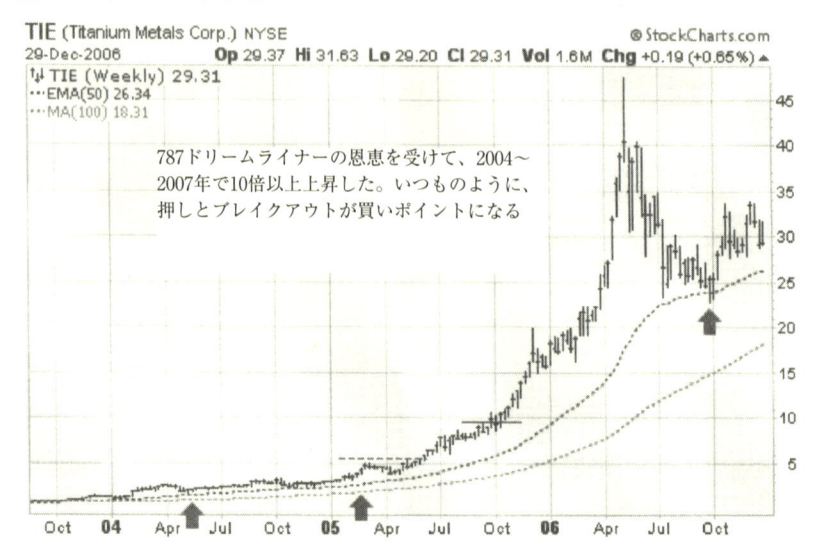

787ドリームライナーの恩恵を受けて、2004〜2007年で10倍以上上昇した。いつものように、押しとブレイクアウトが買いポイントになる

図6.2が示すとおり、ボーイングとエアバスの製造サイクルが明らかになった2004年以降のアレゲーニーには、素晴らしいチャンスが少なくとも4回あった。2004年の夏と秋、2005年春、そして2006年夏で、ほかのデイトレードと同様に、トレンドラインまでの押しや高値のブレイクアウトが仕掛けポイントとなっていた。ちなみに、売るのは週足のトレンドラインを割り込んでからにする。

チタン・メタル

別のチタン大手であるチタン・メタル（TIE）についても簡単に見ておこう。ボーイング機が大量のチタンを使うと聞いたら、この奇跡の金属にかかわるすべての処理業者と鍛造業者のリストを作成し、毎日（あるいは毎週）のチャンスを探しながらトレードに慣れていく必

図6.4　RTIインターナショナル

週足と50週と100週EMAを組み合わせると、ボーイングの787ドリームライナーのチタンの価値を利用したRTIの短期トレードのチャンスがいくつも見つかる

要がある。チタン・メタルは社名を聞いただけで、観察すべき1社だと分かる。この会社も、アレゲーニーと同様、2004年から2007年にかけてボーイングの恩恵を受けながら10倍に上昇し、時価総額が50億ドルの企業に成長した。そしてその間に、押しとブレイクアウトが何度もあった。結局、株価は2007年半ばに上昇トレンドラインをブレイクした（**図6.3**参照）。

RTIインターナショナル

　RTIインターナショナル（RTI）は特殊金属を製造している小型株だったが、ボーイングとエアバスの注文が入り始めた2005年半ばの段階で、すでに商品株のようにモメンタムが上がっていた。2006年、RTIはボーイングとエアバスの旅客機や米国防総省から受注した次期

図6.5　グッドリッチ

787ドリームライナーに加わったのは遅かった。しかし、価格が50日と100日EMAと明らかに交差して、2006/10に買いシグナルを出したあとは押しとブレイクアウトで何度も買いのチャンスがあった。株価は10カ月で65%上昇した

主力戦闘機F35の需要に応えるため、外国に所有する設備改良に1億ドル近くを支出し、1億ドルの生産拡大を目指すと発表した（**図6.4**参照）。

グッドリッチ

次は、航空機部品メーカー大手のグッドリッチ（GR）を見てみよう。この会社は、車輪、ブレーキ、着陸装置、操舵装置などを含む数多くの機体部品の設計と製造を行っている。なかでも、推進力装置や、エンジンとパイロン（支柱）の設置システム、機体とは独立した枠組みのエンジン室部品などが主力となっている。

そろそろ話の方向が見えてきただろうか。グットリッチは新しいボーイング787のすべてのエンジン室部品の供給を請け負う大型契約を

獲得した。さらに、エアバスA350XWB用のエンジン室と推進力装置プログラムも受注し、補修部品も含めると、これらの契約の価値は20年間で100億ドルに上ると見られている。新聞記者はボーイング787とエアバスA350XWBを押さえたことで、グッドリッチが世界の主力長距離用中型機の大部分について、エンジンの推進装置の市場でほぼ支配的立場に立ったと伝えた。

筆者にとってこれは初耳だったが、実際これは新しい情報だった。新型航空機の販売が急増していても、航空機市場自体の成長率は低水準を維持していたため、新型機は格納庫で眠っている機体の一部と入れ替わっているだけということだった。四半期の決算発表を見ると、グッドリッチの売り上げと収益は突然一気に25％上昇しているが、これはほぼ完全にボーイングとエアバスの生態系がもたらしたものだと考えられる。2007年末までに、GRは航空機生産の追い風に乗って、時価総額は80億ドルに達した（**図6.5**参照）。

エアキャッスル

次は、旅客機と貨物機を世界中の航空会社や貨物運送会社にリースしているエアキャッスル（AYR）を見ていこう。2007年第3四半期までに、この会社ではボーイングとエアバスのさまざまなモデル111機を27カ国の48社にリースしている。エアキャッスルが管理する航空機の価値は合計で35億ドルに上る。

エアキャッスルは、保有する航空団に加える高価値の航空機を探すのに多くの時間をかけている。買うのはたいてい5〜15年が経過したアメリカ製ジェット機で、これらは安く買って、修理し、すぐにリースに出すことができる。この作業はボーイング767を巨大なセールの棚から探すようなもので、最新モデルではないし、モハーベ砂漠の個人が所有する格納庫まで探しに行かないといけないかもしれないが、

図6.6 エアキャッスル

2006/8のIPOから2007/8の売りシグナルまで順調に上昇した。そして2007/9に株価が回復し、上昇トレンドに復帰したときも新しい買いのチャンスとなった

　機内の装飾を取り替え、調整室を修理し、コックピットのアビオニクススイート（航空機搭載の電子機器）を更新すれば、中古飛行機も人気商品に変わる。

　新型機の需要が高まると、リース会社も特に忙しくなる。航空会社は世界的に黒字に転換すると、事業を拡大して、飛行回数を増やし、新しいルートの開拓を目指す。すると、航空機の発注が急増し、航空機メーカーの注文控元帳は膨れ上がる。そこで、航空会社は当座をしのぐために航空機リースを利用することになる。

　こうなれば、リース料率が上がるのは当然の成り行きで、2003～2007年には2倍近くまで上昇した。エアキャッスルも2007年にはリース料を平均22％上げたが、保有する航空機はすべて契約済みだった。リース期間の平均は6年だ。

　しかし、エアキャッスルの最も重要な話題はこれからだ。実は、

787ドリームライナーの生産が本格化する2010年がリース会社にとってはフル回転の時期となる。現在、新型機の発注元の大部分がアジアや中東の航空会社で、アメリカとヨーロッパの買い手は出遅れているからだ。2007年半ばに、西側諸国からボーイングに発注された航空機はわずか995機で、その大部分は業務拡大用ではなく、入れ替え用だった。どう考えても、利益サイクルが好転してアメリカの航空会社が大量に発注しようとしたときに、新しい航空機が十分あるとは思えない。そして、これこそが本当のアノマリー、つまりエアキャッスルをボーイングの生態系に含める十分な理由となる。

このような経緯を知ると、ニュースが自然に目に飛び込んで来るようになる。2007年初めに、アメリカン航空は4年間でボーイング737を47機発注し、2009〜2012年に受け取ると発表した。アメリカン航空は新型の737よりも燃費が悪い旧型のマクドネル・ダグラスMD80で運行していたが、原油価格が高騰するなかで、燃料を大量に消費する時代遅れの機体は今や航空会社を脅かす存在になっている。

これに備えて、エアキャッスルでは主にボーイングから航空機購入のために2007年には13億ドル、2008年には5億ドルを支出することを決めた。経営陣が公式に認めたのは2年間で合計25億ドルの購入予定だけだが、すべてを合わせれば、33億ドル以上になる可能性が高い。エアキャッスルをこの生態系の一部としてトレードすべき理由が分かってもらえただろうか。エアキャッスルには2006年のIPOのあと、2007年に買いのチャンスが何度もあった。この銘柄はもともとは年間7.7％という配当利回り狙いだったが、値上がり益を狙えるチャンスも何度も提供してくれた（**図6.6**参照）。

プレシジョン・キャストパーツ

オレゴン州にあるプレシジョン・キャストパーツ（PCP）は長年ボ

図6.7　プレシジョン・キャストパーツ

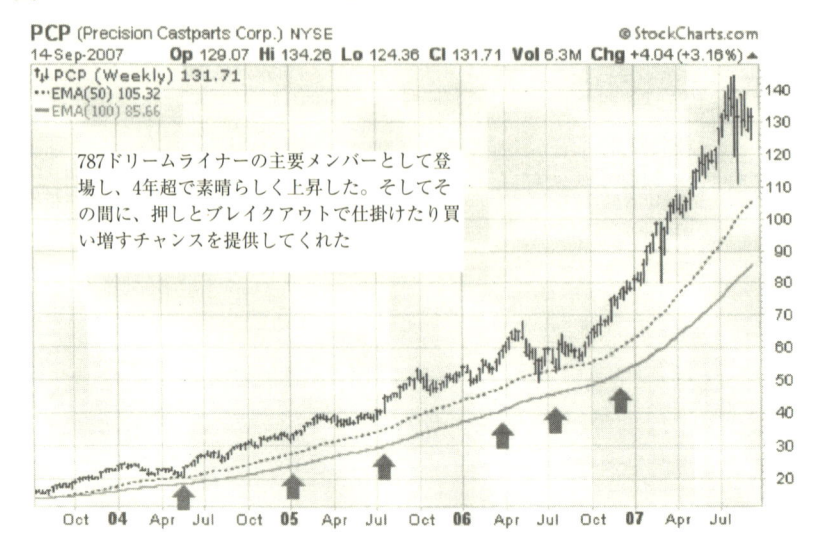

787ドリームライナーの主要メンバーとして登場し、4年超で素晴らしく上昇した。そしてその間に、押しとブレイクアウトで仕掛けたり買い増すチャンスを提供してくれた

ーイングの主要な納入業者だったことから、早い段階で787生態系の重要メンバーとして登場した。この会社は複雑な金属部品のメーカーで、航空機用の鋳物、鍛造物、止め具だけでなく、金属加工も扱っている。ここでもドリームライナーがまだ1機も顧客の元に届けられておらず、プレシジョン・キャストパーツはその開発や計画を準備をし始めた段階にもかかわらず、同社の株価は6倍に跳ね上がり、180億ドルの金属加工大手へと成長をとげた。図6.7が示すとおり、週足チャートにはデイリートレーダーにとって注目すべき押しとブレイクアウトが何度もあった。

BEエアロスペース

フロリダ州にある機内用装飾メーカーのBEエアロスペース

図6.8　BEエアロスペース

2006年と2007年に理想的な階段状のパターンを形成し、50日や200日EMAまで何度も押して仕掛けと買い増しのチャンスを作った

　（BEAV）は、ボーイングなどの機体メーカーに対する販売だけでなく、スーパープレミアムシートやエコノミークラスなどで独自の配置を希望する航空会社に直接販売も行っている。また、食事準備用の設備や保管機器、照明、キャビネットなども製造している。ボーイングが装飾についてはBEエアロスペースを指名することが早い段階から分かっていたため、BEエアロスペースの株価は2004～2007年で7倍に上がった。しかし、**図6.8**を見ると分かるとおり、2006年と2007年にも株価はそれぞれ2倍近く上昇し、デイリートレーダーにとって理想的な階段状のパターンを形成していった。

　ドリームライナーの生態系について、いくらでも語ることはできるが、だいたい理解できたと思う。大まかなアイデアがマーケットに印象付けられたら、それを構成するメーカーや専門の金融会社など、その恩恵を受ける銘柄を調べ始める。そうしておけば、専門知識が必要

な業界の数は少なくても、株価をつり上げる業界最大手の銘柄をトレード候補として常に用意しておくことができる。次に、2000年半ばに登場したいくつかの生態系を見ていくことにしよう。

トウモロコシコンビナート

　何十年にもわたって減退し、軽視されてきたトウモロコシが、2007年、突如としてアメリカで一番人気の商品になった。夏に塩とバターをつけて食べる穂としてではなく、今日最大の問題であるエネルギーの自給や地球温暖化の解決策として浮上したからだ。政治家は称賛し、ウォール街も支持し、外国人はうらやみ、農家は十分な植え付けができなかった。アメリカは黄熱病ならぬ黄色い熱に侵されてしまった。ひねくれた都会人なら、この教科書どおりのアノマリーを利用して儲ける方法があるはずだ。

　そこで、よく聞いてほしい。遅くとも2007年3月までに、連邦政府はアメリカの農家がその春に9050万エーカー（約3662万ヘクタール）のトウモロコシを植える予定だと発表した。これは9550万エーカーだった1944年以来最大の面積で、2006年の7830万エーカーよりも15％増加していた。農業州はどこもトウモロコシの栽培を増やすことを表明していたが、報道によれば、最大の伸びを記録したのは綿花からトウモロコシに切り替えた南東部だった。それ以外の地域の農家も、何万エーカーという農地で小麦や大豆をトウモロコシに切り替えると語った。

　平たく言えば、これは大量のトウモロコシが生産されつつあるということだが、このブームはたくさんの意図しない結果を生み、それが外国の石油やガスの輸入に代わる「緑の」解決策という当初の目的と必ずしも適合するとは限らない。

　トウモロコシ騒ぎをあおったのは、自動車用ガソリンの代替燃料で

あるエタノール生産に対する政府の多大な援助だった。再生可能燃料協会（RFA）によると、アメリカの現在のエタノール生産量は年間56億ガロンだが、建設中、もしくは開発中の施設を合わせれば、さらに64億ガロンが生産可能になるとしている。

　話はここから面白くなる。バンク・オブ・アメリカのアナリストの計算では、2010年にはエタノールの生産量が年間100億ガロンに増えるという。ちなみに、これは2006年の2倍の水準に当たる。しかし、このためにはトウモロコシの年間生産量を現在よりも22億5000万ブッシェル増やす必要があり、これには2006年の収穫量である105億ブッシェルから21％も増産しなければならない。トウモロコシの生産量は2007年半ばには追加需要を超えていたが、先のアナリストは2008年になれば需給バランスが逆転し、トウモロコシの価格は1.50ドル以上上がると予想している。そうなれば、価格は史上最高値を付けた1995年の1ブッシェル当たり4ドルをはるかに上回ることになる。

　株式投資家が通常は商品先物トレーダーしか関心がないようなニュースにも注目しなければならない理由は、トウモロコシの価格が1.50ドル上がるたびに、典型的な2000エーカーの農家の年収が40万5000ドル増えるからだ。これは農業地帯にとっての真の長期的変化で、農家は種や農薬や機器の購入が増え、それが中西部の住宅土地価値から銀行、小売り、種など、すべての価値を押し上げていくことになる。

　言い換えれば、新しいトウモロコシコンビナートがさまざまな投資と製造業の経済が消えつつある中西部の成功を結び付けるということが簡単に分かる。つまり、これは投資家にとってアイオワ州デモインの夜明けなのだ。

　もしこのような大きな変化が本当に起こると思えないなら、1年後に思いをはせて、民主党にとっても、共和党にとっても、大統領選挙においてアイオワ州の重要性が急上昇していることについて考えてほしい。党員集会で農家の支持を取り付けることが数多くの選挙活動の

成否にかかわるため、議員たちは全力で連邦補助金と助成金をコーンベルト（中西部の農業地帯）に注ぎ込んでいる。

ただ、彼らが本気で農家の声に耳を傾けているとは思えない。例えば、アリゾナ州選出のジョン・マケイン上院議員は長年トウモロコシやエタノールに対する助成金に反対してきたのに、突然擦り寄る姿勢に転じている。2003年11月に、フォーチュン誌がマケイン議員の次のような発言を掲載している。「エタノールは議会が作った人工的な市場がなければ存在しない製品だ。だれもこれを買おうとは思わない……エタノールは消費燃料の削減の役には立たないし、エネルギーの自給率を増やすわけでもないし、空気汚染を減らすわけでもない」

しかし、2006年半ばになると、彼のトーンが変わった。AP通信によれば、彼はアイオワ州の講演で、「エタノールを支持する。外国の石油への依存を減らすだけでなく、温室効果ガスを減らすためにも必要な代替エネルギー源だ」と語ったという。

マケイン議員は助成金だけでなく、エタノールが産出するエネルギーが石油やガスよりも小さいことにも不満を持っていた。彼は態度を変えてしまったが、実はこの主張はほぼ正しかった。トウモロコシは精製過程で驚くほどのエネルギーを消費するうえ、有毒の残留物を排出するし、栽培には小麦や綿花や大豆よりもはるかに多い肥料と農薬が必要となる。さらに、トウモロコシへの切り替えによって、もうひとつの代替エネルギー源であるバイオディーゼル用の大豆が大幅に減ることにもなる。

資本主義とえこひいきと空想的な理想主義が合わさると、もうその動きを止めることはできない。フォーチュン誌によると、2006年のアイオワ州への投資は、人口が6倍のニューヨーク州よりも多かったという。ちなみに、アイオワ州の失業率はほとんど問題ない水準と言える3.5％以下だった。これは明らかに投資に利用できるアノマリーではないだろうか。

株式投資家がトウモロコシラッシュに乗るためには、肥料や種子や農薬のメーカーといったいわばトウモロコシ工業生態系を利用すべきことは明らかだ。これらの企業の株価は2007年に先のニュースが流れたときにはすでにかなり上がっていたが、それでも多くはまだ割安で、上昇する余地が十分残っていた。農家では栽培面積が1000万エーカー拡大したことに対応して、肥料がそれまでよりも20％多く必要となったが、環境問題でリン酸肥料と窒素の生産は縮小されていた。トウモロコシ栽培には、リン酸肥料が1エーカー当たり綿花よりも50％多く必要となり、これは大豆の使用量の22倍に当たる。アメリカの肥料需要のうち、トウモロコシはすでに全体の40％を占めており、このままいけば、あの臭い薬品の需要が飛躍的に増えることは間違いない。

　ニュースを注意深く読むことで、アノマリーが発見でき、その恩恵を受ける会社が急に分かるようになるということを納得してもらえただろうか。次は、2006年と2007年に、トウモロコシ新時代によって実際に飛躍的な成長を遂げた企業を見ていくことにしよう。

モンサント

　ミズーリ州のモンサント（MON）がトウモロコシブームのトップ企業だということはすぐに知れ渡った。この会社は言ってみれば農業地帯のボーイングのような存在で、種子とゲノム部門から、デカルブ、アスグローといった革新的なブランドを次々と生み出していった。また、独自の種子ブランドの遺伝物質や実験室で培養した特性といった知的財産をほかの種子会社に提供もしている。モンサントは代表的な除草剤であるラウンドアップを製造する一方で、製品ラインを拡大するためにデルタ・アンド・パイン・ランドやアグロエステ・セメントなど大手企業を次々と買収し、成長路線を肥沃にしてきた。2003年半ばにはトウモロコシが食品としてだけではなく、アメリカで非常に重

図6.9　モンサント

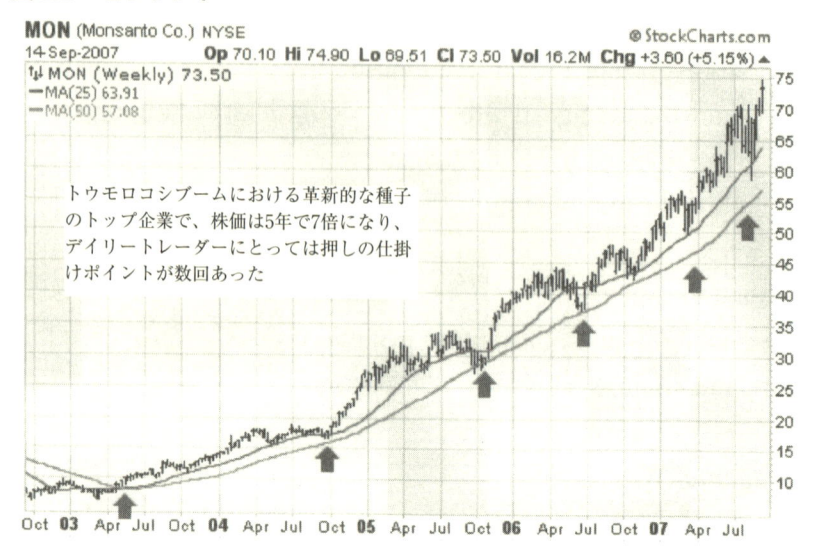

トウモロコシブームにおける革新的な種子のトップ企業で、株価は5年で7倍になり、デイリートレーダーにとっては押しの仕掛けポイントが数回あった

要な燃料用作物になることは分かっていた。モンサントの科学者たちは雑草や害虫のコントロールを種子に組み込むなど、「特性の積み重ね」という機能を持った製品を開発している。なかでも主力製品は生産を最大にして、害虫被害を防ぐイールドガードVTだ。また、エタノール用のトウモロコシのみを栽培している農家向けには、茎の燃料分を最大にするプロセサー・プリファードという交配種も開発した。

　図6.9の週足チャートが示すとおり、2003～2004年にかけてモンサントの株価は2倍になったが、それはほんの始まりでしかなかった。そこからの展開を見れば、新しい主要な製品の生態系が見つかったときは押したところで買い増すだけでなく、大きなブレイクアウトでもさらに買うべきことがアクティブトレーダーにとっていかに必要なことかがはっきりと分かる。モンサントの株価が2～3カ月横ばいになるたびに、上昇する50週移動平均線と交差し、そこでブル派が激しく

買っている。2007年の半ばまで、このペースが衰えることはなかったが、堅調な収益を考えると、あと数年この状況が続く可能性は高い。

ディーア・アンド・カンパニー

　農業ブームに欠かせないアメリカにおけるトラクターのトップブランドがディーア・アンド・カンパニー（DE）だ。アメリカ中西部に行けば、どこでもおなじみの緑と金のマークを見かけるし、ラジオからは「ディーアほど走るものはない」というコマーシャルが流れている。この会社の農業部門は4つの事業部に分かれていて、耕運機、耕土機、干草と飼料用箱機、散水装置などの大型器機を販売している。同社のウエブサイトを詳しく見ていくと、ディーアが事業展開のあらゆる段階で素晴らしく革新的な製品を作り出してきたことが分かる。これまで「種子吹き付け機」「農業用箱型ドリル」「薬剤散布も同時にできる播種機」などを開発して、農家がすべての時期に農地を最大限活用できるようにするための手助けをしてきたのだ。

　株価は2003年以来3倍になったが、最も刺激的な上げは投資家にとって本格的なエタノールブームが始まった2006年末だった。2006年6月と7月に弱含んだあと、ディーアは勢いを得て次の12カ月で2倍になった。**図6.10**から分かるとおり、株価は一度100週移動平均線まで押したあとは二度とそこへは戻らなかった。ディーアは発行済株数が2億2100万株という大型株だが、このときは小型のモメンタム株のような動きを見せ、何度も揉み合いで13週移動平均線に当たって跳ね返ったあと、ブレイクアウトしてさらに上昇していった。ここでも、揉み合いとブレイクアウトの両方で買うことができ、トウモロコシとエタノール生態系のキープレーヤーであるディーアのポジションを積み上げるチャンスとなった。

図6.10　ディーア・アンド・カンパニー

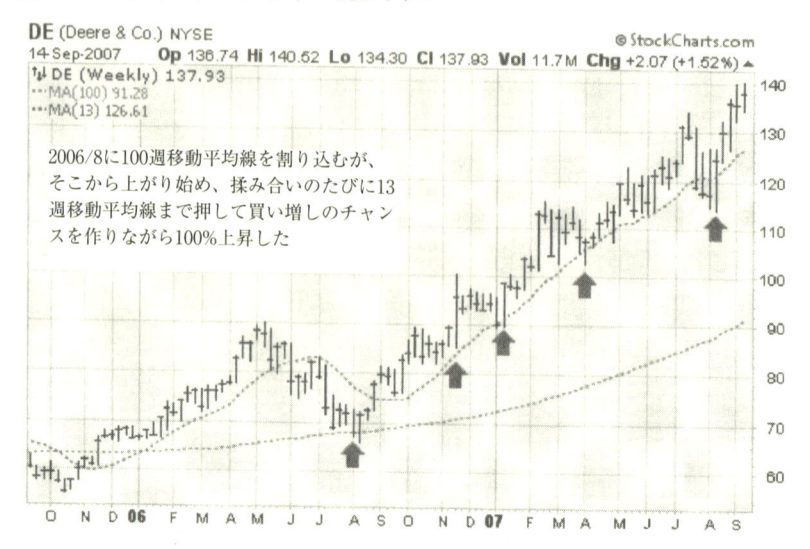

2006/8に100週移動平均線を割り込むが、そこから上がり始め、揉み合いのたびに13週移動平均線まで押して買い増しのチャンスを作りながら100%上昇した

シンジェンタAG

　BASF（BE）やシンジェンタAG（SYT）のようなヨーロッパの種子や農薬のメーカーが大成功を収めていることで、トウモロコシとエタノールが国際的なブームになったことは認めざるを得ない。スイスに本社があるシンジェンタは、ヨーロッパの製薬会社であるノバルティスとアストラゼネカの2社が農業事業部門を統合して独立させた会社で、2000年に発足した。新会社の株価は2年半横ばいの状態が続いたが、トウモロコシブームで火がつき、売り上げも収益も利幅も飛躍的に上昇した。シンジェンタは作物保護や種子や植物科学の基礎研究で有名だが、主力は雑草や害虫や病気を管理するための除草剤や殺虫剤や殺菌剤などだ。シンジェンタはネブラスカ州にある非上場会社で、アメリカでトウモロコシ種子市場の4％と大豆種子市場の3％のシェ

図6.11　シンジェンタAG

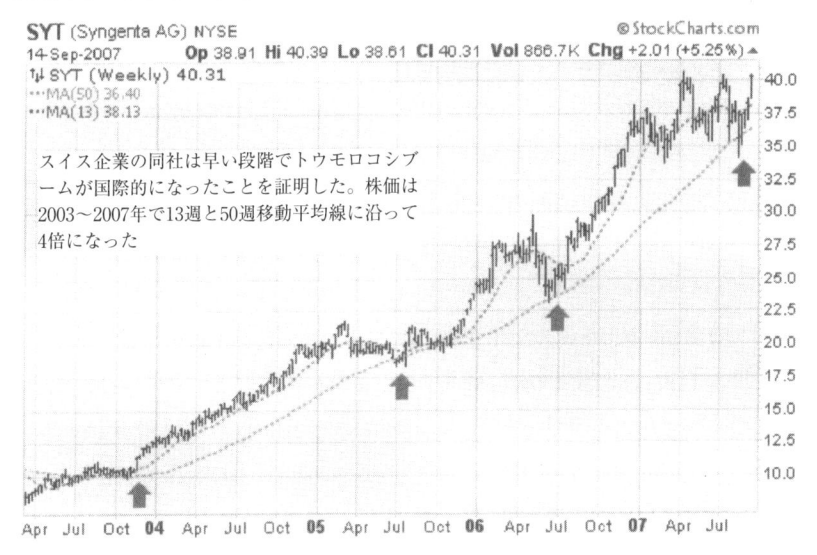

スイス企業の同社は早い段階でトウモロコシブームが国際的になったことを証明した。株価は2003～2007年で13週と50週移動平均線に沿って4倍になった

アを持つゴールデン・ハーベストを2004年半ばに買収した。イギリスの農業関連大手であるアドバンタの種子部門だったガーストの買収と合わせると、シンジェンタのマーケットシェアはトウモロコシ種子が15％、大豆種子が13％に拡大することは明らかだった。これは投資家にとって十分な材料で、買収完了後の4年間で株価は4倍に跳ね上がった。

　図6.11が示すとおり、シンジェンタの株価は高モメンタムモードに突入し、揉み合いと13週移動平均線までの押しを繰り返しながら上昇していった。そして、長めの揉み合いのあと、株価は50週移動平均線を割り込んだが、ブル派はすぐまた押し上げた。2000年半ばのこの大きな動きは、成功したファンダメンタルズ生態系に参加することで恩恵を受けて大きく上昇した株を探す好例といえる。

図6.12　CECOエンバイロメンタル

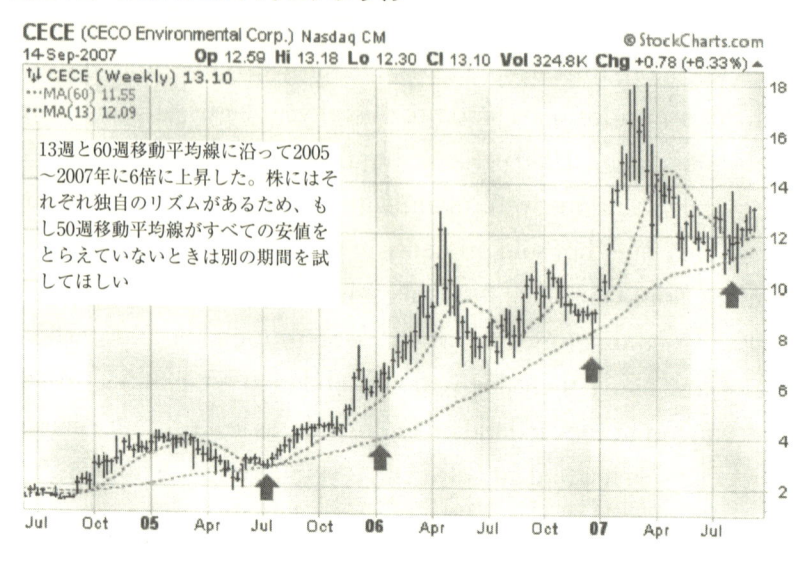

（チャート内注記）
13週と60週移動平均線に沿って2005〜2007年に6倍に上昇した。株にはそれぞれ独自のリズムがあるため、もし50週移動平均線がすべての安値をとらえていないときは別の期間を試してほしい

CECOエンバイロメンタル

　トウモロコシとエタノールのブームは、経済にさまざまな影響を及ぼしている。最も象徴的な例は100周年を迎える企業で、カーク・アンド・ブルーム、ブッシュ・インターナショナル、H・M・ホワイトなどのブランド名で浄水設備を販売しているCECOエンバイロメンタル（CECE）だろう。中西部にあるすべてのエタノール工場は空中を浮遊する汚染物質を集め、駆除し、粉砕して作業員や近隣工場を空気汚染から守るための頑丈なフィルターが必要になる。そこで、CECOエンバイロメンタルの株価は**図6.12**のとおり2005年から、エタノールブームや中国と東ヨーロッパの新事業の噂ともに上昇し始めた。受注量が史上最高レベルに達して、収益、キャッシュフロー、利益、利幅すべてに火がついた。

この小型株はほかのトウモロコシコンビナート銘柄と同様、13週移動平均線に沿いながらモメンタムスイングに乗って上昇し、数カ月間に及ぶ揉み合いの間、60週移動平均線を下回ることはなかった。ここで、50週や30週ではなく60週移動平均線を使ったのは、株はそれぞれ特定の機関投資家の恩恵を受けることで独自のリズムができるからだ。もし直近２回の安値が標準的な移動平均線に達しなければ、期間を延ばして正しい支持線になる移動平均線を探してほしい。強力な生態系にかかわる株価を二度とらえられた移動平均線なら、そのかかわりが完全になくなるまで機能する可能性が高い。

テラ・ナイトロジン

　アイオワ州にある肥料メーカーのテラ・ナイトロジン（TNH）は、第２章でも見たようにトウモロコシコンビナートのシンボル的存在のひとつだ。株価は2006年末に２年間の揉み合いを31ドルでブレイクしたあと上昇し始めた。この銘柄は、以前は７～12％という高い配当利回りで知られていた。しかし、農家がトウモロコシ栽培に切り替えたことで、以前よりも（例えば綿花と比べて）何倍もの窒素肥料が必要になると、テラの窒素製品の需要は劇的に増え、2006年と2007年には四半期利益が前年の200％増となり、年度利益は１万％以上増加した。テラのアンモニアや尿素アンモニアの硝酸エステル溶液は最初はオクラホマ州の工場で生産して中西部の農業地帯で販売していただけだったが、投資家がこの銘柄に気づいたとたん、噂は野火のように一気に広がった。

　この銘柄にとってカギとなる瞬間は2006年10月で、１年に及ぶ揉み合いの30ドルを上に放れたときだった（**図6.13**参照）。そのあとは低リスクの仕掛けポイントが比較的少ないうえ、それぞれが離れているため、上昇トレンドにしっかりと乗っておかなければならなかった。

図6.13　テラ・ナイトロジン

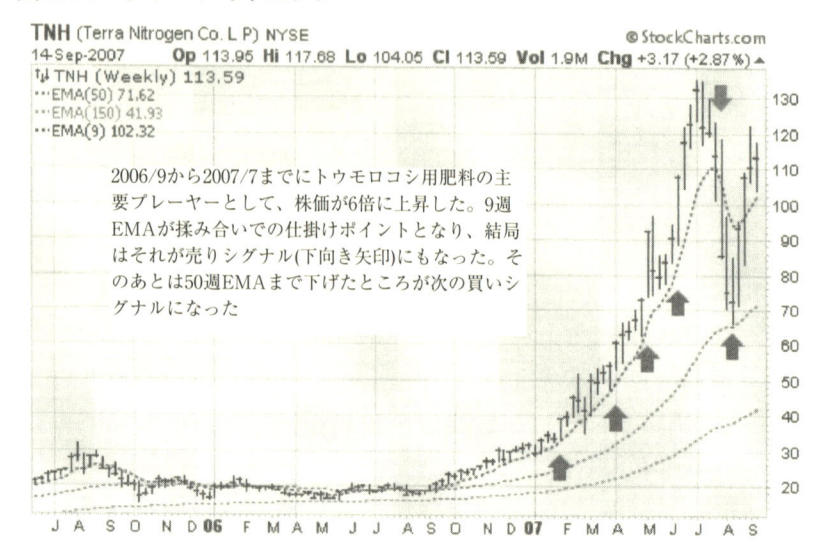

2006/9から2007/7までにトウモロコシ用肥料の主要プレーヤーとして、株価が6倍に上昇した。9週EMAが揉み合いでの仕掛けポイントとなり、結局はそれが売りシグナル(下向き矢印)にもなった。そのあとは50週EMAまで下げたところが次の買いシグナルになった

数多くの生態系トレードで見てきたように、揉み合いでは指数平滑移動平均線で示される支持線まで押したところで必ず買われている。今回の動きは非常に急だったため、13週や21週の移動平均線で買う代わりに、買い手はいつも9週の線まで押したところで殺到した。大部分の投資家は驚くかもしれないが、成功するトレーダーは株価が何カ月も買われ過ぎに見えても、このような生態系グループのモメンタムがアンモニウム肥料を満タンにしたトラックと同じくらい爆発しやすくなっていることを知っている。そして、このような上昇パターンが出来上がってしまうと、1週間下げて支持線を割れば、売りや空売りのシグナルになる。テラ・ナイトロジンの場合は300％上げたあと、すぐに40％下げている。この下落は支持線として最もよく利用されている50週と200日移動平均線に、8月半ばに達した。そして、次に起こったことが、われわれ以外の多くの人たちを驚かせた。株価が反転し

て、1カ月で70％上昇したのだ。

これはポップコーンならぬコーンの重大なポップ（爆発）だ。

ポタッシュ・コープ・オブ・サスカチュワン

　トウモロコシコンビナートに肥料を提供して最も派手に成功した会社のひとつには、ポタッシュ・コープ・オブ・サスカチュワン（POT）という変わった社名がついている。この会社の製品は地味で単純で何の変哲もないため、チャートを見たトレーダーの多くが、これほどの比率で上昇していることにショックを受ける。2003年から2007年半ばにかけて、この銘柄は900％以上上昇した。その驚くべき製品とは噂の音楽プレーヤーでもなければ、驚異的な半導体でも、新時代のウイルスを治癒するソフトウエアでもない。カナダのサスカチュワン州とニューブランスウイック州の7つの鉱山で掘り出された窒素とリン酸塩などで作られた、ごく普通の炭酸カリウムの肥料なのだ。炭酸カリウムは肥料や飼料の主要成分で、これがポタッシュを時価総額280億ドルの世界最大の肥料会社に成長させた。ポタッシュが世界で必要とされる肥料の約5分の1を生産していることを考えれば、これは肥料の世界のサウジアラビアと言ってもよいだろう。

　トレーディングの観点から言うと、世界の肥料供給に関してポタッシュがナンバーワンだということに気づけば、トレードすべきだということは簡単に分かる。図6.14が示すとおり、ポタッシュの株価は2003年に農業関連製品の需要が高まるとすぐに跳ね上がり、2005年末から2006年半ばまで9カ月間で100週移動平均線まで下げたものの、2006年第4四半期には急騰してそのまま3倍になった。このケースでは13週と20週の移動平均線がすぐにメジャーな支持線となって、トウモロコシコンビナートへの関心を利用しようとアノマリーに注目しているアクティブトレーダーに、いくつものチャンスを提供してくれた。

図6.14　ポタッシュ・コープ・オブ・サンカチュワン

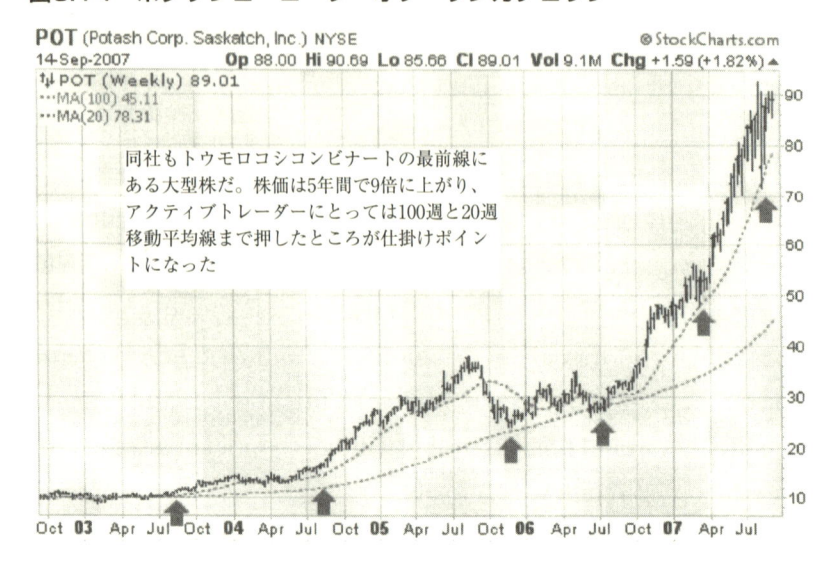

```
POT (Potash Corp. Saskatch. Inc.) NYSE                    © StockCharts.com
14-Sep-2007  Op 88.00 Hi 90.69 Lo 85.66 Cl 89.01 Vol 9.1M Chg +1.59 (+1.82%)
POT (Weekly) 89.01
MA(100) 45.11
MA(20) 78.31
```

同社もトウモロコシコンビナートの最前線にある大型株だ。株価は5年間で9倍に上がり、アクティブトレーダーにとっては100週と20週移動平均線まで押したところが仕掛けポイントになった

　トウモロコシについては、そろそろ分かってきただろうか。低リスクで高利益のモメンタムのごちそうを楽しみたいトレーダーにとっては、トウモロコシを夕食でも昼食でも朝食でもいいので大いに食べてほしい。少なくとも、エタノールが燃料として疑問視されたり、大統領選挙の開幕を告げるアイオワ州が大統領候補たちの主要な戦場でなくなるまではトウモロコシの話題について事欠くことはないだろう。

プラスチックは最高だ

　ベビーブーム世代に向けた最も有名な職業アドバイスは、1967年の映画のなかの一言、「これからはプラスチックだ」だろう。これは笑わせるはずの場面だったが、実は素晴らしく予知能力を秘めたシーンとなった。映画『卒業』が公開されて以来、プラスチックの巨大企

業であるデュポン（DD）の株価はマーケット全体の2倍に当たる約2400％も上昇した。

それから40年、不思議なことに、今も同じアドバイスができる。MP3プレーヤーからゴルフ用シャツ、車、トウモロコシ、コンピューター、コンテナ船などのメーカーが、軽量化し、寿命を延ばし、耐久性を高めるために、みんなプラスチックと先端薬品に注目している。ポリマーは2006年末に連邦政府が20年間禁止してきた豊胸手術におけるシリコン材の使用を解禁したとき、再び大風が吹いた。これは自然の驚異に別れを告げ、科学の奇跡を歓迎する出来事だった。作り物にするか、それとも破綻するか、悩むところだ。

プラスチックの素晴らしさはその見かけだけではないが、そのユビキタス性から、当たり前のようになってしまっている。iPodを見て、その豊かな音響と鮮明な動画を称賛したときのことを思い出してほしい。しかし、そのかわいいケースや鮮やかなLCDスクリーンはどうだろう。iPodのなめらかな表面や軽さや鮮明な色、そして驚くほどの強度はこの低価格素材の開発における目覚ましい進歩がなければ、実現はしなかった。

食品や水や髪用の製品に含まれる薬品について文句を言うことが格好良いと思っている連中もいるが、それならこれらの製品を使わずにいられるのだろうか。エンジニアたちは、食物連鎖を壊さないで作物の収穫量を増やす農薬と種子、おいしさが続いて歯も白くしてくれるガム、運動中に皮膚の汗を逃がしてくれる柔らかいポリエステルのシャツ、防弾ガラス、子供のサッカー用に弾力があってはがれない芝生などを、実験室のなかで開発してきた。ネアンデルタール人にとっては石器時代も悪くなかっただろうし、それがすべてだった。しかし、筆者はこのプラスチック時代でも幸せに暮らしている。

投資家は、工場が爆発して有毒物質で何千人もの犠牲者が出るまで、化学会社の偉大な業績には気づかないことが多い。しかし、ポイント

図6.15　セラニーズ

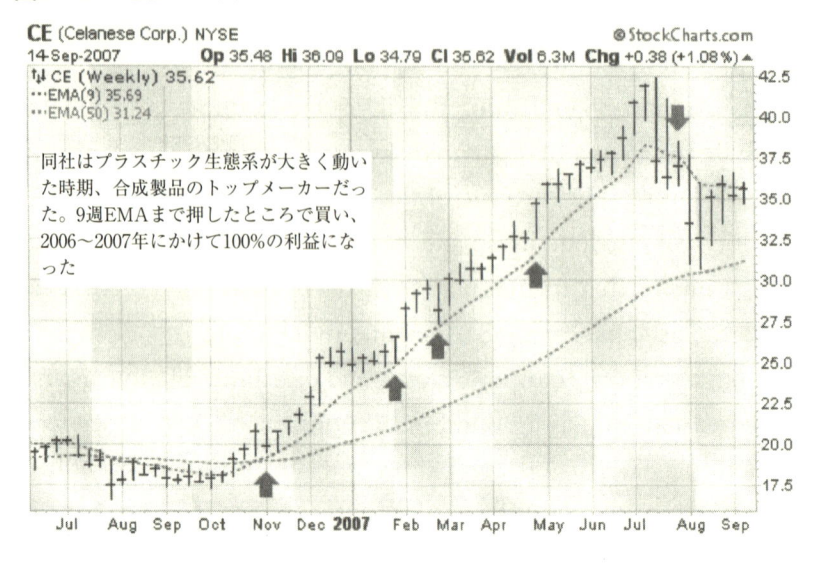

```
同社はプラスチック生態系が大きく動い
た時期、合成製品のトップメーカーだっ
た。9週EMAまで押したところで買い、
2006～2007年にかけて100％の利益にな
った
```

は実はここにある。新しいプラスチック時代は、タイム誌の特集記事になることもなく始まった。プラスチックを製造し、搬送し、販売し、使うための生態系はわれわれのすぐ目の前で出現し、富が生まれ、運命は変わった。これは第２章で説明したような単なるセクターの動きではない。プラスチックや合成繊維や接着剤は至るところにある。このようなとき、投資家は関連銘柄をランダムにトレードするのではなく、ひとつのグループとして注目し、トレードしていかなければならない。

　マーケットがこのような隠れた生態系の重要性を認識できない例として、セラニーズ（CE）のケースを見てみよう。この会社はテキサス州にある合成メーカーで、製品は秘密の成分として高性能の塗料や電子製品や洗剤や滑剤、そして焼き菓子にまで使われている（図6.15参照）。創立は1920年代で、2003年にブラックストーングループ

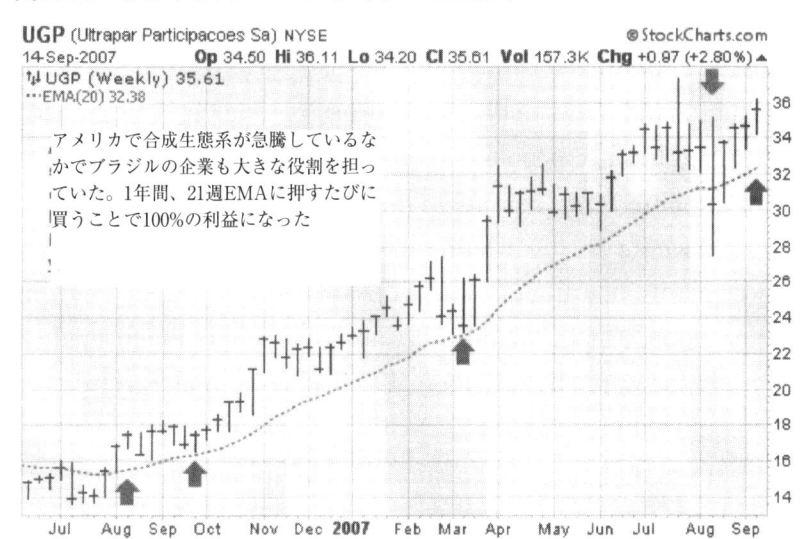

図6.16　ウルトラパー・パーティシパコスSA

アメリカで合成生態系が急騰しているなかでブラジルの企業も大きな役割を担っていた。1年間、21週EMAに押すたびに買うことで100%の利益になった

に買収され非公開になったが、リストラを経て2006年初めに株式が再度公開された。そして、2006年末には多額の負債を順調に返済しながら、12カ月で65億ドルの売り上げと5億ドルの利益を達成した。収益は2桁前半のペースで安定的に増加している。ただ、波乱の過去のせいで、将来への期待を示すPER（株価収益率）は7倍程度になっている。これはかつてのセラニーズのような平凡な科学メーカーにマーケットが下す典型的な評価だが、同社は今では特殊ポリマーメーカーに再生している。

　セラニーズの悩みは、多くの投資家に同社が苦戦している自動車業界に偏り過ぎだという印象を持たれていることだった。しかし、実際の自動車業界最大の顧客は、業界最強でアメリカでの増産を計画していたトヨタだった。これらのことを考えると、セラニーズのPER倍率は1年以内に10～12倍程度にはなってよいと筆者は見ていた。そし

て、もしそうなれば、21ドルだった株価が、2008年には予想収益の1株当たり3.19ドルから計算して32ドル程度になると予想できる。ちなみに、実際の株価はかつての2倍に当たる42ドルまで上昇した。

ウルトラパー・パーティシパコスSA

プラスチックや合成製品のビジネスに周辺でかかわったり、支援したり、供給したりする企業ならいくらでもあるが（それらはすべて第5章で紹介したMSNマネーのストックスカウターが探してくれた）、ここではあとひとつだけ紹介する。ブラジルのサンパウロにあるウルトラパー・パーティシパコスSA（UGP）は、今日の経済発展において生態系が世界的な広がりを見せる好例と言える。この会社の部署のひとつが、南米最大のエチレンオキシドとその派生製品のメーカーで、同社の製品は塗料、洗剤、化粧品、プラスチック容器、繊維などさまざまな製品に使われている。この会社が、薬品や液化天然ガスを南米各地に輸送、保管、販売する部門も持っていることを考え合わせれば、同社は3万社の企業と1000万件の家庭にサービスを提供していることになる。工業生態系のなかでトレードチャンスを探す場合は、アメリカを上回るパフォーマンスを上げている地域を探すべきだろう。経済的なことはもちろんだが、その勢いがメリットを倍増してくれるからだ。このケースでは、重要な21週EMA（指数平滑移動平均線）まで押すたびに買うことで、2006～2007年にかけて100％の利益が上がった（**図6.16**参照）。

貴金属を急いで手に入れろ

2007年の最も奇妙な金融ニュースは、8月にフィリピンにある食品コングロマリットのサンミゲルが、117年の歴史がある同名のビール

会社をスピンオフして、調達した資金で鉱業に参入するという話だった。会長のエデュアルド・コアンコは、地下の新たな試みはインフラ建設と不動産投資の一環として行っており、同社が「成長するための新しいエンジン」になると語った。

　ここで少し考えてほしい。南国の蒸し風呂のようなマニラで、冷たいビールで利益を上げられないのなら、それは経営者としてゴルフバッグで一番輝いている7番アイアンではないということだ。金属や鉱業という熾烈な世界にはもっと向いていないことはほぼ間違いない。しかし、2000年半ばには基本素材に投資して、速く、大きく、強い成長を目指すことが大手メーカーの経営陣の間で大流行した。これはまるで世界中の鉱石が取締役会に魔法をかけて、いつもはインテリの役員たちに株主の資金を地下の溶鉱炉につぎ込ませてでもいるようなありさまだった。少し前までは、良識ある経営者なら最も避けたい投資先だったところだ。企業はどうかしてしまったのだろうか、それとも根本的なルールが変わったのだろうか。

　岩山と精製施設に支払われたプレミアムの額を見ると、まったく新しいルールができて、アジアや東ヨーロッパや南米が連鎖的な中央集権的経済コントロールを導入し、地域の起業家や市長たちに息をのむほどのスピードで工業化と都市化を進めさせているように見える。中流階級の貯蓄率の高まりと、低金利、そして金融エンジニアが作った新しい債務商品などがあと押しして、足かせが外れた経営者たちは自分の国を19世紀から20世紀を飛び越えて直接21世紀に押し進め、高速道路、工場、発電所、集合住宅、造船所などをあらゆる場所に建設していった。中国だけでも、2007年前半の銅の輸入が52％上昇している。これらはみんな明らかなアノマリーで、積極的なトレーダーなら大いに注目しておかなければならない。

　この時期、国際的な大手金属会社や金属処理会社は生産能力を確保するために全力であらゆる場所を訪ね、記録的な金額を支払って買収

を成立させようとした。彼らはこの地球に穴を開けて舗装する競争に、一刻の猶予もないと感じていた。しかし、ここには抜け目ない戦略もあった。企業の整理統合が地域的な独占につながり、生産量を抑えられれば利益を減らす価格競争を防止し、循環的な要素をなくすことができるからだ。この時代に行われた驚くべき買収をいくつか見てみよう。

- イギリスの鉱業コングロマリットであるリオ・ティントは2007年8月、カナダのボーキサイト採掘とアルミ精錬業のアルキャンに380億ドルを提示した。アルキャンの株価は1997年から2005年末まではほとんど動きがなく、無駄に大きい光るガラクタに見えたが、過去18カ月には220％も上昇した。
- ブラジルの鉄鋼メーカーのゲルダウ・アメリスチールは2007年7月、テキサス州で製鋼所を運営するチャパレルに42億ドルを提示した。チャパレルは2005年半ばのIPO（新規株式公開）から、ゲルダウが絶対に買うべきだと確信するまでの間に、800％上昇した。
- アリゾナ州の鉱業コングロマリットのフリーポート・マクモラン・カッパー・アンド・ゴールドは2006年、産銅会社のフェルプス・ドッジを259億ドルで買収した。フェルプス・ドッジの株価は10年近く低迷していたが、2004年から2006年末までに3倍に上がった。
- スイスの鉱業コングロマリットのエクストラタは2006年、買収に名乗りを挙げた数社をかわしてカナダの鉱山会社ファルコンブリッジを225億ドルで獲得した。
- ブラジルの鉱業コングロマリットのコンパニア・バレ・ド・リオ・ドセは2006年に、こちらも入札競争の末、カナダのニッケル鉱山会社のインコを170億ドルで買収した。
- ドイツの鉄鋼メーカーのミタル（MT）は2006年、ルクセンブルク鉄鋼大手のアルセロールを335億ドルで買収し、社名をアルセロー

ル・ミタルに変更した。

　ほかにも例はいくらでもあるが、だいたい理解できたと思う。商品価格の高騰で潤うグローバルな資源会社にとって、北米にあるすべての中小の金属と金属加工会社は格好の的となった。独立したアクティブトレーダーとして、ほぼそう言い切れるのはこれらはみんな勝負がついていて、ゴルフで言えばギミーかタップイン、つまり時間さえかければ失敗はあり得ないからだ。

　ときには調整もあるかもしれないが、商品の在庫が大幅に増えているという報告でもないかぎり、この業界の企業は堅実な賭けと考えてよいだろう。銅の価格は過去４年間で360％上昇し、アルミは２倍、ニッケルは1100％上昇した。熱間圧延鋼板の価格は、2001年には業界のベンチマークだった１トン当たり175ドルから225％上昇して、2007年９月には575ドルで安定している。メリーゴーランドはいずれ終わるが、回っている間はＮパワーが創造する価値を示す素晴らしい例となっていた。

　それでは、どれがトレードすべき銘柄なのだろう。それは注意を払っていれば、ニュースのあちらこちらに見つけることができる。大手企業も、そうでない企業も、鉱山会社、販売業者、運送業者、機器メーカーはすべて買収の標的か、買い手のどちらかになっていると言って過言ではない。トレードすべき銘柄を探すときは手始めにMSNマネーのオンラインスクリーナーか、ビッグチャートのIndustry Analyzer（インダストリーアナライザー）を使って、金属コンビナートの急成長する企業をスキャンしてほしい。

　セクターにとどまらず、生態系をもっとファンダメンタルズ的に理解するには、中心的な企業の周辺にある無数の企業の情報を提供してくれるトレード専門雑誌のウエブサイトをチェックするとよい。例えば、2007年の第２、第３四半期には、ピッツバーグにあるアルミ大手

図6.17　BHPビリトン

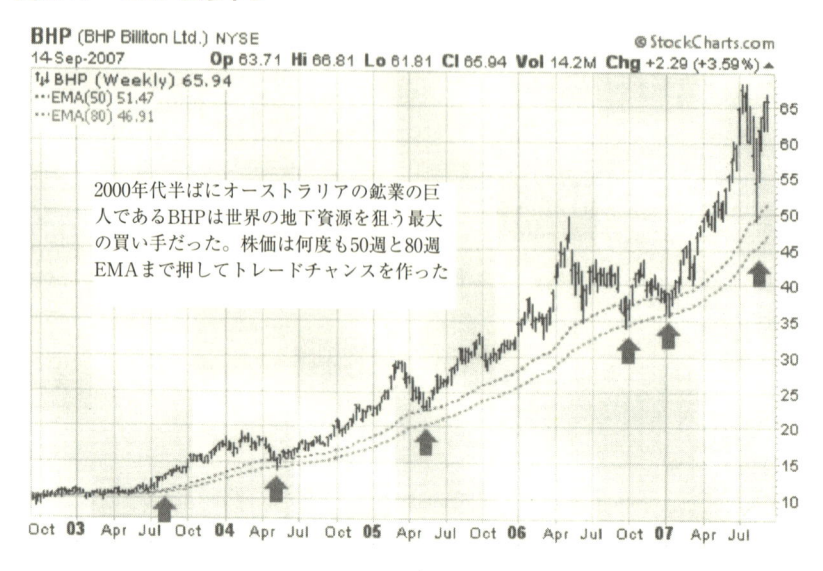

2000年代半ばにオーストラリアの鉱業の巨人であるBHPは世界の地下資源を狙う最大の買い手だった。株価は何度も50週と80週EMAまで押してトレードチャンスを作った

のアルコア（当時の株価は40ドル）が1～2年のうちに買収されるのではないかという記事が何度も出ていた。買い手と予想されていたのはアルコアの5倍の規模を誇るオーストラリアの鉱業とエネルギーの巨人であるBHPビリトン（**図6.17**）だった。しかし、それと同じくらい壮大な買収劇がBHPのライバルで、イギリスのリオ・ティント（RTP）とそのまたライバルでブラジルのコンパニア・バレ・ド・リオ・ドセ（RIO）だった。2003年から2007年9月にかけての株価は、BHPが500％増加し、リオ・ティントは300％、そしてバレ・ド・リオ・ドセはなんと1110％も上昇して、時価総額は1000億ドルを超えた。

　同様に、当時はオハイオ州にある鉄鋼メーカーのAKスチール・ホールディング（AKS）が標的になっているかもしれないという記事も何度も出ていた。これにはこの生態系の大部分の企業と同様、株価の上昇以外にもさまざまな要素がある。そのひとつが収益の大幅な増

図6.18 AKスチール・ホールディング

同社の収益は2006年半ばから加速し始め、30日EMAのリズムが決まるとアクティブトレーディングには理想的なセットアップになった。株価は10カ月で3倍になった

加で、2007年夏にはAKスチールが価格と売り上げが上がったことで第2四半期の利益が前年同四半期と比べて3倍になったと発表した。収益が年率25％で増加しているなかで、予想PERの16倍はそれまでの3年間に530％上昇したあとでも、まだ割安だった（**図6.18**参照）。

しかし、ここで注目してほしいのは、通常のセクター戦略とは区別すべき工業用金属の生態系だ。このなかには、銅鉱山会社のリオ・ティント（RTP）やサザン・ペルー・コパー（PCU）、海運会社のエクセル・マリタイム（MT）、製鋼所の設備メーカーのグラフテック・インク、そして構造用鋼メーカーのチャパラル（CHAP）などが含まれている。

サザン・ペルー・コパー

サザン・ペルー・コパーは当たり前の銘柄の枠を超えて、素晴らし

図6.19 サザン・ペルー・コパー

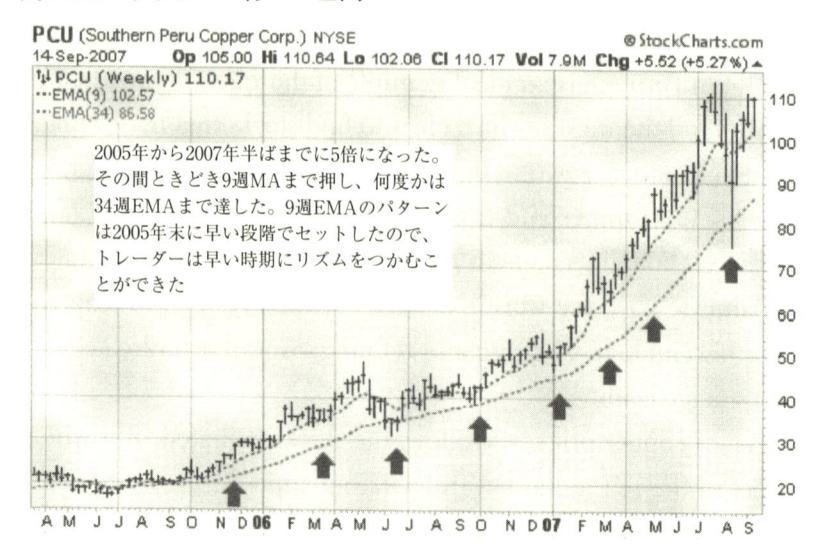

2005年から2007年半ばまでに5倍になった。その間ときどき9週MAまで押し、何度かは34週EMAまで達した。9週EMAのパターンは2005年末に早い段階でセットしたので、トレーダーは早い時期にリズムをつかむことができた

い企業リズムを持った株を探すという意味で理想的な例と言える。アリゾナ州にあるこの会社はペルーとメキシコで4つの露天掘り鉱山と、3つの地下鉱山を運営していて、アメリカでの知名度は低いが、銅の埋蔵量では世界最大と言われている。同社の事業には、溶解と精製、鉄道と港の保管設備なども含まれている。

　銅の価格が低かったときは株価も低迷していたが、中国が都市部の配管と電気設備を構築するための猛烈な需要によって、銅の価格は空中浮遊し始め、株価も上がっていった。2005年末には長期の揉み合いをブレイクアウトし、9週指数平滑移動平均線まで押したあと、500％上昇したのだ。その間に、ときどき9週指数平滑移動平均線を割ることはあったが、34週指数平滑移動平均線は常に支持線として機能していた。

　積極的な独立系トレーダーとして、もう一度言っておきたいのは、

銘柄ごとに機関投資家がいつ仕掛けてくるのかを見極めておかなければならないということだ。特定の移動平均線に縛られず、柔軟かつ素早く対応してほしい。サザン・ペルー・コパーの定期的な買い場は、株価が図6.19の支持線に達したときで、長年大手ブローカーではほとんどのアナリストが懐疑的だったこの銘柄は多大な利益をもたらしてくれた。

アルセロール・ミタル

　アルセロール・ミタル（MT）は、2006年に同社の成長路線が投資家に激しく過小評価されていることが明らかになった時点で、筆者のお気に入りの金属生態系プレーになった。インドのミタル家が起こしたこの会社は世界中でライバルの鉄鋼メーカーを抜け目なく買収していくことで、グローバル・スーパースターにのし上がった。創業者のラクシュミ・ミタルはコストを削減して株価を上げる方法を何度も探し当て、2006年半ばには長期にわたった委任状争奪と政治的駆け引きの末、ヨーロッパの巨人であるアルセロールを買収して会社を大きく転換させた。

　ここでも、新会社が世界の鉄鋼生産の10％を支配していることや、独自の炭鉱や輸送体系を持っていて、業界の需要と価格の周期性に圧力をかけることが可能なことにもかかわらず、2つの会社を合わせた価値は過小評価されていた。この会社では薄板、厚板、棒鋼、線材、基礎スラブなど、炭素鋼製品の完成品と半成品を主に生産している。2006年夏には、株価が頂点に達したとの懸念もあったが、**図6.20**が示すとおり、2005年末と同様、上昇する100週移動平均線が支持線となった。そして、それからすぐモメンタムがV字形に回復したため、再び13週移動平均線に沿って上昇していった。このリズムが2006年末に明らかになったあと、アクティブトレーダーには2007年に

図6.20 アルセロール・ミタル

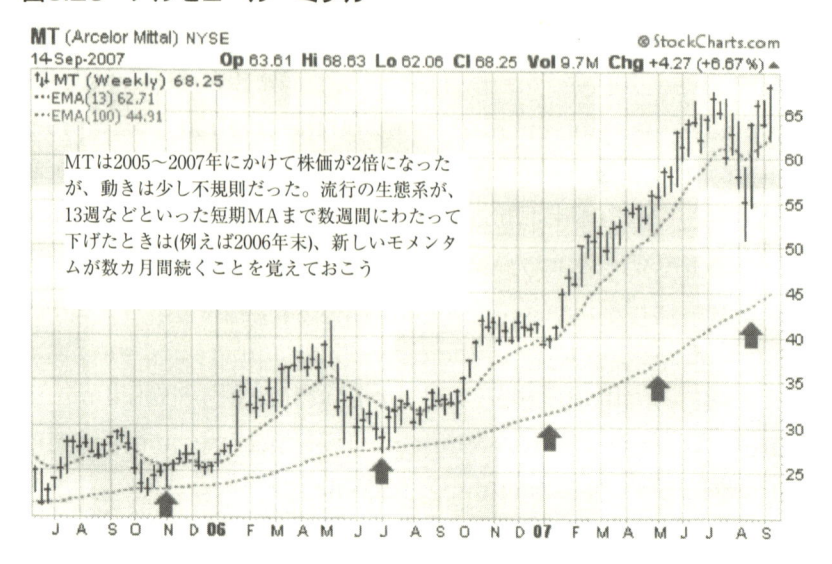

MTは2005〜2007年にかけて株価が2倍になったが、動きは少し不規則だった。流行の生態系が、13週などといった短期MAまで数週間にわたって下げたときは(例えば2006年末)、新しいモメンタムが数カ月間続くことを覚えておこう

買いのチャンスが何度もあり、最低でも100％の利益をもたらしてくれた。2007年7月に13週移動平均線を割ったところで短期利益を確定しても良かったが、株価はすぐに落ち着きを取り戻したため、長期ポジションはそのまま継続した。

　金属生態系についてはだいたいつかめたと思う。ここでも、新たなファンダメンタルズ的需要に反応したさまざまな業界の中核企業や周辺企業の収益や利幅が急増したことが、生態系の紛れもないサインとなった。

心地良い調べ

　実は、最高の例を最後から2番目にとっておいた。近年、マーケットが新製品の開発や従来品の改善を大きく評価した最高の例はカリフ

図6.21　アップル

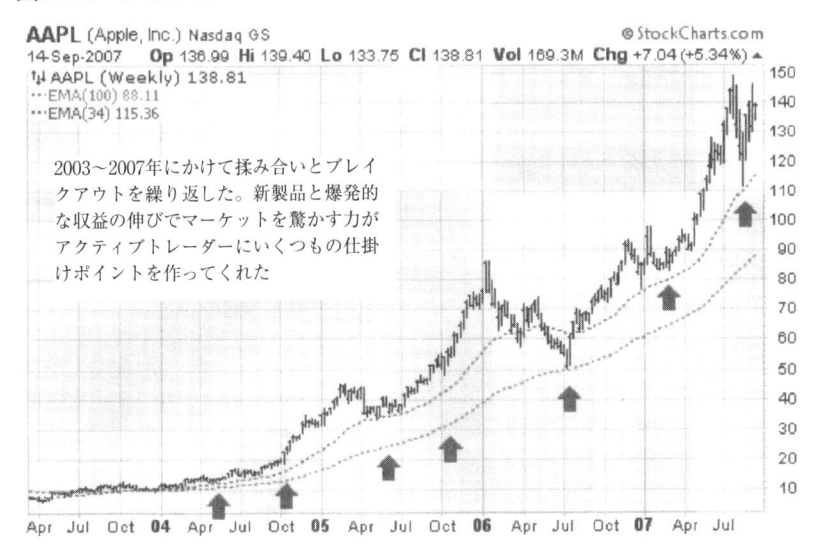

```
AAPL (Apple, Inc.) Nasdaq GS                        ©StockCharts.com
14-Sep-2007  Op 136.99 Hi 139.40 Lo 133.75 Cl 138.81 Vol 169.3M Chg +7.04 (+5.34%)▲
↓↓ AAPL (Weekly) 138.81
  — EMA(100) 88.11
  — EMA(34) 115.36
```

2003〜2007年にかけて揉み合いとブレイクアウトを繰り返した。新製品と爆発的な収益の伸びでマーケットを驚かす力がアクティブトレーダーにいくつもの仕掛けポイントを作ってくれた

ォルニア州クパチーノにあるアップル・インク（AAPL。2007年1月、「アップル・コンピュータ」から改称）だろう。何年にもわたって時代遅れの製品ラインナップをまったく改良せず、誤った経営を続けてきたあと、2000年初めに革新的なパソコンのiMacシリーズと、音楽プレーヤーのiPodシリーズで、熱狂的な支持を得た。大ヒット製品とさらに素晴らしい製品を生み出す先駆者として、アップルは大きく躍進した。

　しかし、最も留意すべきことはこの会社がルーツである教育とグラフィックデザイナー用のハードウエアとソフトウエアというニッチ市場から、時代の卓越した消費者向け電子機器メーカーに成長したことだろう。このシフトが、最終的に超強力なアノマリーをもたらした。この変化が正式に認識されたのは2007年1月9日に社名がアップル・コンピュータからアップルに変更されたときで、図6.21が示すとお

り、その瞬間から株価は70％も激しく上昇した。

　この新製品による電撃攻撃を主導したのは新しい経営陣だった（前にも似たような話があった）。スティーブ・ジョブスが1998年にアップルの支配権の返還を要求し、忘れ去られそうなこの会社を救った。彼の「道楽息子」的な部分が話を誇張させている面はあるが、ジョブスは1980年代にアップルから追放され、シリコンバレーの荒野をぶらぶらしていた。しかし、アップルをどん底から救うため、タートルネックを着た救世主は変化の力を利用して、アップル独自の嗜好による魅力的で、ユーザー重視のデザインと使い勝手を、マーケットの新しい分野に持ち込んだ。

　iMacで始まった成功の流れは、iPod、iPhone、アップルTVと続き、系統を成していった。アップルの機器はどれも強力で直観的なソフトウエアに、魅力的で、頑丈で、考え抜かれたデザインのハードウエアを組み合わせるというこの会社の再発見された能力をはっきりと見ることができる。これはまるで1984年の最初のマッキントッシュがデビューしたときのようだ。このような全体感のあるデジタルコントロールをユーザーが体験できる機器を作っている会社も、新しいデジタル体験の分野にこれほどうまく展開していった会社も、ほかにはなかった。

　ここで本当に特筆すべきなのは、新しい製品ラインが同社のもともとのビジネスであるパソコンにも幸運を呼び戻したことだ。ここで思い出してほしいのは、同社のマーケティングと販売手腕の素晴らしさだ。彼らは昔の製品に新しい活気をもたらすことができる。現在の顧客にはアップグレードを促し、新規の顧客には初めて購入させるということだ。現在、アップルほどこれをうまくできる会社はなく、これは観察に値する。

　企業がどのくらいうまく顧客をつなぎとめられるかには、常に興味を引かれる。だれでも素敵なエピソードを持つ人には興味を持つ

し、顧客もその神話やニュースの流れや感情的なワナに引き込まれる。アップルには、通常の製品発表をマルチメディアのイベントに仕立て上げる力があり、近年、そんな企業は世界中のどこにもない。このようなニュースを使った戦略をほかに見たことがあるだろうか。例えば、ヒューレット・パッカードやデルが次の新製品のプレスリリースを行っても、ウォール・ストリート・ジャーナル紙の１面を飾ることはないと断言できるが、アップルならそれができる。

　以前筆者は、アップルの魔法に自分の子供がとりこになるのを目撃している。2006年に11歳の娘がMP3プレーヤーを欲しがった。娘は最初はiPodよりも、容量も機能も電池寿命も適応性も優れているライバルメーカーの製品でほとんど決めかかっていたが、そのことを電話で友だちに話しながら、何かが違うと感じていたようだ。ただ、それが何だかは分からなかった。きっとマーケティングに活気がなく、製品が単なる物体で、愛着が感じられなかったのだろう。電話のあと、娘は筆者に「パパ、やっぱりiPodにするわ」と言った。このとき筆者は、アップルが単なる製品以上のものを作り出したことに気づいた。彼らが作り出したのは、子供たちやそれ以外の消費者が自分を表現するための言語だったのだ。

　アップルの過去のパフォーマンスは、iPodとiTunes現象によるところが大きかった。結局のところ、190億ドルに及ぶ2006年の収益の半分は、デジタル音楽の部門から上がっている。アップルの製品は今やデジタル音楽と同義語になっており、消費者向け電子機器の分野の有力企業になれば、ルーツがコンピューター会社だったことを忘れそうになる。ただ、デジタル音楽プレーヤーよりも価格も利幅も大きいMacのラインナップは、もちろん最終利益を大きく左右する。つまり、コンピューターの販売能力こそが、この会社の運命を決定づけることになる。

　アップルが2007年度に世界中に出荷したMacは、あらゆるサイズ

や形のものを合計すると176万台、収益にして25億3000万ドルに上る。この１年間でMacの売り上げは36％上昇し、この商品としては最高の四半期を記録した。この成長率はアメリカのパソコン市場の４倍で、それ以外の国と比較しても2.5倍に当たる。Macの売り上げはアメリカ全体のパソコン販売の約９％を占め、2007年半ば時点の世界の売り上げで見ても３％と、それまでの最高水準に達している。当然ながらコンピューター市場におけるアップルのシェアも拡大している。ベア・スターンズのアナリストが2007年８月に発表した予想によると、アップルのシェアは前年と比較して50ベーシスポイント上昇し、2.57％になるという。これはそう大きな数字に見えないかもしれないが、同社の２年前と比較するとほぼ１％も上昇している。

　普通はこのような結果を見ると、聖人ぶったMacユーザーの一団がアップグレードしたり、備品を買い足したりしたのだと思いがちだが、アップルによれば、Mac購入者の半分以上がこのプラットフォームの新規ユーザーだという。つまり、新しい購入層は、それまでは無精ひげを生やしたグラフィックデザイナーや学校の先生の領域だとみなされていた分野に転向した人たちなのだ。そう考えると、iPodによって多くの人にアップルの魅力的なデザインや直観的なユーザーインターフェースやアップル製品に受け継がれる強力なソフトウエアなどが浸透し、Macのラインナップへの興味をそそったのは当然のことだろう。

　アップルはiPodとMacの既存ユーザーをつなぎとめ、それまで顧客でなかった人たちを獲得するなかで、系列の新たな製品群を生み出して、顧客の娯楽予算のシェアをかつてないほど大きく拡大する方法を見いだした。動画が可能になったことで、テレビドラマや映画の小規模販売という新しい業種を作り出したiPodとアップルTVが、その好例だろう。それまで、初期のころの『アカプルコ救出大作戦』に価値があると考えた人がいただろうか。実は筆者自身もまったくバカげたアイデアだと思っていたが、それは筆者がターゲットの顧客層に入っ

ていないだけのことだった。電車や飛行機やバスで通勤している人たちはこのサービスを大歓迎した。筆者の10代の息子も、例えば『サイク』（Psych）というだれも知らないようなケーブルテレビの番組をダウンロードして、サッカーや野球の試合に行く途中に見ているが、それはまったく普通のことのようだ。

そして、このことがiTunesの大成功につながった。2007年9月の時点で、iTunesのアクティブユーザーは1億1000万人に上り、その多くは自分のデジタルメディアコレクションにかなりの金額を投入している。iTunesでは動画は2005年の配信開始以来、テレビ番組5000万本、映画は2006年末以来130万本をすでに販売している。

現在、パラマウント、ディズニー、ミラマックスなど、映画会社のいくつかはすでにコンテンツを提供しているが、アップルでは今後さらに多くの参加を予定している。ハリウッドにとっても、アップルの強力な著作権侵害防止策と膨大なユーザー数は魅力的な追加収益源になる。アップルの動画機能付き機器が増加し続けている今は特にそうだ。

表面的に見れば、2006〜2007年は新しい機器に対する熱意がみなぎるアップルに対してブルになるときではないように見える。実際、このような時期にプロは売りを推奨することが多い。しかし、アップルのNパワーに対する本気の姿勢と今後期待できるいくつかのきっかけに気づいたわれわれは、アップルの株価がグロース投資家にとってけっして高くはないことを見逃さなかった。

アップルの株価が4倍に跳ね上がった2000年代半ばを通して、新しさを武器とする力がノキアやソニーといったライバル企業と比べて減速したり衰えたりする兆しはまったく見えなかった。そしてその間、最大のライバルであるマイクロソフトが独占する市場を少しずつ切り崩していった。スティーブ・ジョブスは一流の工業デザイナーとエンジニアを結集したチームとともに、全力で新規顧客に新しいモノを作

り出すという業界の歴史のなかでも最も成功した側面攻撃を主導した。

　ただ、ウォール街はこのことに関して不思議なほど懐疑的で、これは1990年代のデルのときとよく似ている。当時のデルは非常に低い水準からスタートしたが1990年1月から1999年12月にかけて、株価は約15ドル（分割調整後）から52ドル近辺まで9万1000％も上昇した。それに比べればアップルの1990年代の上昇幅は190％で、2007年第3四半期までの10年間でも395％しか上がっていない。どちらのケースも、上昇が終わる時期をチャート上で特定することは不可能だが、それでも人気が安定した製品がいくつかあり、それがきちんと利益を出す体制が整っていて、時代の気分にぴったり合っていれば、成功を阻む要素はほとんどないと考えてよい。

ありがたいことに、富めるものはさらに富む

　大富豪というのは、われわれとはまったく違う。彼らはたくさんお金を持っているだけでなく、たくさんお金を使う。それも想像をはるかに超えた額を、だ。実は最近、学者の間で、大富豪が所有する巨額の富のなかから大金を使うと、グローバル経済のくぼみや低地をならし、それが公共サービスの効果をもたらすという説が出ている。新興市場の工業力で結ばれたロシア、中国、インド、南米の億万長者たちの一群によって世界中で起こる景気後退は過去数十年と比べて、数も深刻さも減っているのだ。

　これを聞いて気分が良くなるわけではないとしても、理にはかなっている。アメリカやヨーロッパの庶民が、失業したり、家を差し押さえられたりして、モノやサービスの消費が停滞しているなか、世界中で増加している大富豪たちがその分を穴埋めしている。これはトリクルダウン理論（富める者が富めば、貧しい者にも自然に富が浸透するという経済理論）をある意味実現しているのかもしれない。

われわれは大富豪に対して憤慨するよりも、感謝すべきなのかもしれない。次にロールスロイスのショールームで大富豪を見かけたときは親愛を込めて挨拶しよう。彼らの数は膨大で、どれほどいるのかは分からないが、シティグループのアナリストのアジャイ・カプールが行った調査によれば、世界で最も裕福な100万人の支出はそれ以外の世帯6000万軒分の消費に値するという。トップ１％とボトム99％の格差から見れば、最も裕福な国のなかの階級などほとんど意味がない。経済成長が一握りの富裕層の消費によって強化されるという新しい「政治経済学」の世界にようこそ。これこそが、投資生態系の発生に関する研究に役立つ本当のアノマリーと言える。

　アメリカの住宅価格が下落すると、アメリカ経済全体が落ち込むという恐怖感があるときに、ムンバイかモスクワの超大金持ちがたった一度浪費してくれれば、住宅ローンの支払いもままならない弱体化したアメリカ人何万人分かの消費を肩代わりしてくれるということを知っておくと、役に立つかもしれない。幸い、ロシアだけでもそれよりもたくさんの大金持ちがいる。「ブルーゴールド」と呼ばれることもある天然ガスの価格が一気に上がり、ニッケル、アルミ、チタンの高騰もあって、数十億ドル規模の資産を持つ超大金持ちが少なくとも20人と、数百万ドル規模のお金持ち数千人が生まれ、資産を世界中にばらまいているのだ。

　ウォール・ストリート・ジャーナル紙によると、新興「ブリンシェビクス」（大金持ち）はドイツではお城を買い、ニューヨークではアンディ・ウォーホルの版画を、アルゼンチンではポロポニー（ポロ用に改良された馬）を買っている。また、ロンドンの高級エリアであるメイフェア地区の住宅は今や５件に１件がロシア人の所有だとも書いてある。なかでもリーダー格は世界で11番目にお金持ちのロマン・アブラモビッチで、ヨットは161フィート、282フィート、377フィートという３艇を所有しているうえ、現在はアラブにある世界最大のヨッ

図6.22　ビンペル・コミュニケーションズ

ロシアの携帯電話会社である同社は1年間に及ぶ揉み合いから2006年半ばにブレイクアウトしたあと、13週EMAに沿って2倍に上昇した。2007/6にはブレイクアウトで売りシグナルが出たが、そのすぐあとに高値を更新して再び買いシグナルが出た

ト（525フィート）を上回る4艇目を発注しているという。また、昨年サザビーズ（BID）で落札された美術品の総額は36億5000万ドルで、2005年よりも30％以上増加しているが、なかでもロシアの美術品が急増しているという。

　ただ、新しく誕生したロシアの富を利用したくても、アメリカの株式市場にはロシアの銘柄があまりない。しかし、その数少ないなかで活発にトレードされている銘柄のひとつに、ロシアのワイヤレスサービス会社のビンペル・コミュニケーションズ（VIP）がある。**図6.22**が示すとおり、この銘柄は携帯電話サービスにおいてロシアだけでなく、ウクライナ、タジキスタン、アルメニア、カザフスタン、ウズベキスタンなどを合わせたトップ企業として登場し、2006年秋から上昇し始めた。そして、長く続いた揉み合いを抜けたあとは13週EMAに沿って1年で2倍に上がった。

　一方、中国にも50万人の百万長者がいて、自慢の金箔を貼ったトイ

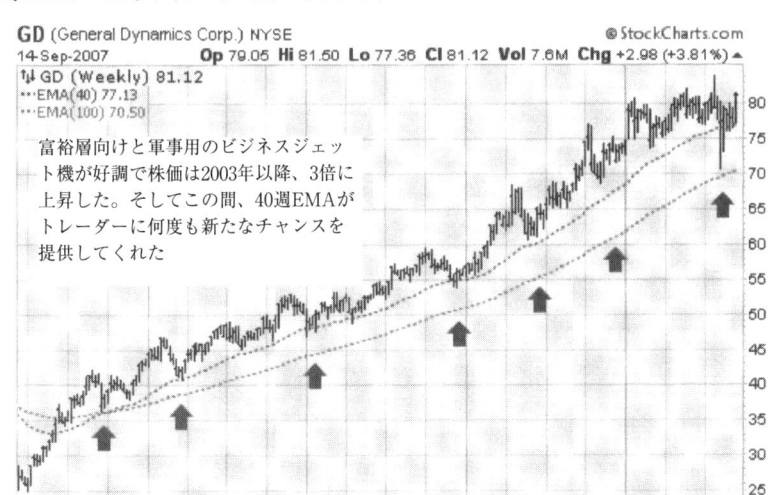

図6.23　ゼネラル・ダイナミクス

富裕層向けと軍事用のビジネスジェット機が好調で株価は2003年以降、3倍に上昇した。そしてこの間、40週EMAがトレーダーに何度も新たなチャンスを提供してくれた

レやベルサーチで統一した寝室、そして車庫にはBMW、キャデラック、フェラーリが並んでいる。また、経済成長率が年間8％のインドでは、2007年に2年前よりも16％多い8万3000人の百万長者がいるとニューズウィーク誌は伝えている。そして、彼らの消費を促すため、インドの大都市にはルイヴィトン、ヒューゴ・ボス、バレンチノ、グッチ、フェンディなどが店舗を構えている。

　アメリカではトップ1％の富裕層の総収入が2005年には史上最高の17.4％に増加した。しかしその一方で、平均労働者の手取り給与は2001年からわずか0.3％しか上昇していない（インフレ調整後）。ちなみに、この間の経済成長率は16％に膨らんでいた。メリルリンチによると、アメリカには自宅を除いた純資産が100万ドルを超える人は200万人いて、自宅を含めればその数は800万人に上るという。

　大型ヨットや大邸宅のあと、大富豪の関心は当然ながらジェット機、長期休暇、高級宝石、高額の美術品、流行の服などに向かう。つ

まり、投資生態系を見るときはジェット機から宝石店、競売人からロシアのすべての消費財まで、広い範囲で考える必要がある。そして、必ず登場するのが宝石小売りのティファニー（TIF）と革製品のコーチ（COH）と競売のサザビーズだ。3社とも株価は順調に上昇し、2007年半ばの時点で史上最高値を更新した。

　政治経済学をあまり活用しないなら、プライベートジェット機の急速な普及はどうだろう。つまり、モンテカルロの自宅からベルリンの会議に向かうのに、公共の飛行場でフェラガモを汚すくらいなら、億万長者でいる意味はない。ある報告書によると、ロンドンだけでもプライベートジェットの利用者は年間30万人に達し、毎年10％ずつ増加しているという。あるオンライン調査では10席機で最高級とされるガルフストリームG550にはソファーと2つのベッドとマホガニーの内装パネルが装備されていて、プラスチックは使われていない。そして、G550を初めとする一連のジェット機の製造部門を抱えるゼネラル・ダイナミックス（GD）の株価は、**図6.23**が示すとおり、順調に上昇している。

　この業界でリスクが高いのは、カナダのボンバルディア（CA:BBDA）だろう。この会社では映画監督のスティーブン・スピルバーグや鉄鋼王のラクシュミ・ミタルなどが所有するグローバル・エクスプレスというビジネスジェット機を製造している。グローバル・エクスプレスは世界中どこへでも1回の補給で行けることが売りで、ニューヨーク–東京間ならノンストップで飛べる。

　このようなトレードを10年間続けていれば、自分専用のガルフストリームやグローバルエクスプレスを所有できるようになる。そのときはだれのアドバイスで成功できたのかを思い出し、シアトルに寄ってお茶に付き合ってほしい。

Conclusion

結論

　土曜日になった。さあ休もう。それにしても、なんという1週間だったろう。疲れたことは間違いないが、儲けが上がったし、満足感もあった。資本市場は、企業が拡大したり、雇用したり、生産したり、成長したりするための資金を提供するために存在していることはみんな知っている。しかし、トレーダーにとってマーケットはこれまで発明されたなかで最高のお金儲けマシンだ。ただし、それにはレバーの動かし方を知っておかなければならない。

　これまでの6章で、アクティブトレーダーとしてこのマシンを毎日動かすための単純かつ系統的な手法を紹介してきた。これらの手法はどれもものすごく簡単というわけではないが、かといって上級の学位が必要というわけでもない。成功するために必要なのは、好奇心とエネルギーと勝ちたいという確固たる思いと直感を大事にしながらも感情を抑える能力と絶対にあきらめないねばり強さだけだ。優れたトレーダーは生まれつきであって、訓練でなれるものではない。これは優れたバイオリニストやスポーツ選手も同じことだ。しかし、もし学習と実践に熱意を持って時間を割けば、ほぼだれでもかなり良いトレーダー、つまり確実に成功するトレーダーになることはできる。

　学習体験の良いところは途方もなく興味深くて、楽しいと感じることさえあることなのだが、ここまで読んで同意してもらえるだろうか。

月曜日の午後にマーケットのレラティブストレングスを調べて、鉄や銅、特殊科学、肥料などがすべてマーケット全体において活気ある対象だということが分かれば、本当の意味で、その時点のトレードにおける独自の知識を得たことになる。これは、タカが風の臭いをかぎ、数マイルの範囲を見渡し、環境と一体化する様子と似ている。金融の賭けをするために業界や政治や文化を掘り下げて調べるということは世界中の出来事の流れのなかに直接身を置くということで、こんな仕事や趣味はほかにはあまりない。

　ここで、最高の攻撃計画がはっきりと分かっているかどうかを確認するために、本書をざっとおさらいしておこう。

　まず最初に、新しいスタイルのデイトレーディングとは毎日積極的に株式市場でトレードして、数日、数週間、または数カ月保有すべき銘柄を探すことだと思い出してほしい。積極的なデイトレーダーは、もうオーバーナイトのポジションや、何日間かにまたがるポジションを恐れない。これは、彼らが長めに保有するメリットがある株やオプションを探し出す能力に自信を持っているからだ。現代の積極的なデイトレーダーは、トレード回数が多ければ成功するわけではないことを理解している。成功するために必要なのは、これまで以上の質と量の調査と信念と自己認識だけだ。今日のデイトレーディングとは、日中たくさんある静かな時間を使って、正しいタイミングで正しいポジションを立てるために、業界や企業やマーケットに関する異なった視点をみんなよりも少しだけ早く見つけだすことを意味している。

　日曜日には、タイミングに集中するよう勧めた。1日、1週間、1カ月といった時間枠で、アメリカ、ヨーロッパ、新興市場の主要な指標を観察し、それぞれのメジャートレンドを読み取る。余計なことを考えず、判断を下したらそれを書きとめ、記録に残す。日曜日には、これから主に買いでいくのか、それとも空売りでいくのかをはっきりと決め、週の途中で特別にランダムな状況に陥ったとしても、最初の

決定を順守してほしい。また、マーケットの支持基盤と出来高が、ブルに傾いているのか、それともベアかということも確認しておく必要がある。さらに、20週と40週サイクルをカレンダーに書き込んで、転換期の十分前から準備を整えておく。トレーディングにおいて、タイミングは大きな大きな部分を占める。必ず、すべてを掌握しておくようにしておいてほしい。

　月曜日には、第2章で紹介したレラティブストレングスチャートを、少なくとも1時間はチェックしてほしい。ここでも、1日、1週間、1カ月という時間枠で、どのセクターやどの時価総額のグループやどのスタイル（グロースかバリューか）やどの地域などに人気があるのかをしっかりと理解しておいてほしい。これは、勝ち組でのみ戦うということを自分に誓うということだ。ときには、弱気から強気への転換期に思え、逆張りであえて負け組に飛び込みたくなるときもあるかもしれないが、そこはぐっと我慢しなければならない。勝ち組にはその理由があり、筆者の指示に従ってそのエッジを利用すれば、十分持続してメリットを得ることができる。生活をかけて戦っているグループのなかで利益を上げるのはとても大変なことで、それにかける時間と努力にはおそらく見合わないだろう。苦難にあえぐのは敗者に任せて、権力の側に参加しよう。

　火曜日は、最低1時間はかけてマーケットヒストリー・ドット・コムを調べ、どのセクターやどの取引所やどの商品やどの銘柄が次の1～2カ月間に成功する確率が高いのかを、歴史や市場間や株価と出来高の傾向などに基づいて考える。この情報がどれほど価値が高く、機関投資家でなくても適正な手数料を支払えば入手できることがどれほど幸運なことかは何度強調してもし足りない。もし勝率を上げるためにひとつできることがあるとすれば、それはカレンダーとマーケットのイベント（決算発表や経済報告書など）とトレーディング商品の確固たる関係に注目することだろう。この関係を無視するなら、危険

を覚悟しなければならない。火曜日にマーケットヒストリーを開けば、今後、流れに逆らって無駄に泳ぐようなことをマーケットで経験することは二度となくなる。これらのことは筆者の意見ではなく、事実であり、希望的観測に惑わされないで、現実にしっかりと目を向けることができるようになる。

　水曜日は、チャートと決算資料と最近（過去18カ月）のIPOやスピンオフや破産株の再公開、株式併合などについて、最低1時間はかけて調べてほしい。マーケットは買いでも空売りでも、新鮮で活気があるものが好まれるため、これらの銘柄はアクティブトレーダーにとって絶対に金脈となる。毎週、気に入った銘柄をトレード手帳にメモして、トレードしたものも、トレードしなかったものも、その後の経過を追跡しておく。そして、これらを比較し、対比させ、成功ケースからも失敗ケースからも学んでほしい。マーケットは何度も何度もチャンスをくれるのだから、毎週コツコツとトレードを積み重ねながら、勝てば驚き、ミスしてもあまり気にしないようにすることができるはずだ。

　木曜日は、第5章で紹介した手順を使ってMSNマネーのストックスカウターで上位10銘柄を表示するか、筆者が毎週発行しているニュースレターの『ストラテジックアドバンテージ』のなかで毎月更新しているリストをチェックする。ここに表示される銘柄は、ファンダメンタルズ、株価、所有者、テクニカル、ボラティリティーの低さなどに基づいて、過去7年間に何度も何度も成功してきた。筆者が紹介したような「バスケット」のトレードがしたくなくても、それぞれの銘柄を長期、中期、短期の視点で観察し、そのなかのどれが次の1週間～6カ月の間に成功する可能性が高いかを判断してほしい。実は、筆者もこれと同じことを、短期に主眼を置いた『トレーダーズアドバンテージ』というニュースレターの読者のために行っている。最強の株が高値を更新したときや、横ばいで動きがないマーケットでも買うこ

とを恐れてはならない。そういう銘柄はあと数カ月たたないと明らかにならない理由で、最大の需要があるケースも多い。

そして最後に、金曜日はニュースやセクターの研究、IPOの観察、ストックスカウターのリスト、自分自身で観察したことなどについて時間をかけて考えてみる。そして、どのイベントが組み合わさると、持続するトレードチャンスを生み出すアノマリーになるのかを判断する。それが戦争でも、平和でも、遺伝子研究の飛躍的な進歩でも、新しい種類のメディア、宗教、政治的な変化でも、本当に重要な変化はわれわれの周りで起こっている。そして、これらの新しいトレンドを頭のなかから引き出すには毎週、ほんの少し静かに考える時間をとるだけでよい。あとは自分の考えをトレード手帳にメモして、見込みのありそうなトレード計画を立て、実行したあとで、必ずそれを定期的に見直してほしい。

積極的なデイトレードにおいて最も重要な要素は最後の部分で、情報を活用しつつも、自分の直感やランダムな逸話を恐れることなく、体系的かつ事実に基づいた判断を毎日下してほしい。来る日も来る日も意図的に成功するための計画を立てていれば、本当に成功できる。

付録A　ダウ・ジョーンズのセクターと業種別指数

シンボル	指数の名称
$DJUSAE	DJ US Aerospace & Defense Index
$DJUSAF	DJ US Delivery Services Index
$DJUSAG	DJ US Asset Managers Index
$DJUSAI	DJ US Electronic Equipment Index
$DJUSAL	DJ US Aluminum Index
$DJUSAM	DJ US Medical Equipment Index
$DJUSAP	DJ US Automobiles & Parts Index
$DJUSAR	DJ US Airlines Index
$DJUSAS	DJ US Aerospace Index
$DJUSAT	DJ US Auto Parts Index
$DJUSAU	DJ US Automobiles Index
$DJUSAV	DJ US Media Agencies Index
$DJUSBC	DJ US Broadcasting & Entertainment Index
$DJUSBD	DJ US Building Materials & Fixtures Index
$DJUSBE	DJ US Employment Agencies Index
$DJUSBK	DJ US Banks Index
$DJUSBM	DJ US Basic Materials Index
$DJUSBS	DJ US Basic Resources Index

シンボル	指数の名称
$DJUSBT	DJ US Biotechnology Index
$DJUSBV	DJ US Beverages Index
$DJUSCA	DJ US Gambling Index
$DJUSCC	DJ US Commodity Chemicals Index
$DJUSCE	DJ US Consumer Electronics Index
$DJUSCF	DJ US Clothing & Accessories Index
$DJUSCG	DJ US Travel & Leisure Index
$DJUSCH	DJ US Chemicals Index
$DJUSCL	DJ US Coal Index
$DJUSCM	DJ US Personal Products Index
$DJUSCN	DJ US Construction & Materials Index
$DJUSCP	DJ US Containers & Packaging Index
$DJUSCR	DJ US Computer Hardware Index
$DJUSCS	DJ US Specialized Consumer Services Index
$DJUSCT	DJ US Telecommunications Equipment Index
$DJUSCX	DJ US Specialty Chemicals Index
$DJUSCY	DJ US Consumer Services Index
$DJUSDB	DJ US Brewers Index
$DJUSDN	DJ US Defense Index
$DJUSDR	DJ US Food & Drug Retailers Index
$DJUSDS	DJ US Industrial Suppliers Index
$DJUSDV	DJ US Computer Services Index
$DJUSEC	DJ US Electrical Components & Equipment Index
$DJUSEE	DJ US Electronic & Electrical Equipment Index
$DJUSEN	DJ US Oil & Gas Index
$DJUSEU	DJ US Electricity Index
$DJUSFA	DJ US Financial Administration Index
$DJUSFB	DJ US Food & Beverage Index
$DJUSFC	DJ US Fixed Line Telecommunications Index
$DJUSFD	DJ US Food Retailers & Wholesalers Index
$DJUSFE	DJ US Industrial Machinery Index

シンボル	指数の名称
$DJUSFH	DJ US Furnishings Index
$DJUSFI	DJ US Financial Services Index
$DJUSFN	DJ US Financials Index
$DJUSFO	DJ US Food Producers Index
$DJUSFP	DJ US Food Products Index
$DJUSFR	DJ US Forestry & Paper Index
$DJUSFS	DJ US Forestry Index
$DJUSFT	DJ US Footwear Index
$DJUSFV	DJ US Financial Services Composite Index
$DJUSGF	DJ US General Financial Index
$DJUSGI	DJ US General Industrials Index
$DJUSGL	DJ US Large-Cap Growth Index
$DJUSGM	DJ US Mid-Cap Growth Index
$DJUSGR	DJ US Growth Index
$DJUSGS	DJ US Small-Cap Growth Index
$DJUSGT	DJ US General Retailers Index
$DJUSGU	DJ US Gas Distribution Index
$DJUSHB	DJ US Home Construction Index
$DJUSHC	DJ US Health Care Index
$DJUSHD	DJ US Durable Household Products Index
$DJUSHG	DJ US Household Goods Index
$DJUSHI	DJ US Home Improvement Retailers Index
$DJUSHN	DJ US Nondurable Household Products Index
$DJUSHP	DJ US Health Care Providers Index
$DJUSHR	DJ US Commercial Vehicles & Trucks Index
$DJUSHV	DJ US Heavy Construction Index
$DJUSIB	DJ US Insurance Brokers Index
$DJUSID	DJ US Diversified Industrials Index
$DJUSIF	DJ US Full Line Insurance Index
$DJUSIG	DJ US Industrial Goods & Services Index
$DJUSIL	DJ US Life Insurance Index

シンボル	指数の名称
$DJUSIM	DJ US Industrial Metals Index
$DJUSIN	DJ US Industrials Index
$DJUSIP	DJ US Property & Casualty Insurance Index
$DJUSIQ	DJ US Industrial Engineering Index
$DJUSIR	DJ US Insurance Index
$DJUSIS	DJ US Support Services Index
$DJUSIT	DJ US Industrial Transportation Index
$DJUSIU	DJ US Reinsurance Index
$DJUSIV	DJ US Business Support Services Index
$DJUSIX	DJ US Nonlife Insurance Index
$DJUSL	DJ US Large-Cap Index
$DJUSLE	DJ US Leisure Goods Index
$DJUSLG	DJ US Hotels Index
$DJUSLT	DJ US Large-Cap TR Index
$DJUSLW	DJ US Low-Cap Index
$DJUSM	DJ US Mid-Cap Index
$DJUSMC	DJ US Health Care Equipment & Services Index
$DJUSMD	DJ US General Mining Index
$DJUSME	DJ US Media Index
$DJUSMF	DJ US Mortgage Finance Index
$DJUSMG	DJ US Mining Index
$DJUSMS	DJ US Medical Supplies Index
$DJUSMT	DJ US Marine Transportation Index
$DJUSMU	DJ US Multiutilities Index
$DJUSNC	DJ US Consumer Goods Index
$DJUSNF	DJ US Nonferrous Metals Index
$DJUSNG	DJ US Personal & Household Goods Index
$DJUSNS	DJ US Internet Index
$DJUSOE	DJ US Electronic Office Equipment Index
$DJUSOG	DJ US Oil & Gas Producers Index
$DJUSOI	DJ US Oil Equipment & Services Index

シンボル	指数の名称
$DJUSOL	DJ US Integrated Oil & Gas Index
$DJUSOQ	DJ US Oil Equipment, Services & Distribution Index
$DJUSOS	DJ US Exploration & Production Index
$DJUSPB	DJ US Publishing Index
$DJUSPC	DJ US Waste & Disposal Services Index
$DJUSPG	DJ US Personal Goods Index
$DJUSPL	DJ US Pipelines Index
$DJUSPM	DJ US Gold Mining Index
$DJUSPN	DJ US Pharmaceuticals & Biotechnology Index
$DJUSPP	DJ US Paper Index
$DJUSPR	DJ US Pharmaceuticals Index
$DJUSPT	DJ US Platinum & Precious Metals Index
$DJUSRA	DJ US Apparel Retailers Index
$DJUSRB	DJ US Broadline Retailers Index
$DJUSRD	DJ US Drug Retailers Index
$DJUSRE	DJ US Real Estate Index
$DJUSRH	DJ US Real Estate Holding & Development Index
$DJUSRI	DJ US Real Estate Investment Trusts Index
$DJUSRP	DJ US Recreational Products Index
$DJUSRQ	DJ US Recreational Services Index
$DJUSRR	DJ US Railroad Index
$DJUSRS	DJ US Specialty Retailers Index
$DJUSRT	DJ US Retail Index
$DJUSRU	DJ US Restaurants & Bars Index
$DJUSS	DJ US Small-Cap Index
$DJUSSB	DJ US Investment Services Index
$DJUSSC	DJ US Semiconductors Index
$DJUSSD	DJ US Soft Drinks Index
$DJUSSF	DJ US Consumer Finance Index
$DJUSSP	DJ US Specialty Finance Index
$DJUSST	DJ US Steel Index

シンボル	指数の名称
$DJUSSV	DJ US Software & Computer Services Index
$DJUSSW	DJ US Software Index
$DJUSTB	DJ US Tobacco Index
$DJUSTC	DJ US Technology Index
$DJUSTK	DJ US Trucking Index
$DJUSTL	DJ US Telecommunications Index
$DJUSTP	DJ US Top Cap Index
$DJUSTQ	DJ US Technology Hardware Index
$DJUSTR	DJ US Tires Index
$DJUSTS	DJ US Transportation Services Index
$DJUSTT	DJ US Travel & Tourism Index
$DJUSTY	DJ US Toys Index
$DJUSUO	DJ US Gas, Water & Multiutilities Index
$DJUSUT	DJ US Utilities Index
$DJUSVA	DJ US Value Index
$DJUSVL	DJ US Large-Cap Value Index
$DJUSVM	DJ US Mid-Cap Value Index
$DJUSVN	DJ US Distillers & Vintners Index
$DJUSVS	DJ US Small-Cap Value Index
$DJUSWC	DJ US Mobile Telecommunications Index
$DJUSWU	DJ US Water Index

上場投資信託

i シェアーズ

AGG	iShares Lehman Aggregate Bond
CFT	iShares Lehman Credit Bond
CIU	iShares Lehman Intermediate Credit Bond
CSJ	iShares Lehman 1-3 Year Credit Bond
DSI	iShares KLD 400 Social Index
DVY	iShares DJ Select Dividend Index
EEM	iShares MCSI Emerging Markets
EFA	EAFE Index iShares
EFV	iShares MSCI Value
EPP	iShares MSCI Pacific Ex-Japan Index
EWA	Australia iShares
EWC	Canada iShares
EWD	Sweden iShares
EWG	Germany iShares
EWH	HongKong iShares
EWI	Italy iShares
EWJ	Japan iShares
EWK	Belgium iShares
EWL	Switzerland iShares
EWM	Malaysia iShares

EWN	Netherlands iShares
EWO	Austria iShares
EWP	Spain iShares
EWQ	France iShares
EWS	Singapore iShares
EWT	Taiwan iShares
EWU	United Kingdom iShares
EWW	Mexico iShares
EWY	South Korea iShares
EWZ	Brazil iShares
EXI	iShares S&P Global Industrials Sector Index
EZA	South Africa iShares
EZU	EMU Index iShares
FIO	iShares FTSE NAREIT Industrial/Office
FTY	iShares FTSE NAREIT Real Estate 50
FXI	iShares FTSE/Xinhua China 25 Index
GBF	iShares Lehman Government/Credit Bond
GSG	Commodity iShares S&P/GSCI Index
GVI	iShares Lehman Intermediate Government/Credit Bond
HYG	iShares iBoxx $ High Yield Corporate Bond
IAI	iShares Dow Jones U.S. Broker-Dealers
IAK	iShares Dow Jones U.S. Insurance
IAT	iShares Dow Jones U.S. Regional Banks
IAU	iShares COMEX Gold Trust
IBB	Biotech iShares
ICF	Realty Major iShares
IDU	Utilities iShares
IDV	iShares Dow Jones EPAC Select Dividend
IEF	7–10 Year Treasury Bond
IEI	iShares Lehman 3–7 Year Treasury Bond
IEO	iShares Dow Jones U.S. Oil & Gas Exploration & Production
IEV	Europe 350 iShares
IEZ	iShares Dow Jones U.S. Oil Equipment & Services

IGE	Natural Resources iShares S&P/GSCI Index
IGM	Technology iShares S&P/GSTI Index
IGN	Network iShares S&P/GSTI Index
IGT.TO	iShares COMEX Gold Trust
IGV	Software iShares S&P/GSTI Index
IGW	Semiconductor iShares S&P/GSTI Index
IHE	iShares Dow Jones U.S. Pharmaceuticals
IHF	iShares Dow Jones U.S. Healthcare Providers
IHI	iShares Dow Jones U.S. Medical Devices
IJH	MidCap 400 iShares
IJJ	MidCap 400 Value iShares
IJK	MidCap 400 Growth iShares
IJR	SP SmCap 600 iShares
IJS	SmCap 600 Value iShares
IJT	SmCap 600 Growth iShares
ILF	Latin America 40 Index iShares
IOO	S&P Glbl 100 iShares
ISI	iShares S&P 1500 Index
ITA	iShares Dow Jones U.S. Aerospace & Defense
ITB	iShares Dow Jones U.S. Home Construction
ITF	TOPIX 150 Index iShares
IVE	S&P 500 Value iShares
IVV	S&P 500 iShares
IVW	S&P 500 Growth iShares
IWB	Russell 1000 iShares
IWC	iShares Russell Microcap Index
IWD	Russell 1000 Value iShares
IWF	Russell 1000 Growth iShares
IWM	Russell 2000 iShares
IWN	Russell 2000 Value iShares
IWO	Russell 2000 Growth iShares
IWP	Russell Mid-Cap Growth iShares
IWR	Russell Mid-Cap iShares

IWS	Russell Mid-Cap Value iShares
IWV	Russell 3000 iShares
IWW	Russell 3000 Value iShares
IWZ	Russell 3000 Growth iShares
IXC	iShares S&P Global Energy Sector Index
IXG	iShares S&P Global Financials Sector Index
IXJ	iShares S&P Global Healthcare Sector Index
IXN	iShares S&P Global Information Technology Sector
IXP	iShares S&P Global Telecommunications Sector Index
IYC	Consumer iShares
IYE	Energy iShares
IYF	Financial iShares
IYG	Financial Services iShares
IYH	Healthcare iShares
IYJ	Industrial iShares
IYM	Basic Matls iShares
IYR	Real Estate iShares
IYT	iShares DJ Transportation Average Index
IYW	Technology iShares (DJUS)
IYY	Total Market iShares
IYZ	Telecom iShares
JKD	iShares Morningstar Large Core Index
JKE	iShares Morningstar Large Growth Index
JKF	iShares Morningstar Large Value Index
JKG	iShares Morningstar Mid Core Index
JKH	iShares Morningstar Mid Growth Index
JKI	iShares Morningstar Mid Value Index
JKJ	iShares Morningstar Small Core Index
JKK	iShares Morningstar Small Growth Index
JKL	iShares Morningstar Small Value Index
JXI	iShares S&P Global Utilities Sector Index
KLD	iShares KLD Select Social Index
KXI	iShares S&P Global Consumer Staples Sector Index

LQD	iShares iBoxx $ Investment Grade Corporate Bond
MBB	iShares Lehman MBS Fixed-Rate Bond
MXI	iShares S&P Global Materials Sector Index
NY	iShares NYSE 100 Index
NYC	iShares NYSE Composite Index
OEF	S&P 100 Index—iShares
PFF	iShares S&P U.S. Preferred Stock Index
REZ	iShares FTSE NAREIT Residential
RTL	iShares FTSE NAREIT Retail
RXI	iShares S&P Global Consumer Discretionary Sector Index
SHV	iShares Lehman Short Treasury Bond
SHY	1–3 Year Treasury Bond (Leh) iShares
SLV	iShares Silver Trust
TIP	iShares Lehman TIPS Bond
TLH	iShares Lehman 10–20 Year Treasury Bond
TLT	20+ Year Treasury Bond iShares

プロシェアーズETF

DDM	Ultra Dow 30 ProShares Fund
DIG	ProShares Ultra Oil And Gas
DOG	Short Dow 30 ProShares Fund
DUG	UltraShort Oil & Gas ProShares
DXD	ProShares Ultra Short Dow 30
MVV	Ultra MidCap 400 ProShares Fund
MYY	Short MidCap 400 ProShares Fund
MZZ	ProShares Ultra Short Mid Cap400
PSQ	Short QQQ ProShares Fund
QID	ProShares Ultra Short QQQ
QLD	Ultra QQQ ProShares Fund
REW	UltraShort Technology ProShares
ROM	ProShares Ultra Technology

RXD	UltraShort Health Care ProShares
RXL	ProShares Ultra Health Care
SCC	UltraShort Consumer Services ProShares
SDK	ProShares UltraShort Russell MidCap Growth
SDP	UltraShort Utilities ProShares
SDS	ProShares Ultra Short S&P 500
SFK	ProShares UltraShort Russell 1000 Growth
SH	Short S&P 500 ProShares Fund
SIJ	UltraShort Industrials ProShares
SJF	ProShares UltraShort Russell 1000 Value
SJH	ProShares UltraShort Russell 2000 Value
SJL	ProShares UltraShort Russell MidCap Value
SKF	UltraShort Financials ProShares
SKK	ProShares UltraShort Russell2000 Growth
SMN	UltraShort Basic Materials ProShares
SRS	Ultrashort RealEstate ProShares
SSO	Ultra S&P 500 ProShares Fund
SZK	UltraShort Consumer Goods ProShares
UCC	ProShares Ultra Consumer Services
UGE	ProShares Ultra Consumer Goods
UKF	ProShares Ultra Russell 1000 Growth
UKK	ProShares Ultra Russell 2000 Growth
UKW	ProShares Ultra Russell Midcap Growth
UPW	ProShares Ultra Utilities
URE	ProShares Ultra Real Estate
USD	ProShares Ultra Semiconductors
UVG	ProShares Ultra Russell 1000 Value
UVT	ProShares Ultra Russell2000 Value
UVU	ProShares Ultra Russell Midcap Value
UXI	ProShares Ultra Industrials
UYG	ProShares Ultra Financials
UYM	ProShares Ultra Basic Materials

ライデックス・イコールウエートETF

RCD	Rydex S&P Equal Weight Consumer Discretionary
RFG	Rydex S&P Mid Cap 400 Pure Growth
RFV	Rydex S&P Mid Cap 400 Pure Value
RGI	Rydex S&P Equal Weight Industrials
RHS	Rydex S&P Equal Weight Consumer Staples
RPG	Rydex S&P 500 Pure Growth
RPV	Rydex S&P 500 Pure Value
RSP	Rydex S&P Equal Weight ETF
RTM	Rydex S&P Equal Weight Materials
RYE	Rydex S&P Equal Weight Energy
RYF	Rydex S&P Equal Weight Financials
RYH	Rydex S&P Equal Weight Health Care
RYT	Rydex S&P Equal Weight Technology
RYU	Rydex S&P Equal Weight Utilities
RZG	Rydex S&P Small Cap 600 Pure Growth
RZV	Rydex S&P Small Cap 600 Pure Value
XLG	Rydex Russell Top 50

パワーシェアーズETF

DBA	PowerShares DB Multi-Sector Commodity Trust Agriculture Fund
DBB	PowerShares DB Multi-Sector Commodity Trust Metals Fund
DBE	PowerShares DB Multi-Sector Commodity Trust Energy Fund
DBO	PowerShares DB Multi-Sector Commodity Trust Oil Fund
DBP	PowerShares DB Multi-Sector Commodity Trust Precious Metals Fund
DBS	PowerShares DB Multi-Sector Commodity Trust Silver Fund
DBV	PowerShares DB G10 Currency Harvest Fund
DGL	PowerShares DB Multi-Sector Commodity Trust Gold Fund
PAF	PowerShares FTSE RAFI Asia Pacific ex Japan Portfolio
PBD	PowerShares Global Clean Energy Portfolio

PBE	PowerShares Dynamic Biotech & Genome Portfolio
PBJ	PowerShares Dynamic Food & Beverage Portfolio
PBS	PowerShares Dynamic Media Portfolio
PBW	Powershares Wilderhill Clean Energy Portfolio
PDP	PowerShares DWA Techincal Leaders Portfolio
PEF	PowerShares FTSE RAFI Europe Portfolio
PEH	PowerShares Dynamic Europe Portfolio
PEJ	PowerShares Dynamic Leisure & Entertainment Portfolio
PEY	PowerShares High Yield Equity Dividend
PFA	PowerShares Dynamic Developed Intl Opportunities Portfolio
PFM	PowerShares Dividend Achievers Portfolio
PGF	PowerShares Financial Preferred Portfolio
PGJ	PowerShares Golden Dragon Halter USX China Portfolio
PGZ	Powershares Dynamic Aggressive Growth Portfolio
PHJ	PowerShares High Growth Rate Dividend Achievers Portfolio
PHO	PowerShares Water Resources Portfolio
PHW	Powershares Hardware & Consumer Electronics Portfolio
PIC	PowerShares Dynamic Insurance Portfolio
PID	PowerShares International Dividend Achievers Portfolio
PIO	PowerShares Global Water Portfolio
PIQ	PowerShares Dynamic Magni Quant Sector Portfolio
PIV	PowerShares ValueLine Timeliness Select Portfolio
PJB	PowerShares Dynamic Banking Sector Portfolio
PJF	PowerShares Dynamic Large Cap Portfolio
PJG	PowerShares Dynamic MidCap Portfolio
PJM	PowerShares Dynamic Small Cap Portfolio
PJO	PowerShares FTSE RAFI Japan Portfolio
PJP	PowerShares Dynamic Pharmaceuticals Portfolio
PKB	PowerShares Dynamic Building & Construction Portfolio
PKW	Powershares Buyback Achievers
PMR	PowerShares Dynamic Retail Portfolio
PPA	PowerShares Aerospace and Defense Portfolio
PRF	PowerShares FTSE RAFI U.S. 1000 Portfolio

PRFE	PowerShares FTSI RAFI Energy Sector Portfolio
PRFF	PowerShares FTSI RAFI Financials Sector Portfolio
PRFG	PowerShares FTSI RAFI Consumer Goods Sector Portfolio
PRFH	PowerShares FTSI RAFI Healthcare Sector Portfolio
PRFM	PowerShares FTSI RAFI Basic Materials Sector Portfolio
PRFN	PowerShares FTSI RAFI Industrials Sector Portfolio
PRFQ	PowerShares FTSI RAFI Telecommunications & Technology Sector Portfolio
PRFS	PowerShares FTSI RAFI Consumer Services Sector Portfolio
PRFU	PowerShares FTSI RAFI Utilities Sector Portfolio
PRFZ	PowerShares FTSI RAFI US 1500 Small-Mid Portfolio
PRN	PowerShares Dynamic Industrials Sector Portfolio
PSI	PowerShares Dynamic Semiconductors Portfolio
PSJ	PowerShares Dynamic Software Portfolio
PSP	PowerShares Listed Private Equity Portfolio
PTE	PowerShares Dynamic Telecom & Wireless Portfolio
PTF	PowerShares Dynamic Technology Sector Portfolio
PTJ	PowerShares Dynamic Healthcare Services Sector Portfolio
PUA	PowerShares Dynamic Asia Pacific Portfolio
PUI	PowerShares Dynamic Utilities Portfolio
PUW	PowerShares WilderHill Progressive Energy Index
PVM	Powershares Dynamic Deep Value Portfolio
PWB	Powershares Dynamic Large Cap
PWC	PowerShares Dynamic Market Portfolio
PWJ	Powershares Dynamic Mid Cap GR
PWO	PowerShares Dynamic OTC Portfolio
PWP	Powershares Dynamic Mid Cap VA
PWT	Powershares Dynamic Small Cap
PWV	Powershares Dynamic Large Cap
PWY	Powershares Dynamic Small Cap
PXE	Powershares Dynamic Energy Exploration & Production Portfolio
PXF	PowerShares FTSE RAFI Developed Markets ex-US Portfolio

PXJ	PowerShares Dynamic Oil & Gas Services Portfolio
PXN	PowerShares Lux Nanotech Portfolio
PXQ	PowerShares Dynamic Networking Portfolio
PYH	PowerShares Value Line Industry Rotation Portfolio
PZD	PowerShares Cleantech Portfolio
PZI	Powershares Zacks Microcap Index
QQQQ	PowerShares QQQ Trust
SSG	PowerShares UltraShort Semiconductors
UDN	PowerShares DB US Dollar Index Bearish Fund
UUP	PowerShares DB US Dollar Index Bullish Fund

マーケットベクタース

EVX	Market Vectors Environmental Services
GDX	Market Vectors Gold Miners
GEX	Market Vectors Global Alternative Energy Trust
MOO	Market Vectors Agribusiness
NLR	Market Vectors-Nuclear Energy
RSX	Market Vectors Russia Trust
SLX	Market Vectors Steel

■著者紹介
ジョン・D・マークマン（Jon D. Markman）
ベテランのマネーマネジャー兼ジャーナリストで、投資リサーチに関するニュースレターの『トレーダーズ・アドバンテージ・アンド・ストラテジック・アドバンテージ』の編集長兼創設者。全米各地やテレビ、ラジオで投資に関して多数講演するかたわら、MSNマネーに毎週コラムを掲載し、「ザ・ストリート・ドット・コム」にも寄稿している。

■監修者紹介
長尾慎太郎（ながお・しんたろう）
東京大学工学部原子力工学科卒。日米の銀行、投資顧問会社、ヘッジファンドなどを経て、現在は大手運用会社勤務。訳書に『魔術師リンダ・ラリーの短期売買入門』『タートルズの秘密』『新マーケットの魔術師』『マーケットの魔術師【株式編】』『デマークのチャート分析テクニック』（いずれもパンローリング、共訳）、監修に『ワイルダーのテクニカル分析入門』『ゲイリー・スミスの短期売買入門』『バーンスタインのデイトレード入門』『究極のトレーディングガイド』『投資苑2』『投資苑2 Q&A』『高勝率トレード学のススメ』『スペランデオのトレード実践講座』『株は6パターンで勝つ』『フルタイムトレーダー完全マニュアル』『投資苑3』『投資苑3　スタディガイド』『バーンスタインのトレーダー入門』『投資家のための投資信託入門』『新版　魔術師たちの心理学』（いずれもパンローリング）など、多数。

■訳者紹介
井田京子（いだ・きょうこ）
翻訳者。主な訳書に『ワイルダーのテクニカル分析入門』『トゥモローズゴールド』『ヘッジファンドの売買技術』『投資家のためのリスクマネジメント』『トレーダーの心理学』『スペランデオのトレード実践講座』『投資苑3　スタディガイド』『投資家のための投資信託入門』『マーケットの魔術師【オーストラリア編】』『トレーディングエッジ入門』（いずれもパンローリング）ほかがある。

2008年11月3日　初版第1刷発行

ウィザードブックシリーズ ⑭

デイリートレード入門
──デイトレードをあきらめた人の敗者復活戦

著　者	ジョン・D・マークマン
監修者	長尾慎太郎
訳　者	井田京子
発行者	後藤康徳
発行所	パンローリング株式会社
	〒 160-0023　東京都新宿区西新宿 7-9-18-6F
	TEL 03-5386-7391　FAX 03-5386-7393
	http://www.panrolling.com/
	E-mail　info@panrolling.com
編　集	エフ・ジー・アイ（Factory of Gnomic Three Monkeys Investment）合資会社
装　丁	パンローリング装丁室
組　版	パンローリング制作室
印刷・製本	株式会社シナノ

ISBN978-4-7759-7111-6

落丁・乱丁本はお取り替えします。
また、本書の全部、または一部を複写・複製・転訳載、および磁気・光記録媒体に
入力することなどは、著作権法上の例外を除き禁じられています。

本文 ©Kyoko IDA／図表　© Panrolling　2008 Printed in Japan

デイリートレード入門関連書籍

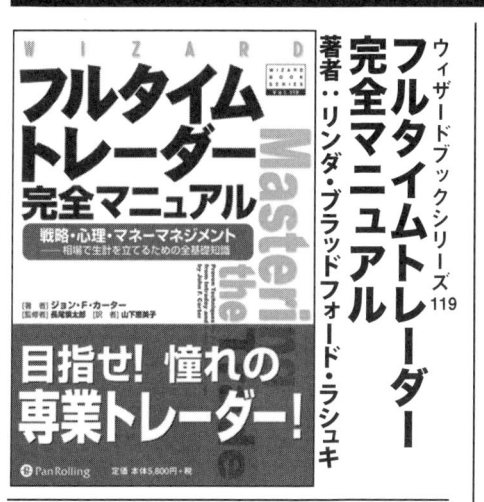

ウィザードブックシリーズ 119
フルタイムトレーダー完全マニュアル
著者：リンダ・ブラッドフォード・ラシュキ

定価 本体 5,800円＋税　ISBN:9784775970850

トレードで経済的自立をするための「虎の巻」！　本書でジョン・F・カーターは、トレードに不可欠な知識、市場の仕組み、トレーディング戦略と概念を余すことなく伝授するだけでなく、チャートの作成、トレーディング手法、マネーマネジメント、心理、ハードウエアとソフトウエアなど、フルタイムトレーダーとして確実に抑えておくべき項目すべてについて詳しく解説している。ステップ・バイ・ステップで分かりやすく書かれた本書は、これからトレーダーとして経済的自立を目指す人の必携の書である。

ウィザードブックシリーズ 138
トレーディングエッジ入門
著者：ボー・ヨーダー

定価 本体 3,800円＋税　ISBN:9784775971055

マーケットの振る舞いを理解し、自分だけの優位性（エッジ）がわかる！　エッジの内容とは、「統計的エッジ」「戦略的エッジ」「自分の性格や個性に合ったエッジ」「苦労しないで賢明にトレードする」秘密を学ぼう！　マーケットの動きと、その原因である非効率を理解することは、投資家として利益を上げるために欠かせないスキルと言える。本物のエッジを得るためには、どのマーケットでもトレーダーは成功確率を見極めなければならない。本書は、トレーディングのための武器庫に欠かすことのできない強力な手法とツールを提供してくれることだろう！

ウィザードブックシリーズ 108
高勝率トレード学のススメ
著者：マーセル・リンク　定価 本体5,800円＋税　ISBN:9784775970744

本書では、低確率な状況と高確率な状況とを見分け、高確率な状況下でのみトレードする方法を紹介する。多くのトレーダーの弱点と陥りやすい過ちを指摘するだけにとどまらず、こうした欠点を理解し克服することでそれらを有利に活用する方法についても解説する。

ウィザードブックシリーズ 139
罫線売買航海術
著者：オリバー・ベレス、ポール・ラング　定価 本体5,800円＋税　ISBN:9784775971062

「スキャルピング」「デイトレード」「スイングトレード」「ポジショントレード」「トレンドあり」「トレンドなし」などあらゆる市場を征服するテクニカル手法が満載！　すべての時間枠やどんなマーケットでも機能する戦略の宝庫！　臨機応変に買ったり、売ったりせよ！

トレード業界に旋風を巻き起こしたウィザードブックシリーズ!!

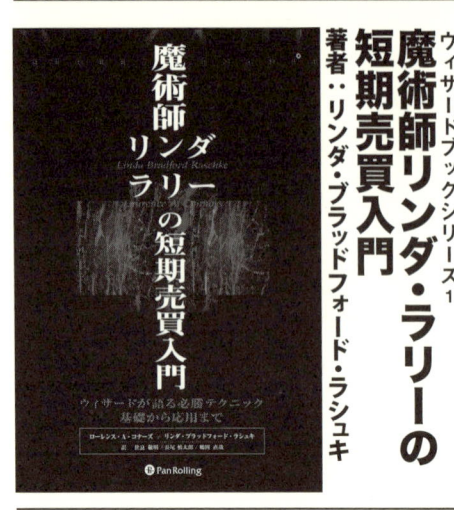

ウィザードブックシリーズ1
魔術師リンダ・ラリーの短期売買入門
著者:リンダ・ブラッドフォード・ラシュキ

定価 本体 28,000円+税　ISBN:9784939103032

【米国で短期売買のバイブルと絶賛】
日本初の実践的短期売買書として大きな話題を呼んだプロ必携の書。順バリ(トレンドフォロー)派の多くが悩まされる仕掛け時の「ダマシ」を逆手に取った手法(タートル・スープ戦略)をはじめ、システム化の困難な多くのパターンが、具体的な売買タイミングと併せて詳細に解説されている。

ウィザードブックシリーズ2
ラリー・ウィリアムズの短期売買法
著者:ラリー・ウィリアムズ

定価 本体 9,800円+税　ISBN:9784939103063

【トレードの大先達に学ぶ】
短期売買で安定的な収益を維持するために有効な普遍的な基礎が満載された画期的な書。著者のラリー・ウィリアムズは30年を超えるトレード経験を持ち、多くの個人トレーダーを自立へと導いてきたカリスマ。事実、本書に散りばめられたヒントを糧に成長したと語るトレーダーは多い。

ウィザードブックシリーズ 51・52
バーンスタインのデイトレード【入門・実践】
著者:ジェイク・バーンスタイン　定価(各)本体7,800円+税
ISBN:(各)9784775970126　9784775970133

「デイトレードでの成功に必要な資質が自分に備わっているのか?」「デイトレーダーとして人生を切り開くため、どうすべきか?」——本書はそうした疑問に答えてくれるだろう。

ウィザードブックシリーズ 130
バーンスタインのトレーダー入門
著者:ジェイク・バーンスタイン
定価 本体 5,800円+税
ISBN:9784775970966

ヘッジファンドマネジャー、プロのトレーダー、マネーマネジャーが公表してほしくなかった秘訣が満載!　30日間で経済的に自立したトレーダーになる!

ウィザードブックシリーズ 18
グリーンブラット投資法
著者:ジョエル・グリーンブラット
定価 本体 2,800円+税
ISBN:9784939103414

M&A、企業分割、倒産、リストラは宝の山　今までだれも明かさなかった目からウロコの投資法。個人でできる「イベントドリブン」投資法の決定版!

ウィザードブックシリーズ 137
株価指数先物必勝システム
著者:アート・コリンズ
定価 本体 5,800円+税
ISBN:9784775971048

ノイズとチャンスを見極め、優位性のあるバイアスを取り込め!　株価指数先物をやっつけろ!　メカニカルなトレーディングシステムの開発法を伝授。メカニカルトレーダー必携書。

トレード基礎理論の決定版!!

ウィザードブックシリーズ9
投資苑
著者:アレキサンダー・エルダー

定価 本体 5,800円＋税　ISBN:9784939103285

【トレーダーの心技体とは？】
それは３つのM「Mind＝心理」「Method＝手法」「Money＝資金管理」であると、著者のエルダー医学博士は説く。そして「ちょうど三脚のように、どのMも欠かすことはできない」と強調する。本書は、その３つのMをバランス良く、やさしく解説したトレード基本書の決定版だ。世界13カ国で翻訳され、各国で超ロングセラーを記録し続けるトレーダーを志望する者は必読の書である。

ウィザードブックシリーズ56
投資苑2
著者:アレキサンダー・エルダー

定価 本体 5,800円＋税　ISBN:9784775970171

【心技体をさらに極めるための応用書】
「優れたトレーダーになるために必要な時間と費用は？」「トレードすべき市場とその儲けは？」「トレードのルールと方法、資金の分割法は？」──『投資苑』の読者にさらに知識を広げてもらおうと、エルダー博士が自身のトレーディングルームを開放。自らの手法を惜しげもなく公開している。世界に絶賛された「３段式売買システム」の威力を堪能してほしい。

ウィザードブックシリーズ50
投資苑がわかる203問
著者：アレキサンダー・エルダー　　定価 本体2,800円＋税　ISBN:9784775970119

分かった「つもり」の知識では知恵に昇華しない。テクニカルトレーダーとしての成功に欠かせない３つのM（心理・手法・資金管理）の能力をこの問題集で鍛えよう。何回もトライし、正解率を向上させることで、トレーダーとしての成長を自覚できるはずだ。

投資苑2 Q&A
著者：アレキサンダー・エルダー　　定価 本体2,800円＋税　ISBN:9784775970188

『投資苑２』は数日で読める。しかし、同書で紹介した手法や技法のツボを習得するには、実際の売買で何回も試す必要があるだろう。そこで、この問題集が役に立つ。あらかじめ洞察を深めておけば、いたずらに資金を浪費することを避けられるからだ。

バリュー株投資の真髄!!

ウィザードブックシリーズ 4
バフェットからの手紙
著者：ローレンス・A・カニンガム

定価 本体 1,600円+税　ISBN:9784939103216

【世界が理想とする投資家のすべて】
「ラリー・カニンガムは、私たちの哲学を体系化するという素晴らしい仕事を成し遂げてくれました。本書は、これまで私について書かれたすべての本のなかで最も優れています。もし私が読むべき一冊の本を選ぶとしたら、迷うことなく本書を選びます」
────ウォーレン・バフェット

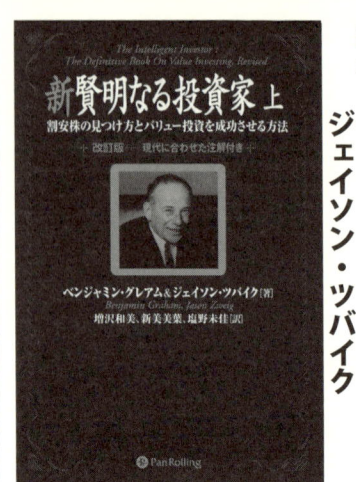

ウィザードブックシリーズ 87・88
新 賢明なる投資家
著者：ベンジャミン・グレアム、ジェイソン・ツバイク

定価（各）本体 3,800円+税　ISBN:（上）9784775970492
　　　　　　　　　　　　　　　　　（下）9748775970508

【割安株の見つけ方とバリュー投資を成功させる方法】
古典的名著に新たな注解が加わり、グレアムの時代を超えた英知が今日の市場に再びよみがえる！　グレアムがその「バリュー投資」哲学を明らかにした『賢明なる投資家』は、1949年に初版が出版されて以来、株式投資のバイブルとなっている。

ウィザードブックシリーズ 10
賢明なる投資家
著者：ベンジャミン・グレアム
定価（各）本体 3,800円+税
ISBN:9784939103292

ウォーレン・バフェットが師と仰ぎ、尊敬したベンジャミン・グレアムが残した「バリュー投資」の最高傑作！　「魅力のない二流企業株」や「割安株」の見つけ方を伝授する。

ウィザードブックシリーズ 116
麗しのバフェット銘柄
著者：メアリー・バフェット、デビッド・クラーク
定価 本体 1,800円+税
ISBN:9784775970829

なぜバフェットは世界屈指の大富豪になるまで株で成功したのか？　本書は氏のバリュー投資術「選別的逆張り法」を徹底解剖したバフェット学の「解体新書」である。

ウィザードブックシリーズ 44
証券分析【1934年版】
著者：ベンジャミン・グレアム、デビッド・L・ドッド
定価 本体 9,800円+税
ISBN:9784775970058

グレアムの名声をウォール街で不動かつ不滅なものとした一大傑作。ここで展開されている割安な株式や債券のすぐれた発掘法は、今も多くの投資家たちが実践して結果を残している。

ウィザードブックシリーズ 125
アラビアのバフェット
著者：リズ・カーン
定価 本体 1,890円+税
ISBN:9784775970928

バフェットがリスペクトする米以外で最も成功した投資家、アルワリード本の決定版！　この1冊でアルワリードのすべてがわかる！　3万ドルを230億ドルにした「伸びる企業への投資」の極意

マーケットの魔術師 ウィリアム・オニールの本と関連書

ウィザードブックシリーズ 12
成長株発掘法
著者：ウィリアム・オニール

定価 本体 2,800円＋税　ISBN:9784939103339

【究極のグロース株選別法】
米国屈指の大投資家ウィリアム・オニールが開発した銘柄スクリーニング法「CAN-SLIM（キャンスリム）」は、過去40年間の大成長銘柄に共通する7つの要素を頭文字でとったもの。オニールの手法を実践して成功を収めた投資家は数多く、詳細を記した本書は全米で100万部を突破した。

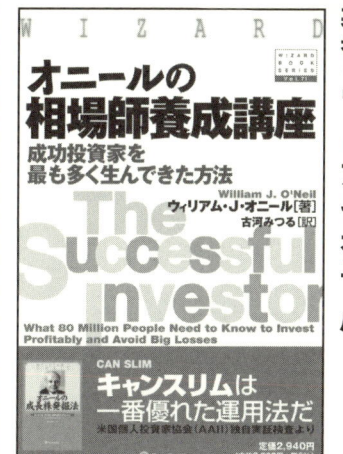

ウィザードブックシリーズ 71
相場師養成講座
著者：ウィリアム・オニール

定価 本体 2,800円＋税　ISBN:9784775970331

【進化する CAN-SLIM】
CAN-SLIM の威力を最大限に発揮させる5つの方法を伝授。00年に米国でネットバブルが崩壊したとき、オニールの手法は投資家の支持を失うどころか、逆に人気を高めた。その理由は全米投資家協会が「98～03年にCAN-SLIMが最も優れた成績を残した」と発表したことからも明らかだ。

ウィザードブックシリーズ 93
オニールの空売り練習帖
著者：ウィリアム・オニール、ギル・モラレス
定価 本体 2,800円＋税　ISBN:9784775970577

氏いわく「売る能力もなく買うのは、攻撃だけで防御がないフットボールチームのようなものだ」。指値の設定からタイミングの決定まで、効果的な空売り戦略を明快にアドバイス。

DVDブック
大化けする成長株を発掘する方法
著者：鈴木一之　定価 本体 3,800円＋税
DVD1枚 83分収録　ISBN:9784775961285

今も世界中の投資家から絶大な支持を得ているウィリアム・オニールの魅力を日本を代表する株式アナリストが紹介。日本株のスクリーニングにどう当てはめるかについても言及する。

ウィザードブックシリーズ 19
マーケットの魔術師
著者：ジャック・D・シュワッガー
定価 本体 2,800円＋税
ISBN:9784939103407
オーディオブックも絶賛発売中!!

トレーダー・投資家は、そのとき、その成長過程で、さまざまな悩みや問題意識を抱えているもの。本書はその答えの糸口を「常に」提示してくれる「トレーダーのバイブル」だ。

パンローリングライブラリー 16
私は株で200万ドル儲けた
著者：ニコラス・ダーバス　訳者：長尾慎太郎、飯田恒夫
定価 本体 800円＋税　ISBN:9784775930526

1960年の初版は、わずか8週間で20万部が売れたという伝説の書。絶望の淵に落とされた個人投資家が最終的に大成功を収めたのは、不屈の闘志と「ボックス理論」にあった。

マーケットの魔術師シリーズ

ウィザードブックシリーズ 19
マーケットの魔術師
著者：ジャック・D・シュワッガー
定価 本体 2,800 円＋税　ISBN:9784939103407

【いつ読んでも発見がある】
トレーダー・投資家は、そのとき、その成長過程で、さまざまな悩みや問題意識を抱えているもの。本書はその答えの糸口を「常に」提示してくれる「トレーダーのバイブル」だ。「本書を読まずして、投資をすることなかれ」とは世界的トレーダーたちが口をそろえて言う「投資業界の常識」だ！

ウィザードブックシリーズ 13
新マーケットの魔術師
著者：ジャック・D・シュワッガー
定価 本体 2,800 円＋税　ISBN:9784939103346

【世にこれほどすごいヤツらがいるのか!!】
株式、先物、為替、オプション、それぞれの市場で勝ち続けている魔術師たちが、成功の秘訣を語る。またトレード・投資の本質である「心理」をはじめ、勝者の条件について鋭い分析がなされている。関心のあるトレーダー・投資家から読み始めてかまわない。自分のスタイルづくりに役立ててほしい。

ウィザードブックシリーズ 14
マーケットの魔術師 株式編《増補版》
著者：ジャック・D・シュワッガー
定価 本体 2,800 円＋税　ISBN:9784775970232

投資家待望のシリーズ第三弾、フォローアップインタビューを加えて新登場!!　90年代の米株の上げ相場でとてつもないリターンをたたき出した新世代の「魔術師＝ウィザード」たち。彼らは、その後の下落局面でも、その称号にふさわしい成果を残しているのだろうか？

◎アート・コリンズ著 マーケットの魔術師シリーズ

ウィザードブックシリーズ 90
マーケットの魔術師 システムトレーダー編
著者：アート・コリンズ
定価 本体 2,800 円＋税　ISBN:9784775970522

システムトレードで市場に勝っている職人たちが明かす機械的売買のすべて。相場分析から発見した優位性を最大限に発揮するため、どのようなシステムを構築しているのだろうか？　14人の傑出したトレーダーたちから、システムトレードに対する正しい姿勢を学ぼう！

ウィザードブックシリーズ 111
マーケットの魔術師 大損失編
著者：アート・コリンズ
定価 本体 2,800 円＋税　ISBN:9784775970775

スーパートレーダーたちはいかにして危機を脱したか？　局地的な損失はトレーダーならだれでも経験する不可避なもの。また人間のすることである以上、ミスはつきものだ。35人のスーパートレーダーたちは、窮地に立ったときどのように取り組み、対処したのだろうか？

トレーディングシステムで機械的売買!!

自動売買ロボット作成マニュアル
エクセルで理想のシステムトレード
著者：森田佳佑
定価 本体2,800円+税　ISBN:9784775990391

【パソコンのエクセルでシステム売買】
エクセルには「VBA」というプログラミング言語が搭載されている。さまざまな作業を自動化したり、ソフトウェア自体に機能を追加したりできる強力なツールだ。このVBAを活用してデータ取得やチャート描画、戦略設計、検証、売買シグナルを自動化してしまおう、というのが本書の方針である。

売買システム入門
ウィザードブックシリーズ11
著者：トゥーシャー・シャンデ
定価 本体7,800円+税　ISBN:9784939103315

【システム構築の基本的流れが分かる】
世界的に高名なシステム開発者であるトゥーシャー・シャンデ博士が「現実的」な売買システムを構築するための有効なアプローチを的確に指南。システムの検証方法、資金管理、陥りやすい問題点と対処法を具体的に解説する。基本概念から実際の運用まで網羅したシステム売買の教科書。

操作手順と確認問題を収録したCD-ROM付き。エクセル超初心者の投資家でも、売買システムの構築に有効なエクセルの操作方法と自動処理の方法がよく分かる!!

現代の錬金術師シリーズ
自動売買ロボット作成マニュアル初級編
エクセルでシステムトレードの第一歩
著者：森田佳佑
定価 本体2,000円+税　ISBN:9784775990513

トレードステーション入門
やさしい売買プログラミング
著者：西村貴郁
定価 本体2,800円+税　ISBN:9784775990452

売買ソフトの定番「トレードステーション」。そのプログラミング言語の基本と可能性を紹介。チャート分析も売買戦略のデータ検証・最適化も売買シグナル表示もできるようになる！

ウィザードブックシリーズ 54
究極のトレーディングガイド
全米一の投資システム分析家が明かす「儲かるシステム」
著者：ジョン・R・ヒル／ジョージ・プルート／ランディ・ヒル
定価 本体4,800円+税　ISBN:9784775970157

売買システム分析の大家が、エリオット波動、値動きの各種パターン、資金管理といった、曖昧になりがちな理論を適切なルールで表現し、安定した売買システムにする方法を大公開！

ウィザードブックシリーズ 42
トレーディングシステム入門
仕掛ける前が勝負の分かれ目
著者：トーマス・ストリズマン
定価 本体5,800円+税　ISBN:9784775970034

売買タイミングと資金管理の融合を売買システムで実現。システムを発展させるために有効な運用成績の評価ポイントと工夫のコツが惜しみなく著された画期的な書！

心の鍛錬はトレード成功への大きなカギ!

ウィザードブックシリーズ 32
ゾーン 相場心理学入門
著者:マーク・ダグラス

「ゾーン」とは、恐怖心ゼロ、悩みゼロ、淡々と直感的に行動し、反応すること!

定価 本体 2,800円+税　ISBN:9784939103575

【己を知れば百戦危うからず】
恐怖心ゼロ、悩みゼロで、結果は気にせず、淡々と直感的に行動し、反応し、ただその瞬間に「するだけ」の境地、つまり「ゾーン」に達した者こそが勝つ投資家になる! さて、その方法とは? 世界中のトレード業界で一大センセーションを巻き起こした相場心理の名作が究極の相場心理を伝授する!

ウィザードブックシリーズ 114
規律とトレーダー 相場心理分析入門
著者:マーク・ダグラス

相場の世界での一般常識は百害あって一利なし!

定価 本体 2,800円+税　ISBN:9784775970805

【トレーダーとしての成功に不可欠】
「仏作って魂入れず」――どんなに努力して素晴らしい売買戦略をつくり上げても、心のあり方が「なっていなければ」成功は難しいだろう。つまり、心の世界をコントロールできるトレーダーこそ、相場の世界で勝者となれるのだ! 『ゾーン』愛読者の熱心なリクエストにお応えして急遽刊行!

ウィザードブックシリーズ 107
トレーダーの心理学
トレーディングコーチが伝授する達人への道
著者:アリ・キエフ
定価 本体 2,800円+税　ISBN:9784775970737

高名な心理学者でもあるアリ・キエフ博士がトップトレーダーの心理的な法則と戦略を検証。トレーダーが自らの潜在能力を引き出し、目標を達成させるアプローチを紹介する。

ウィザードブックシリーズ 124
NLPトレーディング
投資心理を鍛える究極トレーニング
著者:エイドリアン・ラリス・トグライ
定価 本体 3,200円+税　ISBN:9784775970904

NLPは「神経言語プログラミング」の略。この最先端の心理学を利用して勝者の思考術をモデル化し、トレーダーとして成功を極めるために必要な「自己管理能力」を高めようというのが本書の趣旨である。

ウィザードブックシリーズ 126
トレーダーの精神分析
自分を理解し、自分だけのエッジを見つけた者だけが成功できる
著者:ブレット・N・スティーンバーガー
定価 本体 2,800円+税　ISBN:9784775970911

トレードとはパフォーマンスを競うスポーツのようなものである。トレーダーは自分の強み(エッジ)を見つけ、生かさなければならない。そのために求められるのが「強靭な精神力」なのだ。

相場で負けたときに読む本
~真理編~
著者:山口祐介
定価 本体 1,500円+税　ISBN:9784775990469

なぜ勝者は「負けても」勝っているのか? なぜ敗者は「勝っても」負けているのか? 10年以上勝ち続けてきた現役トレーダーが相場の"真理"を詩的に表現。

※投資心理といえば『投資苑』も必見!!

日本のウィザードが語る株式トレードの奥義

生涯現役の株式トレード技術
著者：優利加
定価 本体2,800円+税　ISBN:9784775990285

【ブルベア大賞2006-2007受賞!!】
生涯現役で有終の美を飾りたいと思うのであれば「自分の不動の型＝決まりごと」を作る必要がある。本書では、その「型」を具体化した「戦略＝銘柄の選び方」「戦術＝仕掛け・手仕舞いの型」「戦闘法＝建玉の仕方」をどのようにして決定するか、著者の経験に基づいて詳細に解説されている。

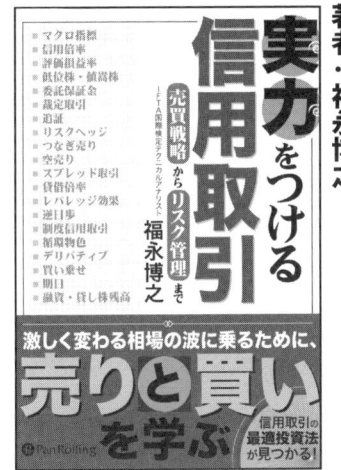

実力をつける信用取引 売買戦略からリスク管理まで
著者：福永博之
定価 本体2,800円+税　ISBN:9784775990445

【転ばぬ先の杖】
「あなたがビギナーから脱皮したいと考えている投資家なら、信用取引を上手く活用できるようになるべきでしょう」と、筆者は語る。投資手法の選択肢が広がるので、投資で勝つ確率が高くなるからだ。「正しい考え方」から「具体的テクニック」までが紹介された信用取引の実践に最適な参考書だ。

生涯現役の株式トレード技術【生涯現役のための海図編】
著者：優利加
定価 本体5,800円+税　ISBN:9784775990612

数パーセントから5％（多くても10％ぐらい）の利益を、1週間から2週間以内に着実に取りながら"生涯現役"を貫き通す。そのためにすべきこと、決まっていますか？　そのためにすべきこと、わかりますか？

DVD 生涯現役のトレード技術【銘柄選択の型と検証法編】
講師：優利加　定価 本体3,800円+税
DVD1枚 95分収録 ISBN:9784775961582

ベストセラーの著者による、その要点確認とフォローアップを目的にしたセミナー。激変する相場環境に振り回されず、生涯現役で生き残るにはどうすればよいのか？

DVD 生涯現役の株式トレード技術 実践編
講師：優利加　定価 本体38,000円+税
DVD2枚組 356分収録　ISBN:9784775961421

著書では明かせなかった具体的な技術を大公開。4つの利（天、地、時、人）を活用した「相場の見方の型」と「スイングトレードのやり方の型」とは？　その全貌が明らかになる!!

DVD 生涯現役の株式トレード技術【海図編】
著者：優利加　定価 本体4,800円+税
DVD1枚 56分収録　ISBN:9784775962374

多くの銘柄で長期間に渡り検証された、高い確率で勝てる、理に適った「型」を決め、更に、それを淡々と実行する決断力とそのやり方を継続する一貫性が必要なのである。

サヤ取りは世界三大利殖のひとつ！

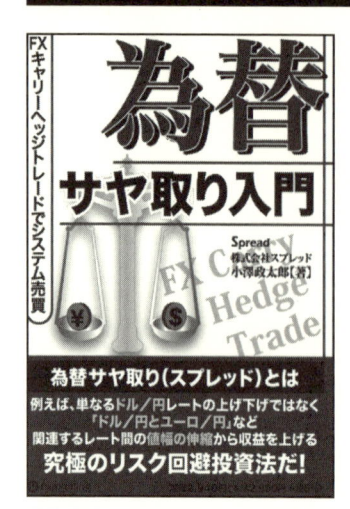

為替サヤ取り入門
著者：小澤政太郎

定価 本体 2,800円+税　ISBN:9784775990360

【為替で一挙両得のサヤ取り】
「FXキャリーヘッジトレード」とは外国為替レートの相関関係を利用して「スワップ金利差」だけでなく「レートのサヤ」も狙っていく「低リスク」の売買法だ!! 本書はその対象レートを選択する方法、具体的な仕掛けと仕切りのタイミング、リスク管理の重要性について解説している。

サヤ取り入門【増補版】
著者：羽根英樹

定価 本体 2,800円+税　ISBN:9784775990483

あのロングセラーが増補版となってリニューアル!!
売りと買いを同時に仕掛ける「サヤ取り」。世界三大利殖のひとつ（他にサヤすべり取り・オプションの売り）と言われるほど独特の優位性があり、ヘッジファンドがごく普通に用いている手法だ。本書を読破した読者は、売買を何十回と重ねていくうちに、自分の得意技を身につけているはずだ。

マンガ サヤ取り入門の入門
著者：羽根英樹, 髙橋達央
定価 本体 1,800円+税
ISBN:9784775930069
サヤグラフを表示できる「チャートギャラリープロ」試用版CD-ROMつき

個人投資家でも実行可能なサヤ取りのパターンを全くの初心者でも分かるようにマンガでやさしく解説。実践に必要な売買のコツや商品先物の基礎知識を楽しみながら学べる。

マンガ オプション売買入門の入門
著者：増田丞美, 小川集
定価 本体 2,800円+税　ISBN:9784775930076

オプションの実践的基礎知識だけでなく「いかにその知識を活用して利益にするか？」を目的にマンガで分かりやすく解説。そのためマンガと侮れない、かなり濃い内容となっている。

マンガ オプション売買入門の入門2［実践編］
著者：増田丞美, 小川集
定価 本体 2,800円+税　ISBN:9784775930328

マンガとしては異例のベストセラーとなった『入門の入門』の第2弾。基礎知識の理解を前提に、LEAPS、NOPS、日経225オプションなどの売買のコツが簡潔にまとめられている。

実践的ペアトレーディングの理論
著者：ガナパシ・ビディヤマーヒー
定価 本体 5,800円+税　ISBN:9784775970768

変動の激しい株式市場でも安定したパフォーマンスを目指す方法として、多くのヘッジファンドマネジャーが採用している統計的サヤ取り「ペアトレーディング」の奥義を紹介。

FXトレーディング関連書

FXトレーディング
著者：キャシー・リーエン
定価 本体 3,800円+税　ISBN:9784775970843

外為市場特有の「おいしい」最強の戦略が満載！
テクニカルが一番よく効くFX市場！
今、もっともホットなFX市場を征服には……
この総合的なガイドは、外為市場の台頭、主要参加者、歴史上の重要イベントなどの説明から始まり、以下のコアトピックスへと進む。

FXメタトレーダー入門
著者：豊嶋久道
定価 本体 2,800円+税　ISBN:9784775990636

【為替証拠金取引の世界標準システム】
無料なのにリアルタイムのテクニカル分析からデモ売買、指標作成、売買検証、自動売買、口座管理までできる！　高性能FXソフトを徹底紹介！

矢口新の相場力アップドリル　為替編
著者：矢口新
定価 本体 1,500円+税
ISBN:9784775990124

アメリカの連銀議長が金利上げを示唆したとしますこのことをきっかけに相場はどう動くと思いますか？
さぁ、あなたの答えは？

DVD 超わかりやすい。田嶋智太郎のFX(外貨証拠金取引)入門
講師：田嶋智太郎
定価 本体 2,800円+税　ISBN:9784775961520

本DVDではFXとは〜から始まり、チャートの見方と具体的なトレードのコツまでを伝授している。

DVD テクニカル分析を徹底活用 FXトレード実践セミナー
講師：鈴木隆一
定価 本体 2,800円+税　ISBN:9784775962008

外為(FX)市場は1日の出来高が1.9兆ドルを超える比類なき規模の世界最大の金融市場です。今、もっともホットなFX市場を征服するには……　テクニカルが一番よく効く！

DVD 為替のテクニカル分析
講師：山中康司
定価 本体 3,800円+税　ISBN:9784775961308

外貨買いから入って円高が進むと慌てて損切ってしまうのでは、投資ではなく売買である。本セミナーでは為替相場の特徴をもとに有効だと思われる分析手法を講義している。

満員電車でも聞ける！オーディオブックシリーズ

本を読みたいけど時間がない。
効率的かつ気軽に勉強をしたい。
そんなあなたのための耳で聞く本。
それがオーディオブック!!

パソコンをお持ちの方はWindows Media Player、iTunes、Realplayerで簡単に聴取できます。また、iPodなどのMP3プレーヤーでも聴取可能です。

オーディオブックシリーズ 12
規律とトレーダー
著者：マーク・ダグラス

定価 本体 3,800円+税（ダウンロード価格）
MP3 約440分 16ファイル 倍速版付き

ある程度の知識と技量を身に着けたトレーダーにとって、能力を最大限に発揮するため重要なもの。それが「精神力」だ。相場心理学の名著を「瞑想」しながら熟読してほしい。

オーディオブックシリーズ 11
バフェットからの手紙
バフェット本の決定版！
著者：L・A・カニンガム

この1冊でバフェットの全てがわかる
「経営者」「ベンチャー企業家」「就職希望者」「IPO」のバイブル

定価 本体 4,800円+税（ダウンロード価格）
MP3 約707分 26ファイル 倍速版付き

バフェット「直筆」の株主向け年次報告書を分析。世界的大投資家の哲学を知る。オーディオブックだから通勤・通学中でもジムで運動していても「読む」ことが可能だ!!

オーディオブックシリーズ 13
賢明なる投資家
市場低迷の時期こそ、威力を発揮する「バリュー投資のバイブル」日本未訳で「幻」だった古典的名著がついに翻訳

オーディオブックシリーズ 25
NLPトレーディング
最先端の心理学　神経言語プログラミング
(Neuro-Linguistic Programming) が勝者の思考術を養う!

オーディオブックシリーズ 5
生き残りのディーリング決定版
相場で生き残るための100の知恵。通勤電車が日々の投資活動を振り返る絶好の空間となる。

オーディオブックシリーズ 8
相場で負けたときに読む本～真理編～
敗者が「敗者」になり、勝者が「勝者」になるのは必然的な理由がある。相場の"真理"を詩的に紹介。

ダウンロードで手軽に購入できます!!

パンローリングHP
（「パン発行書籍・DVD」のページをご覧ください）
http://www.panrolling.com/

電子書籍サイト「でじじ」
http://www.digigi.jp/

■CDでも販売しております。詳しくは上記HPで──

Pan Rolling オーディオブックシリーズ

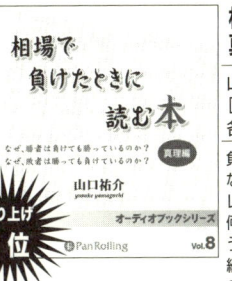

相場で負けたときに読む本 真理編・実践編
山口祐介　パンローリング
[真] 約160分 [実] 約200分
各 1,575円（税込）

売り上げ 1位

負けたトレーダー破滅するのではない。負けたときの対応の悪いトレーダーが破滅するのだ。敗者は何故負けてしまうのか。勝者はどうして勝てるのか。10年以上勝ち続けてきた現役トレーダーが相場の"真理"を詩的に紹介。

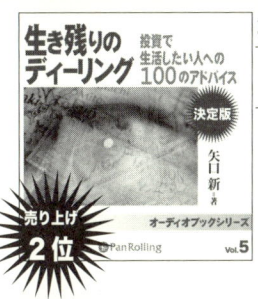

生き残りのディーリング
矢口新　パンローリング
約510分　2,940円（税込）

売り上げ 2位

――投資で生活したい人への100のアドバイス――
現役ディーラーの座右の書として、多くのディーリングルームに置かれている名著を全面的に見直し、個人投資家にもわかりやすい工夫をほどこして、新版として登場！ 現役ディーラーの座右の書。

その他の売れ筋

マーケットの魔術師
ジャック・D・シュワッガー
パンローリング　約1075分
各章 2,800円（税込）

――米トップトレーダーが語る成功の秘訣
世界中から絶賛されたあの名著がオーディオブックで登場！

マーケットの魔術師 大損失編
アート・コリンズ, 鈴木敏昭
パンローリング　約610分
DL版 5,040円（税込）
CD-R版 6,090円（税込）

「一体、どうしたらいいんだ」と、夜眠れぬ経験や神頼みをしたことのあるすべての人にとって必読書である！

規律とトレーダー
マーク・ダグラス, 関本博英
パンローリング　約440分
DL版 3,990円（税込）
CD-R版 5,040円（税込）

常識を捨てろ！
手法や戦略よりも規律と心を磨け！
ロングセラー『ゾーン』の著者の名著がついにオーディオ化!!

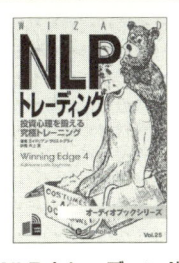

NLPトレーディング
エイドリアン・ラリス・トグライ
パンローリング約590分
DL版 3,990円（税込）
CD-R版 5,040円（税込）

トレーダーとして成功を極めるため必要なもの……それは「自己管理能力」である。

私はこうして投資を学んだ
増田丞美
パンローリング　約450分
DL版 3,990円（税込）
CD-R版 5,040円（税込）

10年後に読んでも20年後に読んでも色褪せることのない一生使える内容です。実際にトレードで利益を上げている著者が今現在、実際に利益を上げている考え方＆手法を大胆に公開！

マーケットの魔術師 ～日出る国の勝者たち～ Vo.01
塩坂洋一, 清水昭男
パンローリング 約100分
DL版 840円（税込）
CD-R版 1,260円（税込）

勝ち組のディーリング

トレード選手権で優勝し、国内外の相場師たちとの交流を経て、プロの投機家として活躍している塩坂氏。「商品市場の勝ちパターン、個人投資家の強味、必要な分だけ勝つ」こととは！？

マーケットの魔術師～日出る国の勝者たち～

- Vo.02 FX戦略：キャリートレード次に来るもの／松田哲, 清水昭男
- Vo.03 理論の具体化と執行の完璧さで、最高のパフォーマンスを築け!!!!／西村貴郁, 清水昭男
- Vo.04 新興国市場――残された投資の王道／石田和靖, 清水昭男
- Vo.05 投資の多様化で安定収益――銀座ロジックの投資術／浅川夏樹, 清水昭男
- Vo.06 ヘッジファンドの奥の手拝見／その実態と戦略／青木俊郎, 清水昭男
- Vo.07 FX取引の確実性を摘み取れ／スワップ収益のインテリジェンス／空ء人, 清水昭男
- Vo.08 裁量からシステムへ、ニュアンスから数値化へ／山口祐介, 清水昭男
- Vo.09 ポジション・ニュートラルから紡ぎだす日々の確実収益術／徳山秀樹, 清水昭男
- Vo.10 拡大路線と政権の安定――タイ投資の絶妙タイミング／阿部俊之, 清水昭男
- Vo.11 成熟市場の投資戦略――シクリカルで稼ぐ日本株の極意／鈴木一之, 清水昭男
- Vo.12 バリュー株の収束相場をモノにする！／角山智, 清水昭男
- Vo.13 大富豪への王道の第一歩：でっかく儲ける資産形成＝新興市場＋資源株／上中康司, 清水昭男
- Vo.14 シンプルシステムの成功ロジック：検証実績とトレードの一貫性で可能になる安定収益／斉藤正章, 清水昭男
- Vo.15 自立した投資家（相場の）未来を読む／福永博之, 清水昭男
- Vo.16 IT時代だから占星術／山中康司, 清水昭男

チャートギャラリーでシステム売買

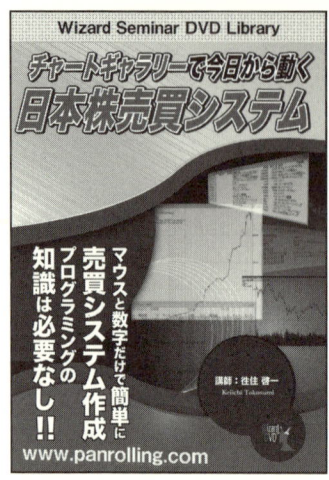

DVD チャートギャラリーで今日から動く日本株売買システム
著者：往住啓一

定価 本体 10,000 円＋税　ISBN:9784775962527

個別株4000銘柄で30年間通用するシンプルな短期売買ルールとは!?　東証、大証、名証、新興市場など合計すると、現在日本には約4000〜4500銘柄くらいの個別株式が上場しています。その中から短期売買可能な銘柄の選び方、コンピュータでのスクリーニング方法、誰でもわかる単純なルールに基づく仕掛けと手仕舞いについて解説します。

株はチャートでわかる！【増補改訂版】
著者：パンローリング編

定価 本体 2,800円＋税　ISBN:9784775990605

1999年に邦訳版が発行され、今もなお日本のトレーダーたちに大きな影響を与え続けている『魔術師リンダ・ラリーの短期売買入門』『ラリー・ウィリアムズの短期売買法』(いずれもパンローリング)。こうした世界的名著に掲載されている売買法のいくつかを解説し、日本株や先物市場で検証する方法を具体的に紹介するのが本書『株はチャートでわかる！』である。

魔術師リンダ・ラリーの短期売買入門
著者：リンダ・ブラッドフォード・ラシュキ,L・A・コナーズ
定価 本体 28,000 円＋税　ISBN:9784939103032

国内初の実践的な短期売買の入門書。具体的な例と豊富なチャートパターンでわかりやすく解説してあります。著者の1人は新マーケットの魔術師でインタビューされたリンダ・ラシュキ。古典的な指標ですら有効なことを証明しています。

ラリー・ウィリアムズの短期売買法
著者：ラリー・ウィリアムズ
定価 本体 9,800 円＋税　ISBN:9784939103063

マーケットを動かすファンダメンタルズとは、3つの主要なサイクルとは、いつトレードを仕切るのか、勝ちトレードを抱えるコツは、……ウイリアムズが答えを出してくれている。

フルタイムトレーダー完全マニュアル
著者：ジョン・F・カーター
定価 本体 5,800 円＋税　ISBN:9784775970850

トレードで経済的自立をするための「虎の巻」！ステップ・バイ・ステップで分かりやすく書かれた本書は、これからトレーダーとして経済的自立を目指す人の必携の書である。

自動売買ロボット作成マニュアル
著者：森田佳佑
定価 本体 2,800 円＋税　ISBN:9784775990391

本書は「マイクロソフト社の表計算ソフト、エクセルを利用して、テクニカル分析に関する各工程を自動化させること」を目的にした指南書である。

Chart Gallery 4.0 for Windows

パンローリング相場アプリケーション
チャートギャラリー
Established Methods for Every Speculation

最強の投資環境

成績検証機能が加わって**新発売！**

検索条件の成績検証機能 [New] [Expert]

指定した検索条件で売買した場合にどれくらいの利益が上がるか、全銘柄に対して成績を検証します。検索条件をそのまま検証できるので、よい売買法を思い付いたらその場でテスト、機能するものはそのまま毎日検索、というように作業にむだがありません。

表計算ソフトや面倒なプログラミングは不要です。マウスと数字キーだけであなただけの売買システムを作れます。利益額や合計だけでなく、最大引かされ幅や損益曲線なども表示するので、アイデアが長い間安定して使えそうかを見積もれます。

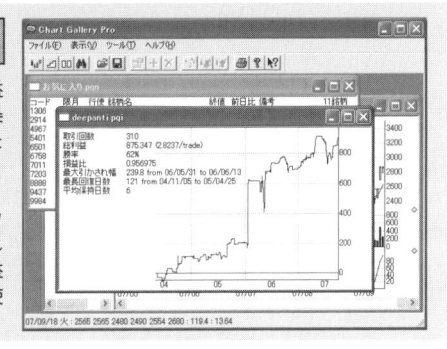

チャートギャラリープロに成績検証機能が加わって、無敵の投資環境がついに誕生!!
投資専門書の出版社として8年、数多くの売買法に触れてきた成果が凝縮されました。
いつ仕掛け、いつ手仕舞うべきかを客観的に評価し、きれいで速いチャート表示があなたのアイデアを形にします。

●価格（税込）
チャートギャラリー 4.0
エキスパート **147,000 円** ／ プロ **84,000 円** ／ スタンダード **29,400 円**

●アップグレード価格（税込）
以前のチャートギャラリーをお持ちのお客様は、ご優待価格で最新版へ切り替えられます。
お持ちの製品がご不明なお客様はご遠慮なくお問い合わせください。

プロ2、プロ3、プロ4からエキスパート4へ	105,000 円
2、3からエキスパート4へ	126,000 円
プロ2、プロ3からプロ4へ	42,000 円
2、3からプロ4へ	63,000 円
2、3からスタンダード4へ	10,500 円

がんばる投資家の強い味方 Traders Shop

http://www.tradersshop.com/

24時間オープンの投資家専門店です。

パンローリングの通信販売サイト「**トレーダーズショップ**」は、個人投資家のためのお役立ちサイト。書籍やビデオ、道具、セミナーなど、投資に役立つものがなんでも揃うコンビニエンスストアです。

他店では、入手困難な商品が手に入ります!!

- ●投資セミナー
- ●一目均衡表 原書
- ●相場ソフトウェア
  チャートギャラリーなど多数
- ●相場予測レポート
  フォーキャストなど多数
- ●セミナーDVD
- ●オーディオブック

ここでしか入手できないモノがある

さあ、成功のためにがんばる投資家は
いますぐアクセスしよう!

トレーダーズショップ 無料 メールマガジン

●無料メールマガジン登録画面

トレーダーズショップをご利用いただいた皆様に、**お得なプレゼント**、今後の**新刊情報**、著者の方々が書かれた**コラム**、**人気ランキング**、ソフトウェアのバージョンアップ情報、そのほか投資に関するちょっとした情報などを定期的にお届けしています。

まずはこちらの
「**無料メールマガジン**」
からご登録ください!
または info@tradersshop.com まで。

パンローリング株式会社　〒160-0023　東京都新宿区西新宿7-9-18-6F
Tel: 03-5386-7391　Fax: 03-5386-7393
お問い合わせは　http://www.panrolling.com/
E-Mail info@panrolling.com

携帯版